Ralph Engelhardt

Gut gelaufen! Roth – München – Venedig

AF222535

Ralph Engelhardt

Gut gelaufen!
Zu Fuß über die Alpen

Roth – München – Venedig

E-Mail: raeng01@t-online.de

Abbildungen: Ralph Engelhardt
Lektorat, Satz, Cover: Dr. Matthias Feldbaum, Augsburg

ISBN: 978-3-7597-2072-6

Verlag: BoD · Books on Demand GmbH, In de Tarpen 42, 22848 Norderstedt
Druck: Libri Plureos GmbH, Friedensallee 273, 22763 Hamburg

Bibliografische Information der Deutschen Nationalbibliothek:
Die Deutsche Nationalbibliothek verzeichnet diese Publikation in der Deutschen Nationalbibliografie; detaillierte bibliografische Daten sind im Internet über http://dnb.d-nb.de abrufbar.

Dieses Buch ist meiner Familie gewidmet, die mich zu jeder Zeit bei meinem Vorhaben unterstützt und auch darin bestärkt hat.

In Liebe

Prolog

„Traumpfad München-Venedig" das geistert seit zwei bis drei Jahren in meinem Kopf herum. Nun ist es tatsächlich so weit. Im Juli 2016 mache ich mich endgültig mit meinem Rucksack auf die Reise.

Und da ich nun mal nicht in München wohne, laufe ich einfach direkt vor meiner Haustüre in Roth bei Nürnberg los.

Bei diesem Buch handelt es sich nicht um einen weiteren Reiseführer des beliebten Weitwanderwegs. Auch ein weiterer Bildband mit etwas ausführlicheren Bildbeschreibung liegt mir fern.

Mir geht es eher darum, zu beschreiben, wie es wirklich war und was mit einem auf so einer Reise geschieht. Ich beschreibe, welche Erlebnisse ich mit Menschen hatte, welche inneren Schweinehunde ich besiegen musste und was mir alles bei diesen vielen, vielen Stunden Einsamkeit durch den Kopf ging.

Schonungslos beschreibe ich meine Missgeschicke und falschen Entscheidungen, aber auch die wunderbaren Momente und Erlebnisse und das, was mit einem selbst auf so einer Reise passiert.

Begleitet werden meine Ausführungen durch viele Bilder in Farbe aber auch in stilvollem Schwarz-Weiß.

Das Buch richtet sich also an all jene, die wissen wollen, wie es tatsächlich ist bzw. sein kann. Das Buch will keinen Reiseführer ersetzen, liefert aber trotzdem Tipps zur perfekten Ausrüstung und der Streckenführung.

Wenn man autark mit Zelt und Schlafsack unterwegs sein möchte, spielt die Ausrüstung eine noch größere Rolle. Warum das Übernachten im Zelt sinnvoll sein kann und warum man dadurch eventuell etwas mehr erlebt, als wenn man die Nächte nur in den Bettenlagern der Berghütten zubringt, erfährt man ebenfalls in diesem Bericht. Die nachfolgenden Seiten wurden als Art Tagebuch, mit einer gesunden Portion Selbstironie, Humor und dann und wann gespickt mit leichtem Sarkasmus, verfasst.

Ich habe viele wunderbare und außergewöhnliche Menschen getroffen. Falls jedoch Personen, oder Gegebenheiten bei meinen Beschreibungen mal nicht so gut wegkommen, weil sie eventuell gerade nicht in mein, möglicherweise etwas enges Schema oder Denkmuster passen, dann ist das niemals wirklich böse gemeint und eher mit Humor zu betrachten. Wenn es jemand aber trotzdem anders empfindet, dann sei mir verziehen, und ich entschuldige mich hier schon im Voraus.

Oft geht in der Einsamkeit auch einfach nur die Fantasie mit einem durch und es gibt gedankliche Ausflüge, die auch nicht immer etwas mit dieser Reise zu tun haben, aber eben auch dazugehören.

Alle Personen, die ich im Folgenden erwähnen werde, habe ich tatsächlich getroffen und ich habe meine Erlebnisse mit Ihnen gehabt. Aus Datenschutzgründen habe ich ihre Namen allerdings geändert.

Am Ende meines Reiseberichtes gibt es dann noch weitere Informationen zur Streckenplanung und zu meiner Ausrüstung.

Nun lehnt euch zurück und lasst euch von mir auf diese aufregende und besondere Reise mitnehmen.

Viel Spaß beim Lesen.

Ralph Engelhardt

Detaillierte Ausrüstungsliste mit Gewichtsangaben und auch die gesamte Strecke im gpx-Format sind auf engelhardt-outdoor.de zu finden

Inhaltsverzeichnis

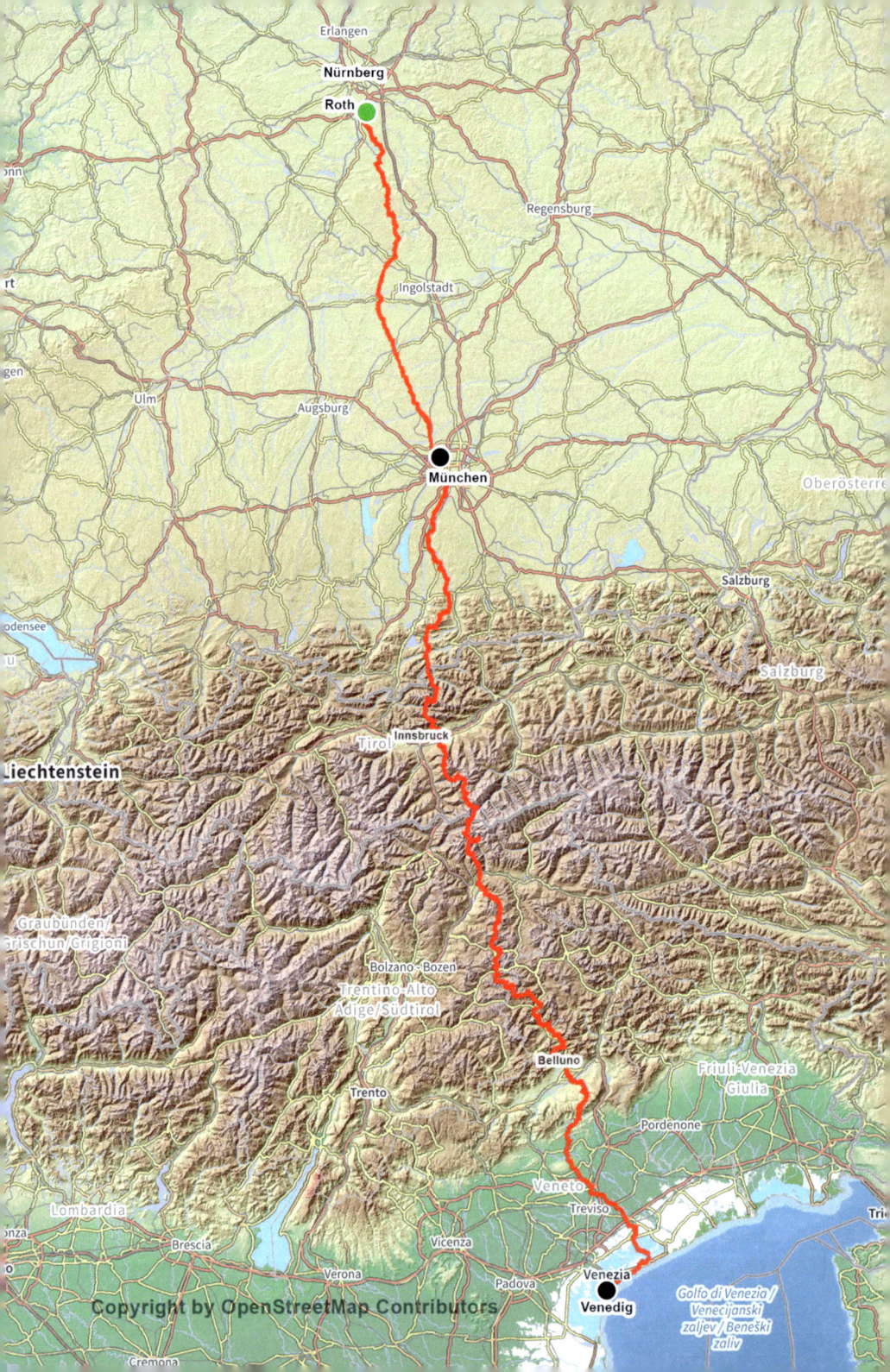

Copyright by OpenStreetMap Contributors

Die Abreise – Tag 1
Samstag, 9. Juli

Kurz nach dem Start im Wald bei Roth

Am Samstag, dem 9. Juli 2016, geht es los. Ein menschlicher Schubverband von 113 Kilogramm macht sich zu Fuß auf den Weg von Roth bei Nürnberg im beschaulichen Mittelfranken nach Venedig.

113 Kilogramm, das sind 95 Kilogramm Ralph und 18 Kilogramm Rucksack.

Über 850 Kilometer und ca. 26.000 Höhenmeter liegen ehrfurchtsvoll vor mir.

Erst um 17:45 Uhr setze ich mich an diesem sonnigen Samstag in Bewegung. Eigentlich sollte es am Vormittag losgehen, aber es gab doch noch mehr vorzubereiten als gedacht und so ist es jetzt schon gegen Abend, als ich endlich meine Heimat verlasse. Meine Gattin Ines, mein 12-jähriger Sohn Oliver, meine Schwester und mein Schwager drücken mich noch mal ordentlich und raus gehts durch das vertraute Gartentor ins Unbekannte.

Zuvor wurde mir von meinen Liebsten noch ein kleiner Schutzengel-Anhänger am Rucksack befestigt. Ich werde meine Familie sehr vermissen.

Wie kam es zu dieser komischen Idee, nach Venedig zu laufen?

Schon immer bin ich gern mit dem Zelt in der Natur unterwegs gewesen, meistens jedoch mit Motorrad oder mit dem Kanu. Ein paar Mal habe ich auch schon kleinere Wandertouren gemacht, aber nie länger als zwei Tage. Meine Leidenschaft nach perfekter und leichter Outdoor-Ausrüstung haben dazu geführt, dass ich doch schon ein ansehnliches Arsenal an Equipment angesammelt habe. Dazu aber später mehr.

Dieses Equipment gilt es aber jetzt ausgiebig zu testen und eine längere Wanderung hatte ich schon immer mal vor.

Warum jetzt?

1. Das Streben nach körperlichem Wohlbefinden.

Schon seit Jahren plagen mich gesundheitliche Probleme wie Unverträglichkeiten, Allergien und Ähnliches. Verschiedenste Diagnosen u. a. auch Borreliose mit Antibiotikabehandlung haben mein Immunsystem und meinen Darm doch ziemlich geschwächt. Diesbezüglich hoffe ich auf eine Regeneration des Körpers durch das Besinnen auf das Wesentliche.

2. Beruflicher Erfolg.

Ja, den hatte ich die letzten 20 Jahre in meinem Job als Vertriebsmitarbeiter eines IT-Unternehmens schon. Ich bin eigentlich ganz gut in dem, was ich da mache. Die letzten beiden Jahre hatten mich aber durch verschiedene Umstrukturierungen und neue, ungewohnte Aufgabengebiete und Prozesse doch ein wenig unzufrieden werden lassen.

Ich musste nach 23 Jahren in dieser Firma einfach mal raus, um Luft zu holen.

Im Dezember 2015 habe ich dann für das Jahr 2016 ein sogenanntes „Sabbatical" beantragt. Das bedeutet: ein Jahr lang den halben Verdienst und ab Mitte des Jahres sechs Monate frei. Perfekt, dass meine Firma so etwas möglich macht, und perfekt für mich und so ein Vorhaben, denn dadurch sind mir zeitlich keine Grenzen gesetzt. Wenn es also ein paar Tage länger dauert, dann ist das einfach so. Das nimmt aus diesem Vorhaben den Druck schon gewaltig raus.

Warum nach Venedig?

Der gesamte Jakobsweg, vor allem in Spanien, ist inzwischen viel zu überlaufen, sagt man jedenfalls. Außerdem ist mir so ein Pilgerbuch zu schwer im Rucksack. Da kann stattdessen schon wieder wertvolle Ausrüstung mit.

Ich hörte von dem Weg „Traumpfad München-Venedig (TMV)" den Ludwig Graßler 1974 dokumentiert hat. Dieser Weitwanderweg führt vom Marienplatz in München bis zum Markusplatz nach Venedig über die schönsten Teile der Alpen. Ich bleibe also erst mal in Europa und lasse die berühmten Weitwanderwege wie PCT oder Appalachen-Trail in den USA den erfahrenen Weitwanderern. Und, da ich ja Zeit habe, starte ich einfach 200 Kilometer nördlicher, vor meiner Haustüre im beschaulichen, mittelfränkischen Roth.

München wird dann mein erstes offizielles Ziel und gleichzeitig Start auf dem „Traumpfad" sein.

Warum Venedig? Ach ja, da war ich tatsächlich noch nie.

Wie habe ich mich vorbereitet?

Ich habe nahezu alle Folgen von *Survival-Duo, Survivalman, Ausgesetzt in der Wildnis* und *Naked Survival* gesehen. Besser kann man sich doch nicht vorbereiten, denke ich mir.

Große Wanderungen habe ich im Vorfeld nicht gemacht, aber ich habe beschlossen sehr regelmäßig, das heißt täglich, joggen zu gehen. Als es dann nach einigen Wochen relativ gut lief, bekam ich einen Muskelfaserriss. Zwei Wochen später gings dann wieder besser und ich legte von neuen los. Was soll ich sagen, gleich zu Beginn knickte ich im Wald um und holte mir eine Bänderdehnung. Fazit: Die letzten sechs Wochen vor Abmarsch gab es keinerlei Sport.

Dann muss das eigentliche Laufen eben mein Training sein. Leider spüre ich das gerade schon am ersten Tag.

Jetzt bin ich also unterwegs, aber in den letzten zwei Stunden nicht wirklich weit gekommen. Auf Höhe der Schleuse von Haimpfarrich am Rhein-Main-Donau-Kanal mache ich halt und suche mir im nahen Wäldchen einen versteckten Übernachtungsplatz.

Da wildes Campen ja verboten ist, wird meine Übernachtung hier aufgrund der fortgeschrittenen Stunden ein Not-Biwak sein. Grundsätzlich aber gibt es drei Möglichkeiten, um im Zelt zu übernachten:

Entweder man findet einen komplett versteckten Platz, an dem man nicht gesehen wird und verhält sich entsprechend, oder man fragt den

Grundstückseigentümer, im nahe gelegenen Ort um Erlaubnis. Am besten aber macht man beides.

Die dritte Möglichkeit ist ein offizieller Campingplatz, der aber, wenn man zu Fuß unterwegs ist, nicht immer auf dem Weg liegt.

Ich baue also mein Camp auf und verbringe dann 30 Minuten damit mein Taschenmesser auf dem Waldboden zu suchen, dass sich dann später, wie sich herausstellt, in meiner hinteren Hosentasche versteckt hatte.

Das Camp steht und ich bin stolz. Es besteht im wesentlich aus einem Ultraleichtzelt von Nordisk und einem kleinen Dach (Tarp/Poncho) mit meinen beiden Trekking-Stöcken als Tarp-Stangen.

Mein gemütliches Bett ist auch schon gemacht und besteht aus einer Thermarest-X-Lite-Matratze, zwei Ultraleicht-Daunenschlafsäcken mit Seideninlett und gemütlichem Ultralight-Air-Kissen.

Eine detaillierte Aufstellung der gesamten Ausrüstung mit Gewichtsangaben gibt es am Ende im Kapitel „Meine Ausrüstung". Auf die, für mich wichtigsten, Ausrüstungsgenstände gehe ich in dem Kapitel noch detaillierter ein. Hier folgen ergänzende Erklärungen zu den einzelnen Komponenten meiner Ausrüstung und warum ich genau diese für meine Reise gewählt habe.

Nun zurück in den Wald.

Ganz habe ich mich dann wohl doch noch nicht von meiner Heimat verabschiedet, denn kurze Zeit später besucht mich noch ein guter Freund mit seiner Frau, die mir nach einem Telefonat vergessene Ausrüstungsteile hinterherfahren. Dankenswerterweise haben sie auch ein kühles Bier mitgebracht.

Lager machen, Essen kochen, und das Bier trinken. Ja, so kann ein Abend schnell vergehen. Die Trekkingnahrung von Globetrotter schmeckt überraschen gut, und ich merke erst jetzt, wie ausgehungert ich bin.

Beim Essen mach ich es mir auf meiner 260-Gramm-Ultraleicht-Hängematte im Sitzen gemütlich und genieße den Abend. Das Teil ist wirklich genial und ich bereue jetzt schon in keiner Weise, es mitzuschleppen. Komfort ist eben auch wichtig, um sich wohlzufühlen. Auch mein Trinksystem im Rucksack stellt sich als überaus praktisch heraus. Ich wage es sogar, ein klitzekleines Lagerfeuer zu machen. Nicht wegen der Kälte, nur der Stimmung wegen. Es wird das erste und letzte Mal auf meiner Reise sein.

Gegen 22:45 Uhr bin ich müde und leg mich ins Zelt.

Ich freue mich auf eine gemütliche, geruhsame Nacht. Pustekuchen, erst gegen 4:15 Uhr kann ich vor lauter Aufregung und Schmerzen einschlafen.

Dem Schubverband seine Beine tun dann doch ganz schön weh, pochen stark und verhindern den Schlaf. Ich lese mich auf dem Smartphone müde, kann aber trotzdem nicht einschlafen. Klasse, geht ja gut los. Trotzdem gute Nacht.

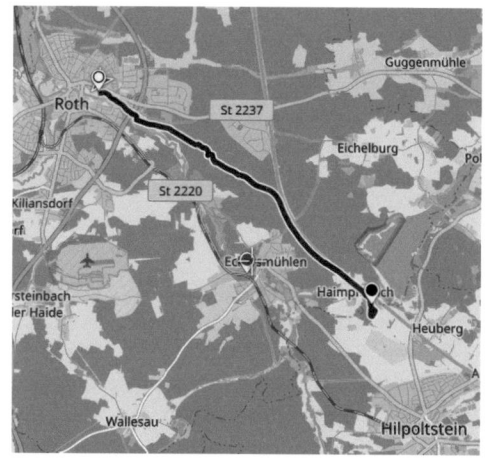

Tag 1: 8,91 km, +96 m/–64 m

Heute waren es nur 8,91 Kilometer, aber somit schon 8,91 Kilometer weniger bis nach Venedig.

Aber auch unaufregende 96 Meter Aufstieg und 64 Meter Abstieg liegen schon hinter mir.

Auf dem Jakobsweg – Tag 2

Sonntag, 10. Juli

Um 8:30 Uhr klingelt der Wecker und ich denke mir: fit fühlt sich anders an. Nach 30 Minuten stehe ich dann endlich auf, koche mir einen Kaffee und esse eine köstliche Fruchtschnitte, die deutlich besser schmeckt als gedacht. Ich freue mich sehr, dass die Schmerzen in meinen Beinen heute Morgen etwas nachgelassen haben.

Waschen, Zähneputzen, Frühstücken und ohne Hektik das Lager abbauen und schon ist es 11:00 Uhr, bis ich loskomme.

Ich habe vor, dem Jakobsweg, den ich am Rhein-Main-Donau-Kanal bei Hilpoltstein kreuze, bis Eichstätt zu folgen. Doch erst einmal gönne ich mir nach ca. 45 Minuten Fußmarsch im Café Grimm in Hilpoltstein einen köstlichen, cremigen Cappuccino.

Menschen begutachten mich mit meinem großen Rucksack und ich hoffe, dass mich keiner fragt, wo ich denn nun herkomme. Roth oder gar Haimpfarrich klingt als Antwort ganz und gar nicht wie eine Heldentat.

So, genug ausgeruht, nun geht es weiter bei über 30 Grad und praller Sonne Richtung Patersholz. Unterwegs begegne ich immer den Wegweisern in Form einer Jakobsmuschel, die eben den Jakobsweg kennzeichnet. Nach einiger Zeit habe ich auch gelernt, dass die Lage der Muschel die weitere Richtung anzeigt. Der typische, nicht sehbehinderte Jakobsweg-Pilger kann also theoretisch auf jegliches Kartenmaterial verzichten. Bei einer der Muscheln entdecke ich ein kleines Schild mit dem Hinweis *Pilgerrast 500 m*. Das muss ja dann ein kleines Wirtshaus sein und ich beschließe dort meinen inzwischen verdunsteten Wasserhaushalt durch Radler wieder aufzufüllen und zusätzlich eine Kleinigkeit zu essen. Es ist schließlich schon 13:00 Uhr. In Patersholz angekommen, stelle ich fest, dass die Pilgerrast lediglich eine schön geschmückte Bank ist, die mit vielen Jakobsmuscheln verziert ist. Daneben ist ein Kasten mit Stempel, in dem ich mein Pilgerbuch stempeln könnte. Als Trittbrettfahrer habe ich natürlich keines und so stemple ich nicht.

Leider gibt es dort auch kein kleines Wirtshaus, aber etwas weiter – FEUERWEHRFEST! Es ist 13:15 Uhr und die haben Radler und eine Currywurst. Ehrfurchtsvoll begutachtet man den Pilgerreisenden dann bei der Nahrungsaufnahme. Man kennt sich hier und ich bin wohl der einzige Unbekannte, der durch das Patersholzener Raster fällt. Fertig, aber schnell noch die Toilette besucht und weiter gehts den Jakobsweg entlang.

Der Weg in der prallen Sonne mit vielen Hügeln zieht sich doch ganz schön in die Länge und ich versuche mich von meinen schmerzenden Füßen abzulenken. Ich zähle Frösche. Inzwischen habe ich schon vier geplättete und ausgetrocknete Frösche und zwei Mäuse im selben Aggregatzustand gesehen. Ich denke über die Frösche nach und frage mich, wie lang die hier schon liegen, um so platt und trocken zu sein. Tja, was macht man nicht alles, wenn man viel Zeit hat.

Seit über einer Stunde will ich wieder Rast machen und suche deswegen eine gemütliche Bank. Mittlerweile habe ich schon sieben Bänke gefunden, aber leider alle in der prallen Sonne. Jetzt bin ich in Eysölden und hoffe, mich hier behaglich in den Schatten setzen zu können.

Da, ich sehe Bank Nummer acht. Mist, wieder pralle Sonne, klasse.

Grundsätzlich laufe ich hier komplett allein durch die Gegend und überlege, warum das so ist. Die Überlegung führt zu nichts. Alsbald begegnet mir dann doch der erste Jakobswegpilger an der Kirche in Eysölden. Er kommt gerade aus dieser heraus, und ich vermute, er wollte sich dort nur abkühlen. Wir begrüßen uns und er fragt mich nach dem Weg zurück. Er will den Jakobsweg entgegengesetzt laufen und so leite ich ihn, wünschen ihm dann noch alles Gute und viel Glück.

Ich erinnere mich an die Schlossschenke Eysölden, in der ich als Kind mit meinen Eltern oft war. Neben einem kleinen Bach, der durch den Ort fließt, gibt es ein großes Grundstück mit vielen Bäumen und auch sicherlich Schatten und einer Bank. Ich sehe mich da schon sitzen und meine Beine im Bach abkühlen. Dort angekommen stellt sich das große Grundstück eingezäunt dar, die einzige Bank ist in der prallen Sonne und der kleine Bach ist ausgetrocknet. Glückwunsch Ralph, also geht es weiter.

Außerhalb von Eysölden und drei Frösche weiter finde ich endlich den lang ersehnten Rastplatz. Eine Bank mit Tisch im Schatten der Bäume lädt mich ein. Ich bin glücklich, mache Rast, ziehe die Schuhe aus und trinke einen dreiviertel Liter Power-Bar-Mineraldrink auf Ex. Millionen von mickrigen kleinen Fliegen umkreisen meinen extrem schwitzenden Körper, sodass ich rauchen muss. Die Kippe vertreibt tatsächlich die Fliegen ein wenig.

Nach 30 Minuten breche ich wieder auf, und als ich mir gerade meinen Rucksack überwerfe, kommen mir zwei Wanderer entgegen.

Das etwas ältere Ehepaar spricht mich an, und wir kommen ins Gespräch. Sie fragen, wohin die Reise geht. Ich beschließe einen „gezielten linken Haken" zu verteilen und antworte „nach Venedig". Im Geiste dribbelnd und mit halbherziger Deckung warte ich auf ihre Reaktion. Das Ehepaar pariert mit einem gezielten „Uppercut" und antwortet: „Schön, wir sind vor zwei Jahren von hier nach Rom gelaufen." Ich beschließe nicht mehr zurückzuschlagen, womit auch, und wünsche den beiden anerkennend alles Gute und einen schönen Tag. Schnell laufe ich leicht frustriert von dannen.

Bald merke ich, dass ich mich leider schon etwas wund gelaufen habe. Ich sehne mich nach einer Wund-Heil-Salbe, die aber gibt es erst heute Abend, da ich keine Lust habe den Rucksack ab- und wieder anzulegen. Für dieses Prozedere bin ich gerade viel zu erledigt. Von daher kümmere ich mich auch nicht um meinen schmerzenden Zeh, der sich so anfühlt, als hätte ich mir eine Blase gelaufen.

Ich bin noch nicht annähernd in den Bergen, aber der steile Anstieg nach Stauf schlaucht mich schon ordentlich. Aber wenigstens geht es durch den Wald und im Schatten der Bäume ist es etwas kühler als die letzten Stunden in der prallen Sonne.

Ich bin sehr, sehr glücklich über meinen Rucksack Baltoro 75 von Gregory, denn das ist angeblich der Rolls-Royce unter den Trekkingrucksäcken. Es sind zwar 18 Kilogramm auf meinem Rücken, aber ich habe noch nie so bequem Schmerzen gehabt. Spaß beiseite, der Rucksack ist wirklich der Hammer, ich würde ihn sofort wieder kaufen.

Jetzt komme ich ziemlich kraftlos in Thalmässing an und beschließe über Nacht in diesem kleinen Ort zu bleiben. Ab 18:00 Uhr kann man sich schon mal Gedanken über die Unterkunft machen. Die Gasthäuser am Marktplatz haben leider keine Zimmer und so quartiere ich mich ins Thalmässinger Landhotel ein. Nicht gerade günstige 55,00 Euro werden hier für das Einzelzimmer aufgerufen. Aber alles ist sehr schön und vor allem sauber. Das ausgiebige Duschen ist eine Wohltat für mich, denn danach fühle ich mich fast wie ein neuer Mensch.

Ich beschließe, meinen alten Freund Peter anzurufen, der in Thalmässing gleich um die Ecke wohnt, und den ich seit fast zwei Jahren nicht mehr gesehen habe.

Dann quäle ich mich in Badelatschen zum Marktplatz, wo wir uns treffen und in einer Wirtschaft einen schönen Abend zusammen verbringen.

Später, gegen 23:20 Uhr sitze ich im Hotel und sehe im Fernseher zu, wie Portugal Fußball-Europameister wird.

Heute waren es 21,77 Kilometer oder 36.023 Schritte und tatsächlich über 300 Meter hoch und runter.

Beim Öffnen der Schrittzähler-App auf dem iPhone gab es ein buntes Feuerwerk, das ich so noch nie gesehen habe. Ich bin ein wenig stolz.

Ein Feuerwerk gibt es momentan jedoch auch in meinen Beinen. Jetzt rächt sich wohl das wenige Training als Vorbereitung für diese Tour.

Gute Nacht.

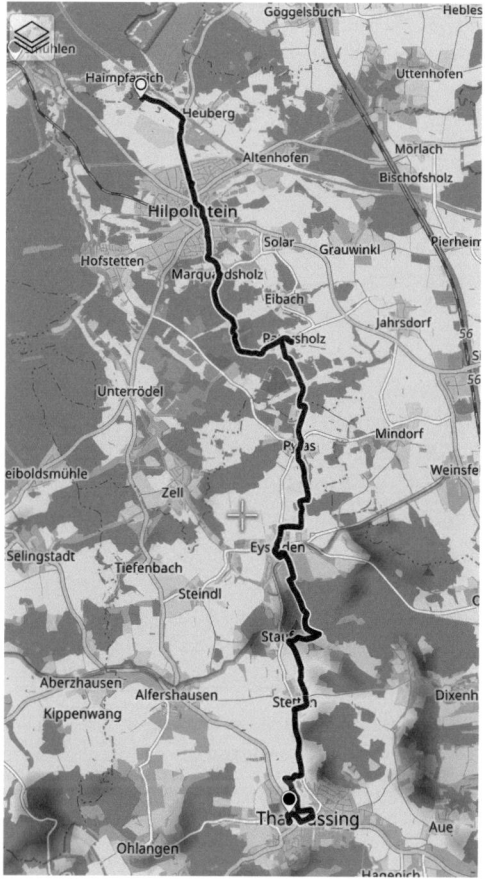

Tag 2: 21,77 km, +386 m/–329 m

Raus aus dem Landkreis Roth – Tag 3

Montag, 11. Juli

Zwischen Thalmässing und Eichstätt

Mein Zimmer ist zwar sauber und schön, aber leider auch direkt unter dem Dach. Vor diesem Hintergrund schlafe ich leider auch erst in den frühen Morgenstunden fest ein, als die brutale Hitze in diesem Zimmer etwas nachlässt. Um 8:30 Uhr stehe ich auf, um mich fertig zum Frühstücken zu machen. Im Badezimmer stelle ich fest, dass mein Körper übersät mit Mückenstichen ist. Das muss wohl gestern passiert sein, als ich mich stark schwitzend durch den Wald gequält habe. So gut diese Funktions-T-Shirts auch sind, für Stechmücken ist es so, als würde ich nackt laufen.

Kurz darauf liege ich am Boden und mache Turnübungen und versuche mir glaubhaft zu versichern, dass mein schmerzender Rücken nun den Anforderungen des Tages gewachsen sein wird.

Nach dem wohlschmeckenden Frühstück mit Rührei, bringe ich ein Blasenpflaster an meinem schmerzenden Zeh an und versorge die wunden Stellen im Schritt mit einer Salbe. Als ich mich auf den Weg mache, stelle ich erfreut fest, dass ich immer besser werde, denn es ist erst 9:45 Uhr.

Beim Verlassen des Hotels kommt mir gerade der Chef des Hauses entgegen und fragt mich, wo es denn hingehen soll. Etwas kleinlauter als gestern antworte ich „nach Venedig". Das kleinlaute war ganz gut so, denn er antwortet prompt zurück „schöne Strecke, aber vor drei Jahren bin ich die 3.000 Kilometer von hier nach Santiago gelaufen".

Ich mache einen gedanklichen Purzelbaum vor ihm und verabschiede mich freundlich. Bestimmt hat der aber keine 26.500 Höhenmeter absolviert. Was ist denn hier bloß los, seit sechs Monaten begegne ich nur ehrfurchtsvollen Menschen, denen ich von meinem Vorhaben erzähle und jetzt, innerhalb von zwei Tagen, habe ich fast nur Kontakt mit Leuten, die so eine Tour zum Warmlaufen machen.

Noch schnell in die Apotheke und eine kleine Salbe gegen Mückenstiche gekauft und raus geht es aus dem Ort.

Direkt hinter Thalmässing führt der Jakobsweg in Form eines Trampelpfads nach oben zum Waizenhofener Espan. Bei der Hälfte des Anstiegs steigt meine Ehrfurcht gegenüber den Alpen noch einmal immens. Gott sei Dank habe ich keine Puls-Uhr am Handgelenk, denn der Prozessor der Uhr wäre inzwischen sicherlich verglüht. Kurz schwenkt mein Blick auf die SOS-Trillerpfeife, die an

Waizenhofener Espan

meinem linken Rucksackriemen befestigt ist, aber zum Trillern braucht man Luft. Ich gelange zur Erkenntnis, dass es ein schlechter Zeitpunkt wäre jetzt aufzugeben, denn ich muss ja weiter trainieren und die Alpen sind noch weit. Am Waizenhofener Espan treiben am Wochenende Gleitschirm- und Drachenflieger ihr Unwesen. Sie nutzen die Winde und die geniale Thermik der Hänge für Ihre waghalsigen und tollkühnen Flugmanöver. Als ich kraftlos oben ankomme, verdeckt gerade eine Wolke die Sonne und eine kühle Brise Wind empfängt mich. Genau so habe ich mir das vorgestellt: Ich trockne während einer kurzen Pause die Klamotten auf meinem nassen und ausgemergelten Leib.

Kurz darauf schlendere ich einigermaßen trocken und fröhlich pfeifend über die Hochebene. Aktuell stelle ich fest, dass mir das Wandern in der Ebene deutlich mehr Spaß macht als am Berg, außerdem kommt man viel schneller voran. Auch wenn ich erst vor Kurzem losgelaufen bin, sehne ich mich nun nach einer gastronomischen Institution, um ein Radler zu genießen.

Aber auch der Ort Waizenhofen bietet dem ausgemergelten Wanderer gastronomisch rein gar nichts. Ich beschließe mir außerhalb des Ortes einen schattigen Platz zu suchen, um mir einen Mineraldrink zuzubereiten.

Meter um Meter bewege ich mich weiter gen Süden. Mit knirschenden Schritten folge ich den fränkischen Feldwegen und Schotterpisten. Fast schon höre ich die Gondolieri „Oh Sole mio" singen.

Mein neuer Hut (Modell Clint Eastwood mit Schmetterlingsfänger Stilelementen) leistet mir sehr gute Dienste. Inzwischen habe ich die optimale Kopftuch-Hut Kombination herausgefunden und der Schweiß rinnt mir nicht mehr so stark durchs Gesicht, sondern hauptsächlich über die Hutkrempe in einer Art Drainage nach unten.

Es funktioniert gut und unaufhaltsam Tropfen für Tropfen verlässt der Schweiß meine Hutkrempe und markiert den staubigen Weg hinter mir.

Bestimmt habe ich seit gestern schon zwei Kilo abgenommen und mein Schweiß ist sicherlich eine Mischung aus flüssigem Fett und Radler.

Die Landschaft ist aber genial, die Sonne scheint, und ich bewege mich zwischen Wiesen und Feldern langsam und stetig nach vorn. Ich beobachte zahlreiche Schmetterlinge und höre das laute Summen der Bienen und schaffe es dadurch, für einige Sekunden nicht an meine Entbehrungen und schmerzenden Glieder zu denken. Ich hoffe, diese Sekunden werden bald Minuten und irgendwann auch Stunden, ich freue mich darauf.

Exakt 20 Windräder stehen rechts von mir und säumen meinen Weg über Wiesen und Felder auf der Hochebene von Waizenhofen. Gott sei Dank aber liegt immer ein frischer Wind von Steuerbord an.

In der nahen Ortschaft versorgt mich eine Wirtin mit Tempos (die ich Depp tatsächlich vergessen habe), Radler, und der Geschichte des letztwöchigen Schlachtfestes. Sie erzählt mir außerdem von den Pilgern des Jakobswegs, die schon des Öfteren vorbeikommen, allerdings nicht um diese Zeit, sondern ein bis zwei Monate später. Also weiter geht es auf meinem einsamen Weg. Nach einiger Zeit sehe ich ein Landkreisschild und verlasse nun endgültig meine Heimat, den fränkischen Landkreis Roth.

Adieu vertraute Umgebung, grüß Gott unerforschte Wildnis. Diese unerforschte Wildnis bekomme ich auch gleich zu spüren. Direkt nach dem Landkreisschild biegt der Jakobsweg von der Hauptstraße ab und kurz darauf wandere ich in kurzen Hosen durch hüfthohe Gräser, Brennnesseln und Gestrüpp. Das ist sicher gut für die Durchblutung.

Im nächsten Ort merke ich wirklich, dass ich in der Fremde bin. Es gibt hier kaum noch Fahrzeuge mit meinem heimischen Kfz-Kennzeichen und die Zeitungsbriefkästen tragen die Aufschrift „Donaukurier"!

Inzwischen traue ich mich auch stolz zu erzählen, wo ich herkomme, denn gefühlt ist das ganz weit weg und eventuell kennt der Fragende meinen Heimatort auch nicht so genau. Auch werde ich inzwischen von den Leuten, die ich treffe, mit „Pfiat ena" oder so ähnlich verabschiedet.

Das einzige und pilgerfreundliche Gasthaus mit entsprechendem Aufkleber an der Türe hat leider Ruhetag. Ich setzte mich trotzdem auf die Bank davor und schon geht ein Fenster auf und ich bekomme, nach einem kurzen Gespräch, mein Radler durch ebendieses gereicht. Die Welt ist doch gerecht.

Eigentlich wollte ich heute nach Eichstätt kommen, aber das sind von hier aus noch über 21 Kilometer und es ist schon 14:00 Uhr!

Ich sitze unter einer Linde und lausche dem Wind, der durch die Blätter streift. Unzählige Lindenblüten regnen permanent auf mich herab. Ich rauche genüsslich eine Zigarette, aber der Lindenregen hört deswegen auch nicht auf.

Nach der Rast fällt das Loslaufen noch mal schwerer und ich merke auch, dass Blasenpflaster leider keine Wundermittel sind. Mein Zeh tut trotzdem ziemlich weh.

Inzwischen habe ich den Ort „Emsing" passiert und befinde mich im wunderschönen Anlautertal. Ich besuche die Wallfahrtskirche und halte innere Andacht – Quatsch, so weit bin ich noch nicht, wird aber vielleicht noch kommen.

Fast alle kleinen Dörfer und Ortschaften, die ich passiere, sind nahezu menschenleer. Auf meinen Weg bin ich anscheinend der einzige Wanderer weit und breit. Inzwischen führt mich der Jakobsweg direkt neben dem Flüsschen „Anlauter", welches dem Tal seinen Namen gibt, entlang Richtung Eichstätt. Ich hoffe auf einen kleinen Rastplatz mit Zugang zum Fluss, um meine geschundenen Füße abzukühlen und sehe überall Schilder, die gegen die geplante Gleichstromtrasse demonstrieren. Ich lasse meinen Blick über das wunderschöne Tal schweifen und hoffe, dass es funktioniert und diese Trasse nicht genau hier gebaut wird.

Während ich so dahinlaufe, muss ich an den Film *So weit die Füße tragen* denken, bei dem der Protagonist aus einem Gefangenenlager in Sibirien flieht und zu Fuß über mehrere Monate das extrem weitläufige Russland durchquert, um nach Hause zu kommen. Soweit ich mich erinnere, hält er in einer Hand fünf Patronen und alle 1.000 Schritte gibt er eine davon in die andere Hand und so vertreibt er sich die Zeit. Ich habe keine Patronen und könnte kleine Kieselsteine nehmen, aber ich versuche es erst mal nur mit Zählen. Die ersten drei Versuche bis 1.000 zu zählen, scheitern kläglich und ich verzähle mich jedes Mal.

Das vierte Mal klappt es – 1.000, hurra, jetzt brauche ich nur noch Patronen.

Leider steigt der Weg inzwischen wieder an und entfernt sich vom Flüsschen Anlauter, sodass aus meinem Fußbad wohl nichts wird.

Aber wenigstens ergänze ich während des Laufens meinen Eiweißhaushalt, denn beim tiefen Einatmen schlucke ich eine fette Fliege und muss mich fast erbrechen.

Ich erbreche mich dann doch nicht und die Fliege bleibt unten. Sie muss wohl nun auf einem anderen Weg meinen Körper wieder verlassen.

Inzwischen lande ich in dem Örtchen „Altdorf" und klingele an der erstbesten Haustüre, um zu fragen, ob ich hier meinen Wasservorrat aufstocken darf. Natürlich mit meiner Wanderstory und wohin ich unterwegs bin. Der freundliche Herr führt mich gleich in sein Badezimmer und ich führe ihn stolz meinen selbst gebauten Adapter vor, um mein Trinksystem in meinem schweren Rucksack zu befüllen, ohne diesen abzunehmen. Der selbst gebaute Adapter besteht aus einer Kunststoffmineralwasserkapsel mit gebohrtem Loch und abgesägtem und eingeklebten Gummischlauch-Anschluss aus der Bewässerungsabteilung eines Baumarktes. Man zieht das Trinkventil vom Schlauch Trinksystems des Rucksacks ab und knickt den Schlauch oder hält ihn hoch (über den noch verbleibenden Wasserstand in der Trinkblase), um Austritt des Restwassers zu vermeiden. Dann befüllt man am Wasserhahn eine flexible Trinkflasche und schraubt den Adapter drauf. Danach geschwind den abgeknickten Schlauch aufstecken und das System hochhalten. Schon befüllt sich der Wassersack mit edlem Nass. Man sollte noch versuchen, ein leichtes Hohlkreuz zu machen, damit der Gegendruck aufgrund des Rucksackgewichtes nicht zu stark ist und so das Wasser am Einfließen hindern kann. Das habe ich schon zweimal erfolgreich praktiziert und ich bin stolz auf meine Patentlösung.

Ich versuche jetzt zu beschreiben, was bei dem freundlichen Herrn in seinem Badezimmer dann passiert ist. Ich fülle die Wasserflasche und Schraube dem Adapter auf. Ich ziehe den Trinkadapter vom Schlauch ab und schon schießt das noch verbliebene Wasser aus dem Schlauch und bespritzt seinen gesamten Spiegelschrank Marke Alibert. Mein schwacher Körper kriegt das Hohlkreuz wohl nicht mehr so richtig hin und der Rucksackinhalt drückt auf das verbleibende Wasser. Schnell knicke ich den Schlauch ab und setzte ihn kunstvoll auf meinen Adapter. Leider hält meine Klebestelle nicht und der Schlauchanschluss rutscht nach innen – was ich erst nicht bemerke. Beim Drücken auf die Wasserflasche spritzt alles raus und ich, der nette Mann und der Alibert sind so richtig nass.

Peinlich berührt versuche ich mein System zu verteidigen und starte einen zweiten Versuch mit dem gleichen Ergebnis. Ich suggeriere dem nassen, freundlichen Menschen, dass mein Trinksystem nun gefüllt ist, und entschuldige mich mehrfach für das nasse Bad. Er ist immer noch freundlich und verweist bei meinem Putzangebot auf seine nicht anwesende Gattin. Mist, ich brauche jetzt guten Klebstoff, um mein ausgeklügeltes System zu reparieren.

Ich verabschiede mich mit den freundlichsten Worten und gehe peinlich berührt meines Weges. Er meint noch: Bleib doch hier, ich kann den Wirt im Ort anrufen und nach einem Zimmer fragen. Sehe ich echt so fertig aus?

Kurz nach der unfreiwilligen Dusche sehe ich einen Spielplatz mit einer schattigen Bank-Tisch-Kombination und beschließe zu rasten.

Nach 10 Minuten kommt eine Mutti mit ihrem kleinen Kind und vergnügt sich im Sandkasten. Wieder werde ich angesprochen: „Und wo gehen Sie nun noch so hin?" Ich antworte „nach Venedig" und außerdem bin ich der Ralph. Sie antwortet: „Hoppla wohl ein Sabbatical, bist wohl bei Audi, oder?"

Ich antworte: „Nein, bei Audi bin ich nicht, aber das mit dem Sabbatical stimmt."

Der etwa zweijährige Junge möchte von mir Wasser, um mir einen leckeren Sandkuchen zu backen, aber die Mutti verbietet dieses edle Vorhaben. Wie gemein. Sie hat wohl Angst vor einem schmutzigen Kind.

Es ist 16:00 Uhr und ich überlege, ob ich die 18 Kilometer nach Eichstätt wirklich noch schaffen kann. Mein Geist sagt ja, mein Körper aber nein. Auch die Mutti gibt mir den Tipp mit dem örtlichen Wirtshaus und ich lass mich überzeugen. Fünf Minuten später stehe ich in der Lobby beim Altdorfer Wirt und checke für 22,00 Euro als einziger Gast ein. Duschen, kultivieren, ausruhen, schreiben und auch noch eine Zecke aus der Kniekehle entfernen, die ich wahrscheinlich von dem Wildnis-Pfad habe. Gegen 19:00 Uhr steht ein hausgemachter und köstlicher Brotzeitteller für 4,80 Euro von mir und ein Gutmann Weizenbier rundet den kulinarischen Genuss ab.

Ich bin der einzige Gast in der Gaststube und der Seniorwirt leistet mir die nächsten zwei Stunden Gesellschaft. Wir reden über die schlechte Welt, über gutes Bier, die Wirtshauskultur und über Audi, die hier wohl der größte Arbeitgeber in der Gegend sind.

Als der örtliche Gartenbauverein dann zur Vereinssitzung kommt, müssen sie in das Nebenzimmer ausweichen, denn die Wirtsstube ist ja schließlich durch mich besetzt.

Der Himbeergeist als Dessert mundet köstlich und gegen 22:00 Uhr begebe ich mich auf mein Zimmer. Ach ja, wie es in den alten Ortschaften halt so ist, steht das Wirtshaus direkt neben der Kirche. Auf meine Nachfrage bestätigt mir Rupert, dass die Glocke des Kirchturms die ganze Nacht im 15-Minuten-Takt durch läutet. Ich freue mich auf meine Ohrenstöpsel.

Heute waren es nur knapp 17 Kilometer durch wunderschöne Landschaft, die gar nicht so weit weg von zu Hause ist. Auch ca. 540 Höhenmeter habe ich absolviert.

Tag 3: 16,74 km, +274 m / -278 m

Erster Regen, Einsamkeit und Völlerei – Tag 4
Dienstag, 12. Juli

Von 1:00 Uhr nachts bis 7:00 Uhr morgens läutete die Glocke der Kirche genau 70-mal.

Ich habe, trotz Müdigkeit, wieder ewig gebraucht, bis ich eingeschlafen bin. Das lag aber nicht nur an der Glocke, sondern auch an der Hitze, den Schmerzen und vielen Gedanken in meinem Kopf.

So gegen 5:00 Uhr gab es dann doch eine Mütze Tiefschlaf, der um 8:30 Uhr von meinem Wecker unterbrochen wurde.

Pünktlich um 9:00 Uhr saß ich bei einem überaus opulenten Frühstück bei Wurst, Käse, Brötchen, Ei und reichlich Kaffee.

Hier zu übernachten war genau die richtige Entscheidung, denn gestern kam gegen 18:00 Uhr noch ein ordentliches Gewitter und nachts hat es dann auch noch weiter geregnet.

Ich verabschiede mich von den netten Wirtsleuten und mach mich wieder auf den Weg. Heute versuche ich es mal mit den Trekkingstöcken, die bisher am Rucksack befestigt waren. Ich sehe damit zwar bei Weitem nicht mehr so cool aus, aber evtl. fällt mir das Laufen durch die Stockunterstützung ja leichter.

Da ich keine Patronen oder schöne Kieselsteine gefunden habe, sind meine Hände so und so frei für die Stöcke.

Ich analysiere mit meiner Wetter-App und einem kundigen Blick zum Himmel, dass es heute bewölkt ist und auch nicht mehr so heiß wird wie die letzten Tage.

Es ist echt genial auch mal ohne Smartphone und App nach dem Wetter zu sehen, in dem man einfach zum Himmel guckt.

Außerhalb von Altdorf führt mein Weg, der immer noch der Jakobsweg ist, am Waldrand entlang und dann einen steilen Anstieg nach oben. Durch den Regen ist noch alles nass und ein Dunstschleier hängt über der Landschaft und im Wald dampft es regelrecht. Die Luftfeuchtigkeit ist so hoch, dass ich nach kurzer Zeit wieder komplett durchgeschwitzt bin.

Die feuchte Luft lockt auch unzähligen Weinbergschnecken für Spaziergänge aus ihren Verstecken. Überall auf dem Weg sehe ich die possierlichen Tierchen und versuche keines zu zertreten. Das sind schöne und prachtvolle Geschöpfe, auf jeden Fall im Vergleich mit den Nacktschnecken, die wir zu Hause im Garten zuhauf haben.

Die hohe Luftfeuchtigkeit und mein nasser Körper sorgen dafür, dass ich permanent in einer Wolke aus Stechmücken und Bremsen marschiere. Ich werde extrem zerstochen und kann mich kaum wehren, aber dafür kann ich heftig fluchen.

Der Weg führt mich auf einsamen und geschotterten Waldwegen durch das Eichstätter Outback. Inzwischen hat es doch begonnen zu regnen, aber da ich eh komplett durchnässt bin, verzichte ich auf unnütze Regenkleidung. Ich habe ja schließlich meinen Hut.

Seit ich Altdorf verlassen habe, bin ich keiner Menschenseele begegnet. Nicht einmal beim Überqueren einer Landstraße war irgendwo ein Auto zu erspähen.

Als ich in mich gekehrt und in meiner Einsamkeit so dahinlaufe, muss ich an den Film *Der Omega Man* mit Charlton Heston denken. In dem Film ist der Darsteller nach einer globalen Katastrophe komplett allein auf der Welt und versucht zu überleben. Fast genauso fühle ich mich auch gerade.

Endlos ziehen sich die Waldwege in der Einsamkeit dahin. Abwechslung bringt nur das lustige Handyhüllen-Suchspiel. Das Spiel geht so: Man zieht sein Handy aus der Tasche, um die Route zu überprüfen, und verliert dabei die Handyhülle, merkt es nicht und läuft weiter. Nach einiger Zeit versucht man das Handy wieder in die Hülle zu stecken und merkt, dass man diese nicht mehr hat. Man kehrt also um, läuft zurück und sucht die Hülle. Simsalabim und schon ist es einem nicht mehr ganz so langweilig.

Der Regen hat inzwischen etwas aufgehört, als ich plötzlich einen Hubschrauber höre. Hurra, ich bin doch nicht allein auf diesem Planeten! Es gibt noch andere Menschen, was mich sehr freut, und deswegen geht es meiner Familie zu Hause sicherlich auch sehr gut. Ich beginne sie langsam zu vermissen.

Heute gabs noch kein einziges Radler (wo auch?), und ich freue mich auf das Örtchen „Buchenhüll", das ich gegen 13:00 Uhr erreichen werde. Leider hat das einzige Wirtshaus geschlossen und ich kann mir mein Radler in die Haare schmieren.

Ich raste im Bushäuschen, vertilge einen Energieriegel und beginne nach circa 20 Minuten etwas zu frieren. Also, weiter gehts, damit ich nicht auskühle. Als ich gerade meine Sachen packe, kommt eine Tageswandergruppe aus Eichstätt vorbei. Wir kommen natürlich ins Gespräch und diesmal funktioniert meine Venedig-Story ganz hervorragend. Die Herrschaften sind schier sprachlos und ich bin „El Capitano" in Ihren Augen.

Die Wandergruppe läuft weiter, während ich meinen Rucksack anschnalle. Anscheinend haben wir den gleichen Weg und nach fünf Minuten hole ich die Karawane ein. Mit forschem Schritt und einem Grinsen auf dem Gesicht überhole ich die Gruppe zügig und Grüße nochmals freundlich. Ein Weitwanderer wie ich muss selbstverständlich etwas Elan zeigen, sonst nimmt man ihm die Story mit Venedig nicht ab.

Auf dem Weg nach Eichstätt

Noch sechs Kilometer bis Eichstätt. Ich halte mich ran und beschließe auch dort zu übernachten. Außerdem freue ich mich auf ein überfälliges, köstliches und kühles Radler.

Alles funktioniert wie geplant und gegen 15:30 Uhr steige ich von den Hügeln nach Eichstätt ab. Der Weg führt mich vorbei an schönen, villenartigen Häusern, die direkt am Hang gebaut sind. Diese haben meist große, verglaste Fronten, Wintergärten oder riesige Terrassen. Ein genialer Blick über das im Tal gelegene Städtchen Eichstätt. Belohnt für meine Leistung werde ich auch gleich, denn ich bekomme mein Radler und ein Zimmer, leider aber wieder mal direkt unter dem Dach.

Heute ist das erste Mal Wäschewaschen angesagt, und ich mach mich gleich ans Werk. Da der Verschluss des Waschbeckens im Bad nicht dicht ist, kommt mein Waschsack zum Einsatz.

Ulmer Hof in Eichstätt

Der Waschsack (siehe Anhang „Meine Ausrüstung") ist eigentlich eine um-funktionierte Solardusche, die nun zusätzlich zum Wäschewaschen taugt. Auf jeden Fall bis jetzt.

Als ich meine gewaschene Wäsche kunstvoll mithilfe meiner Mini-Wäsche-leine ans Fenster hänge, beginnt es zu regnen. Na, dann hoffen wir mal, dass trotzdem alles bis morgen trocknet.

Nach dem Wäschewaschen fotografiere ich noch meinen Allerwertesten nackt durch die gespreizten Beine von hinten. Das ist echt nicht schön und ei-gentlich auch nicht erwähnenswert, muss aber sein, um eventuelle Parasiten, wie z. B. Zecken, zu entdecken. Ich bin nun mal allein unterwegs.

Heute wurde ich verschont, aber leider nur von den Zecken. Ich kann mich nicht erinnern, jemals so viele Mückenstiche am Körper gehabt zu haben.

Nach dem Einbalsamieren und Ausruhen finde ich mich gegenüber im „Brauereigasthof Trompete" wieder. Das war meine erste Anlaufstelle zwecks Zimmer. Das letzte Zimmer wurde jedoch drei Minuten vor meiner Anfrage vergeben. Aber ich entdeckte ein Schild „ofenfrische fränkische Schäufele". Juhu, der Abend ist gerettet und ich kann wertvolle Energie tanken!

Gegenüber im Café hatte ich aber Glück mit dem Zimmer, wenn auch etwas teurer. Ich verspreche aber abends zum Essen zwecks Schäufele zu kommen und man will für mich reservieren. Wir kommen überein, dass das nicht nötig sei. Meine Familie, Verwandtschaft und Freunde sind ja schließlich zu Hause.

Jetzt, um 19:30 Uhr sitze ich an einer Ecke an der Bar und überblicke den bis auf den letzten Platz besetzten Gastraum. Im Garten unterm Schirm wäre noch ein Platz, aber es regnet und ich wäre der einzige Gast im Garten. Allein hatte ich aber heute schon mal und so nehme ich den Platz an der Bar.

Ich bestelle natürlich das „Schäufele" (knuspriger Schweinebraten von der Schulter mit Knochen) und 15 Minuten später bin geschockt über die Portion. Da machen die bei uns zu Hause drei daraus. Die Kruste ist nicht nur 15 Zen-timeter lang, sondern auch mindestens 15–20 Zentimeter breit. So eine Portion habe ich im realen Leben noch nie gesehen. Ich glaube, da sind sogar zwei Schaufeln (Knochen) drin. Wie selbstverständlich stellt mir die Bedienung den Teller, den sie mit beiden Händen tragen muss, vor meine Nase und grinst. Zuerst fotografiere ich den Teller und dann sehe ich mich vorsichtig um. Viel-leicht bin ich bei *Verstehen Sie Spaß* und im Aufnahmeraum hinter der Bar lacht man über mich und meine Reaktion.

Aber, nichts passiert und so mache ich mich hungrig an die Arbeit. Schon bei der Hälfte des Riesenfleischbergs schwitze ich fast so stark wie heute Nach-mittag im Wald. Kein Mensch kann so was essen, denke ich mir und gebe bei etwas mehr als der Hälfte auf.

Als Dessert, aber auch aus medizinischen Gründen nehme ich noch einen hausgebrannten Willi und streiche meine Erkundungstour durch die Stadt. Ich lege mich einfach ins Bett, um nichts zu tun. Bestimmt habe ich meine geschätzten zwei Kilo, die ich in den ersten zwei Tagen abgenommen habe, in den letzten 30 Minuten wieder draufbekommen.

Nahezu bewegungsunfähig liege ich auf meinem Bett, lass meinen Körper verdauen und warte auf den morgigen Tag.

Heute habe ich genau 20,76 Kilometer geschafft. Das war zwar schon mal ganz gut, muss aber noch besser werden.

Ich bin ja noch im Training.

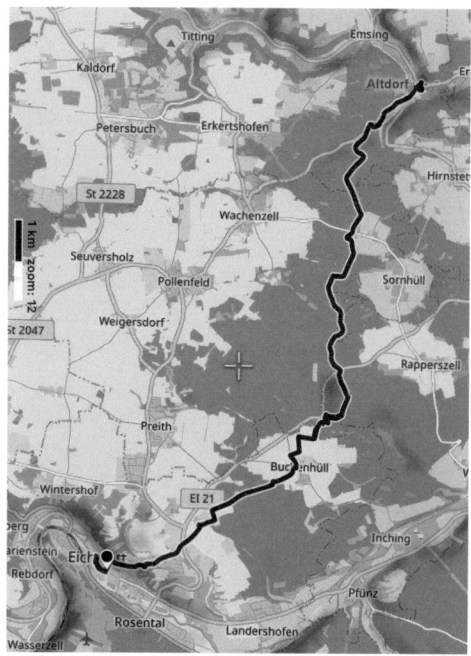

Tag 4: 20,76 km, +374 m/-407 m

Im Regen nach Neuburg a. d. Donau – Tag 5
Mittwoch, 13. Juli

Rast oberhalb von Eichstätt in Richtung Neuburg an der Donau

Um 8:30 Uhr klingelt der Wecker, wobei er mich nicht richtig aufwecken muss. Ich habe wieder nicht toll geschlafen. Verflixt, ich verstehe das nicht, andere tuns doch auch.

Vollkommen übermüdeten gehe ich frühstücken, packe meinen Kram zusammen und lasse mir vom Chef des Hauses noch eine Tube Sekundenkleber schenken, um meinen überaus wichtigen Trinkwasser-Nachfülladapter zu reparieren.

Meine Klamotten sind so weit alle trocken, bis auf meine Socken, die nun eine besondere Behandlung mit dem Haarföhn im Badezimmer erfahren.

Wieder ist es schon 10:00 Uhr, als ich loskomme. Ich wandere durch das idyllische Eichstätt und beginne außerhalb sofort mit dem Aufstieg auf der anderen Hangseite, denn Eichstätt liegt in einem malerischen Talkessel.

Das Wetter ist optimal, denn es ist leicht bewölkt, regnet nicht und manchmal kommt die Sonne ein wenig heraus. Vor diesem Hintergrund ist es nicht zu heiß. Trotzdem schwitze ich aufgrund des Anstiegs schon wieder ordentlich meine Klamotten voll.

Auf der nächsten Hochebene angekommen, stelle ich fest, dass der ostbayerische Teil des Jakobswegs hier noch ein Stückchen weitergeht. Das passt und so pilgere ich frohen Mutes weiter, entlang des Weges des Glaubens.

Das Laufen ist heute deutlich angenehmer als in den letzten Tagen. Mehr Schatten, weniger Mücken, weniger Hitze, weniger Berge, bis auf den einen Anstieg bei Eichstätt.

Bisher habe ich erst einmal im Zelt übernachtet, was mir in den letzten beiden Tagen aber auch schwergefallen wäre. Es war einfach viel zu heiß und ich war viel zu kaputt, um mein Camp aufzubauen. Mal sehen, wie es heute Abend wird. Wenn, dann müsste ich aber noch „Neuburg an der Donau" durchqueren und erst danach ein Lager suchen. Von Eichstätt nach Neuburg an der Donau sind es aber stolze 26 Kilometer.

Das mit der Smartphone Navigation funktioniert viel besser als gedacht. In der App „Maps 3D" habe ich mir alle relevanten Kartenteile bis Venedig „offline" heruntergeladen und die feste Route ab München als GPS-Tracks. Jetzt muss ich einfach den Linien folgen. Zusätzlich habe ich die Möglichkeit, am Abend eine Route für den nächsten Tag zu planen und diese auch zu speichern. Das funktioniert wunderbar und heute folge ich meiner gestern geplanten Route.

Weiterhin zeichne ich während des Laufens meinen Weg per GPS als „Track" auf, sodass ich immer genau weiß, was ich noch vor mir und was ich schon geschafft habe. Auch die tatsächlichen absolvierten Höhenmeter sind in dieser Aufzeichnung ersichtlich.

Das ganze System braucht fast keinen Strom, da die Aufzeichnung auch im Flugmodus funktioniert, und das Smartphone dabei in der Tasche steckt.

Wenn man sich dabei so anstellt wie ich, kann man aufgrund massiver Ungeschicklichkeit, das Smartphone auch mal im hohen Bogen auf den Schotterweg fallen lassen, ohne die Aufzeichnung abzubrechen. Ich fluche fürchterlich, aber Gott sei Dank ist nichts passiert.

Der Weg führt mich durch düsteren Laubwald aus Eichen und Buchen, der so ganz anders aussieht als unser mittelfränkischer Nadelwald.

Eine kleine Straße und die große Schneise einer Bahnlinie versperren mir nach einiger Zeit den Weg und laut Karte soll der Wanderweg auf der anderen Seite der Bahngleise wohl weitergehen. Durch Brennnesseln und Dornengestrüpp quäle ich mich fünf Minuten den Abhang hinunter bis zu den Gleisen, um dann festzustellen, dass ich auf der anderen Seite auf keinen Fall hochkommen werde. Also muss ich notgedrungen umkehren, den Abhang unter Keuchen wieder hochkraxeln und oben auf der Straße einen ca. einen Kilometer langen Umweg bis zu einer Brücke in Kauf nehmen.

So etwas hebt die Stimmung nicht unbedingt und zehrt an den Kräften.

Im Regen Richtung Neuburg an der Donau

Später, so gegen 12:30 Uhr überquere ich eine sehr einsame Landstraße und lande gegenüber sofort wieder im extrem dunklen Wald. Jetzt wird es Zeit für eine Rast, denke ich, und so halte ich Ausschau nach der nächsten Bank.

Ich bin immer noch auf dem ostbayerischen Teil des Jakobswegs unterwegs und diese Menschen, welche die Beschilderung des Pilgerpfades vornahmen, haben sicherlich auch an kleinere Rastplätze oder Bänke für die gepeinigten Jakobsweg-Pilger gedacht. Pustekuchen, auch nach 30 Minuten nicht mal ein kleines Bänkchen. Noch nicht mal in der prallen Sonne.

Ich laufe unentwegt weiter durch die dunklen Wälder, die Luftfeuchtigkeit steigt und die Stechmücken beginnen mich wieder als Hauptmahlzeit anzusehen.

Verdammt, ich will eine Bank, und zwar sofort, denn ich habe keine Lust im Stehen zu rasten, meine Schuhe auszuziehen und barfuß auf nassem Schotter zu stehen.

Endlich, nach knapp drei Stunden sehe ich mit großer Freude eine Bank-Tisch-Kombination und genau in diesem Moment beginnt es zu regnen!

Im Regen mache ich es mir, soweit möglich, gemütlich und widme mich meiner Brotzeit. Es gibt köstliche Elektrolyte und gepresstes Eiweiß in Riegelform. Beides in diesem Moment überaus lecker.

Ich spanne meinen kleinen Ultraleicht-Regenschirm auf, um es wenigstens über mir etwas trocken zu haben.

Es regnet unentwegt weiter, aber es hilft alles nichts, ich muss aufbrechen. Irgendwie ist es mir zu warm, um die Regenklamotten anzuziehen, und so stecke ich meinen kleinen Schirm vorn zwischen meinen Rucksackgurt und hab somit einen 90 Zentimeter großen Regenhut über meinem Hut. Das sieht zwar scheiße aus, ist aber ungemein praktisch und behindert das Wandern in keiner Weise. Also merke: Ein kleiner, leichter Schirm ist ein Muss auf so einem Trip.

Weiter geht es durch den dunklen und inzwischen leider sehr matschigen Wald. Netterweise hat den Waldweg ein Harvester dermaßen malträtiert, dass ich Zickzack außerhalb des Weges durch den Wald laufen muss, um damit dem matschigen Schlamm und Morast wenigstens etwas auszuweichen.

Die Luftfeuchtigkeit ist hoch und die Stechmücken foltern mich unentwegt.

In diesem Wald, ziemlich langsam vorankommend und umzingelt von durstigen, fliegenden Raubtieren frage ich mich das erste Mal ernsthaft, was ich hier eigentlich mache.

Meine Stimmung sackt gerade etwas ab. Auch werde ich heute sicherlich nicht campieren, denn das Aufstellen meines Camps bei strömendem Regen muss ich heute wirklich nicht haben. Die Ausrüstung würde das zwar locker hergeben, aber es wäre doch deutlich entspannter, wenn alles steht und danach erst das Wasser von oben kommt.

Ziemlich genau um 15:00 Uhr verlasse ich endlich den Wald. Seit ich heute Morgen Eichstätt verlassen habe, bin ich keiner Menschenseele begegnet. Ich bin komplett einsam und allein durch dichte, dunkle Wälder gelaufen und das fast ohne jede erlösende Sitzmöglichkeit.

Da, jetzt höre ich eine Motorsäge, wieder bin ich erleichtert nicht der Omega-Mann zu sein.

Kurz darauf verlasse ich endgültig den Jakobsweg, der hier weiter nach Westen geht, und mutiere damit vom Pilgerer zum Wanderer.

Der Weg führt mich jetzt erst mal ein Stück über Asphalt, was gar nicht so schlecht ist, denn man kommt relativ flott voran.

Inzwischen hat es sich so richtig eingeregnet und nach circa einer Stunde lande ich gegen 16:00 Uhr im Dörfchen Attenfeld, welches ich wie ein hungriges Raubtier nach einer trockenen Bank durchsuche. Ich finde wieder mal ein Bushäuschen und raste hier einigermaßen trocken.

Jetzt ist leider wieder Verarzten angesagt und ich bringe ein zweites Blasenpflaster an meinem linken Fuß an. Ich versuche mich mental für die restlichen sechs Kilometer nach Neuburg an der Donau vorzubereiten und mich zu motivieren. Es fällt mir echt schwer.

Heute gab es kein Radler, was aber nicht so schlimm ist, denn diesen starken Drang nach Bier mit Zuckerwasser verspüre ich wohl nur bei großer Hitze.

Ich muss inzwischen bei jeder Weggabelung nach dem richtigen Weg suchen, da ich nun nicht mehr auf dem Jakobsweg bin und somit die Muschel-Beschilderung wegfällt.

Je nach Untergrund wechsle ich auch immer wieder mal meine Reifen. Im Klartext heißt das: Gummipuffer auf die Stöcke drauf für Asphalt, oder Gummipuffer wieder abziehen für anderes Gelände.

Inzwischen merke ich auch, dass die Stöcke doch eine deutliche Erleichterung darstellen. Zusätzlich spare ich mir das Gewicht auf dem Rücken.

Der Weg führt mich jetzt über eine frisch geödelte, stinkende Wiese und meine Schuhe reinigen die Wiese sozusagen vom Tierkot. Vielen Dank dafür an den fleißigen Bauern.

Ich muss dringend meine Schuhe reinigen, denn auch 15 Minuten später im Wald riecht es immer noch nach Kuhsch...! Seltene Waldgräser und Farne machen nun die Bekanntschaft mit mehrfach verdauter Kuhnahrung.

Nachdem der Regen inzwischen etwas nachgelassen hat, wird dieser kurz vor Neuburg wieder stärker. Ich bin sowieso gleich da, und so spare ich mir die Regenbekleidung und auch meinen Schirm. Mit meiner Rucksack-Schirm-Hut-Kombination möchte ich mich nicht unbedingt in einer belebten Stadt sehen lassen. Am Ende werde ich aufgrund meines seltsamen Aussehens noch verfolgt und verhaftet, so wie John Rambo in „Rambo I".

17:45 Uhr, Neuburg an der Donau, es regnet, aber die Frisur sitzt. Geht auch gar nicht anders, denn ich habe mir vor Abreise, im Gegensatz zu Rambo, einen Marine-Kurzhaarschnitt verpasst. Das ist sehr praktisch und bedarf bis zum jetzigen Zeitpunkt keinerlei Pflege mit dem Haar-Föhn oder Spray.

Jetzt stehe ich auf der Donaubrücke, mit schmerzenden Gliedern und nassem Gewand und weiß noch nicht so recht wo hin.

Ich sehe ein Schild des Neuburger Campingplatzes und hebe mir die Option für den Notfall auf, falls ich kein bezahlbares Zimmer finde. Ich muss schon ein wenig auf meine Reisekasse achten. Denn wenn ich jeden Tag für 50,00 Euro übernachte, bin ich bald pleite.

Nach zwei persönlichen Anfragen, zwei Internetrecherchen und drei Telefonaten, habe ich endlich ein Zimmer in der Innenstadt und das für 46,00 Euro. Ich checke in einem Hotel ein, welches sich wieder als Brauereigasthof herausstellt. Nachdem ich immer noch mein Fleisch von gestern verdaue, steht mir der Sinn nicht nach Brauerei-Gasthof-Essen und ich gehe nach dem Duschen und Kultivieren zum gegenüberliegenden Italiener.

Die Pizza capriccioso ist lecker und der Wein ist gefällig, aber alles in allem ist es nicht wirklich gemütlich hier. Es wirkt alles relativ kalt, neonbeleuchtet und steril und ich bekomme Lust auf eine Blinddarmoperation oder gar eine Organtransplantation.

Vor diesem Hintergrund beschließe ich, meinen „Absacker" in der Wirtsstube meines Nachtlagers zu nehmen. Ich laufe zurück und sehe durch die erleuchteten Fenster, dass die quirlige Bedienung gerade aufräumt. Mist, ich muss mich beeilen, wenn ich noch was bekommen möchte. Ich trete hurtig ein und frage, ob ich noch ein Getränk bekomme. Sie antwortet „kein Problem, musst halt dann mit aufs Zimmer nehmen, ich mach grad Feierabend". Ich antworte: „Am Zimmer ist es langweilig und ich trinke schnell, versprochen".

Eineinhalb Stunden später sitze ich immer noch mit der netten Bedienung Sabine (mit Doppel D oder einfach E) draußen im strömenden Regen unter der Markise und rauche. Sie bringt mir ein weiteres Getränk und wir reden über mein Vorhaben, Bayern, Deutschland, Asylpolitik, USA und Reisen dahin, denn sie hatte mal eine Zeit lang in den USA gelebt.

Zwischenzeitlich kommt noch eine weitere Dame (mit 0,5 A) mit frechem Kurzhaarschnitt und Spitznase zum Rauchen dazu, die mit ihrem Mann die

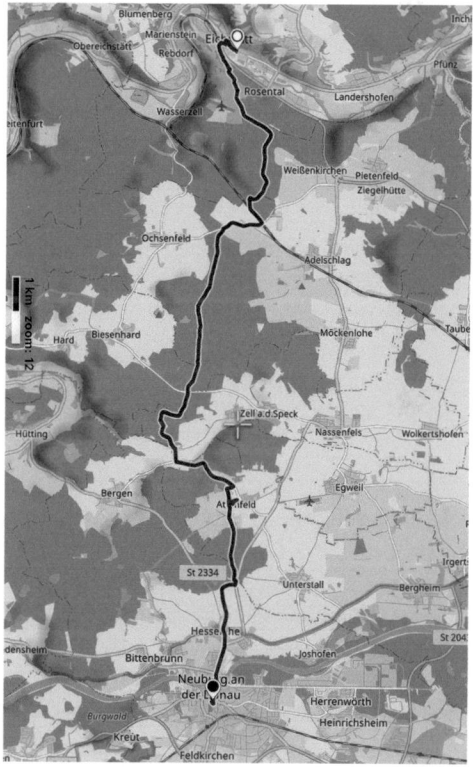

nächsten fünf bis sechs Tage wieder ins Ruhrgebiet zurückradelt. Ich wünsche ihr alles Gute und verabschiede mich freundlich von ihr, obwohl sie noch gar nicht geht, wie ich dann merke.

Als ich mich dann grundsätzlich verabschiede, fleht mich Sabine noch an, in Zukunft unbedingt die richtige Partei zu wählen und wünscht mir eine wunderbare Reise.

Ich lege mich ins Bett, bin ziemlich fertig, aber schreibe noch an meinem Tagebuch.

Heute war es meine bisher längste und auch feuchteste Tagesetappe mit 25,8 Kilometer. Ich spüre jeden Kilometer gewaltig in allen Bereichen meines Körpers.

Gute Nacht.

Tag 5: 25,8 km, +271 m/-278 m

Im Zelt vor Schrobenhausen – Tag 6
Donnerstag, 14. Juli

Das mit den richtig tief schlafen muss ich noch weiter üben, denn irgendwie klappt es bisher erst immer in den frühen Morgenstunden. Gegen 8:30 Uhr benutze ich die heutige Wetter-App, genannt „Fenster", um wettertechnisch nach dem Rechten zu sehen. Enttäuscht stelle ich fest, dass es immer noch in Strömen regnet. Das wird wohl heute so eine Regenklamottengeschichte.

Gestern habe ich noch die Tour nach Schrobenhausen zusammengestellt, aber festgestellt, dass ich heute fast nur auf Radwegen oder geteerten Flurbereinigungssträßchen unterwegs sein werde. Ich bin nicht traurig darüber, im Gegenteil, so schaffe ich die 23 Kilometer schneller und ich bleibe von Matsch verschont. Beim Frühstücken lasse ich mir gehörig Zeit, denn ich habe es heute nicht eilig vor die Tür zu gehen. Die heutige Bildzeitung vertreibt mir beim langsamen Kauen die Zeit.

Mit dem Wirt führe ich ein Gespräch über die aktuelle Mückenplage, die mich aber heute aufgrund des Wetters nicht zu stark stören wird. Nach dem Frühstück packe ich und starte dann auch noch das heitere Suchspiel „Wo ist meine Regenschirmhülle". 15 Minuten später finde ich diese ganz unten im Rucksack in der Klamottentasche. Exakt um 10:15 Uhr verlasse ich mein Neuburger Domizil Richtung Süden. Es regnet in Strömen, aber ich vermeide es, mit dem Poncho durch die Stadt zu laufen. Was sollen denn die Leute denken. Ich bin sicher, so ein Poncho ist eher für die für hochalpine Schlechtwetterfront gedacht als für die Stadt.

Ausgestattet mit Hut und Regenjacke, mache mich also auf den Weg. Etwas außerhalb der Stadt folge ich dem endlos langen Zaun des militärischen Flughafens von Neuburg an der Donau.

Gegen 12:00 Uhr lässt der Regen etwas nach und im gleichen Verhältnis steigt auch meine Stimmung ein wenig. Unentwegt und Schritt für Schritt folge ich dem schmalen Asphaltband des schier unendlich langen Radwegs und komme dadurch meinem Endziel Venedig Stück für Stück näher und näher.

Jetzt fotografiere ich eine Weinbergschnecke formatfüllend mit meiner Sony RX100, die sich mit dem 1-Zoll-Sensor als perfekte Reisekamera für den gehobenen Anspruch darstellt.

Ich laufe ausschließlich auf nassem Asphalt und lande gegen 13:00 Uhr in Örtchen „Stengelheim", wo es am Wochenende eine Rockparty mit Weißbier gibt. Das Festkomitee hat wohl ein sehr schmales Werbebudget, denn sie haben einfach ein Garagentor ausgehangen und in die Pampa gestellt.

Langes Stengelheim

Darauf haben Sie liebevoll mit Spraydose und krakeliger Schrift auf das kommende Event hingewiesen.

Jetzt habe ich aber einen Bärenhunger, aber weit und breit sehe ich nicht die Spur eines Wirtshauses in diesem ellenlangen Straßendorf. Aber dafür könnte ich an jedem zweiten Haus Kartoffeln kaufen.

Grundsätzlich gibt es hier wohl außerhalb der eigenen vier Wände nicht zu viel Spannendes zu erleben, denn an jedem vierten oder fünften Haus sehe ich dekorierte Hochzeitssachen, Babyklamotten oder Störche, die auf eine vor Kurzem stattgefundene fröhliche Niederkunft hinweisen.

Kein Wirtshaus, kein Metzger, kein Bäcker oder eine Tankstelle sind weit und breit zu sehen, aber eine „Bixnmacherei" gibt es. Vielleicht muss man sich hier sein Essen selbst schießen? Haus für Haus zieht an mir vorbei und mir fällt auf, dass hier nahezu jeder zweite den Namen „Schnepf" trägt!

Dann endlich, ein Tante-Emma-Laden. Zwei Wurstsemmeln, ein Cola und ein kleiner Tisch im Eck. Durch solch einfache Dinge sieht die Welt wieder ganz anders aus. Ich beobachte meine Umgebung, als ein etwas korpulenterer, augenscheinlich einheimischer Herr den Laden betritt und sehr aufgebracht ist, weil seine wohl sehnlichst erwartete Schnupftabaklieferung noch nicht eingetroffen ist. Er kauft dafür einen Jägermeister und ein Bier und setzt sich zu mir. Ich hol mir auch ein Bier und wir trinken Freundschaft. Er erzählt mir von seinen Wanderungen in den Achtzigerjahren und dass inzwischen seine Beine nicht mehr mitmachen. Beim Blick auf seinen gewaltigen Bauch nehme ich ihm das auch absolut ab. Wir verabschieden uns, als das Bier leer ist, und ich besuche noch das Gemeindegebäude gegenüber, um die örtlichen Toiletten zu besichtigen. Der Regen hat glücklicherweise inzwischen ganz aufgehört und ab und zu kommt sogar die Sonne raus. Ich verstaue meine Regenklamotten und mach mich wieder auf dem schnurgeraden Rad- und Fußweg in Richtung Süden.

Im nächsten kleinen Dörfchen ist fast jedes zweite Haus mit einer Art Maibaum geschmückt. Egal, ob jemand Geburtstag hat, heiratet, Kinder kriegt oder sonst ein Event ansteht, es wird schonungslos der ganzen Welt gezeigt.

Jetzt verlasse ich endlich den Radweg und wandere wieder auf einem Schotterweg zwischen Felder und Wiesen. Schritt für Schritt und monoton verschwindet Meter um Meter unter meinen Füßen begleitet von dem Klack-Geräusch, das meine Stöcke verursachen, wenn sie auf den Boden treffen. Das Wandern geht wesentlich besser mit den Stöcken und zudem schwellen die Hände nicht so an, da man die Arme eben oben hat und nicht permanent hängen lässt. Ich beschließe jetzt doch nicht ganz bis Schrobenhausen zu laufen, sondern einen Platz für mein Camp zu suchen. Ich muss mal wieder an meinen Geldbeutel denken. Momentan sieht es allerdings nicht nach Camp aus, denn links neben mir ist ein Maisfeld und rechts ein Kartoffelacker aus dem unzählige Kartoffelkäfer meinen Weg kreuzen.

Einige der Kartoffelkäfer sterben unter meinen Füßen, denn es ist nahezu unmöglich, allen auszuweichen. So viele von diesen eifrigen Krabblern habe ich wirklich noch nie gesehen und ich überlege, ob es Nützlinge oder Schädlinge sind. Da meine Überlegungen zu keinem Ergebnis führen, beschließe ich, sie als Schädlinge einzustufen, und mein Mitleid beim versehentlichen Zertreten hält sich dadurch in Grenzen.

Während ich so laufe, denke ich über das Laufen an sich nach. Habe ich mich inzwischen eingelaufen? Ehrlich gesagt, weiß ich es nicht. Ich laufe so dahin und eventuell geht es inzwischen auch etwas besser, aber mir fällt es nach wie vor überhaupt nicht leicht.

Dann prüfe ich die Karte und meine Umgebung und sehe circa eineinhalb Kilometer vor mir nur einen winzig kleinen Ort, der wohl ein Bauernhof (Högenau) ist. Da könnte ich eventuell in dem kleinen Stückchen Wald daneben einziehen, falls sich ein Platz anbietet. Im Wald ist noch alles klitschnass und ich überlege, ob ein Camp in einem nicht zu dichten Wald eventuell schöner und vor allem trockener wäre. Am besten frage ich einfach bei einem der Höfe, ob ich in der unmittelbaren Nähe mein Zelt aufschlagen kann. Schön wären auch zwei Bäume im richtigen Abstand, damit ich meine Hängematte nutzen kann.

Die drei Häuser von Högenau bieten leider nichts dergleichen, aber auf der Karte sehe ich dann noch ein einzelnes Haus mit Riesengarten in circa 500 Metern Entfernung. Vielleicht gibt es dort eine Möglichkeit zu campieren.

Als ich dort ankomme, finde ich keinen Riesengarten vor, sondern einen Minigolfplatz, einen kleinen Fußballplatz, Beachvolleyball-Felder, einen Biergarten und so was wie ein größeres Sportheim. Das ganze Ding nennt sich „Högenauer Kocherei" und ich sehe keine Menschenseele und alles wirkt einsam und verlassen.

Auf der Terrasse des Sportheims finde ich ein Schild mit Telefonnummer für Reservierungen und ich rufe an. Leider geht niemand ran und so sehe ich mich weiter um. Oberhalb des Spielplatzes, gleich im Wald, gibt es eine kleine Lichtung mit Moos, die der liebe Gott bestimmt für mich reserviert hat. Da ich in Sichtweite des unten liegenden Spiel- und Asphaltplatzes bin, beschließe ich noch etwas zu warten und später noch mal anzurufen.

Fünf Minuten später bekomme ich einen Rückruf von der Wirtin des Areals.

Ich teile ihr mein Anliegen mit und bekomme prompt die Antwort: „Kein Problem kannst zeltln, ich bin in einer Stunde wieder da. Wennst willst, kannst dich auch duschen." Das ist mal ultranett und so baue ich gemütlich mein Camp auf. Nach einer Stunde liege ich in meiner Hängematte und ruhe mich aus, als ich plötzlich viele Menschen und viele Geräusche unterhalb meines Camps höre. Ich sehe nach dem Rechten und begrüße kurz darauf den Schrobenhausener Eisstockschützenverein, die 30 Meter entfernt von mir heute ihr Training haben. Einmal mehr werde ich ausgefragt und ich erzähle von meinem Vorhaben und ernte mal wieder staunende Blicke. Außerdem erzähle ich noch von meinem Eisstock zu Hause und prompt werde ich zum Mitspielen aufgefordert. Erstens möchte ich mich heut nicht mehr bewegen und zweitens, würde ich mich vor dem Schrobenhausener Eisstockschützenverein sicherlich blamieren. Ich lehne dankend ab und bereite mir stattdessen ein köstliches Abendessen zu. Es gibt gefriergetrockneten Jägertopf „Försterinnen Art", der mich Gott sei Dank auch etwas aufwärmt. Seit ungefähr 15 Minuten friere ich ordentlich, und ich habe zu meiner Soft-Shell Jacke noch meine Daunenjacke übergezogen. Beim Essen sitze ich gemütlich unter meinem Vordach auf dem genialen Stuhl, den ich mit dem Thermarest Chair und aus meiner Isomatte gebaut habe (siehe „Meine Ausrüstung"). Mein perfektes Equipment macht mich ziemlich glücklich.

Die Gaststätte hat zwar geschlossen, aber gegen 20:00 Uhr versuche ich die Wirtin zu finden. Sie hat mir auch versprochen, dass ich ein Bier bekomme. Ich finde sie, sie heißt Marianne und sie drückt mir gleich ein Augustiner hell in die Hand. Die Welt kann so schön sein. Prophylaktisch habe ich noch meine kleine Faltflasche mitgenommen, um eventuell etwas Rotwein zu bekommen. Das würde mir heute am Camp vor dem Schlafengehen schmecken.

Nach dem ersten Augustiner macht sie meine Faltflasche voll, gibt mir ein zweites Augustiner und wir gehen auf die Terrasse, um zu rauchen. Dort sitzen wir über eine Stunde und ratschen über Gott und die Welt.

Das ganze Anwesen hier ist das Sportheim des Schrobenhausener Sportvereins, und Marianne ist die Wirtin des Sportheims. Sie fragt mich, ob ich meine

Übernachtung bei Högenau vor Schrobenhausen

Erlebnisse denn auch irgendwo aufschreibe. Ich erzähle Ihr von meinem Tagebuch und verspreche sie lobend zu erwähnen, was ich hiermit tue.

Nun will ich bezahlen, aber sie will partout kein Geld von mir. Im Gegenzug möchte sie aber mein Camp begutachten und ich muss mich in meinen Stuhl setzten und posen, während sie Fotos von mir macht, die Gute.

Irgendwie stelle ich fest, dass man wohl per se Sympathie ausstrahlt, wenn man allein mit dem Rucksack zu Fuß unterwegs ist. Viele wollen mich kennenlernen und mit mir reden. Ein schönes Gefühl und viele wertvolle Momente und Bekanntschaften sind das Ergebnis.

Später sitze ich gemütlich unter meinem Vordach auf meinem Sessel und koche Tee für morgen. Natürlich schreibe ich auch Tagebuch und genieße hin und wieder etwas Rotwein.

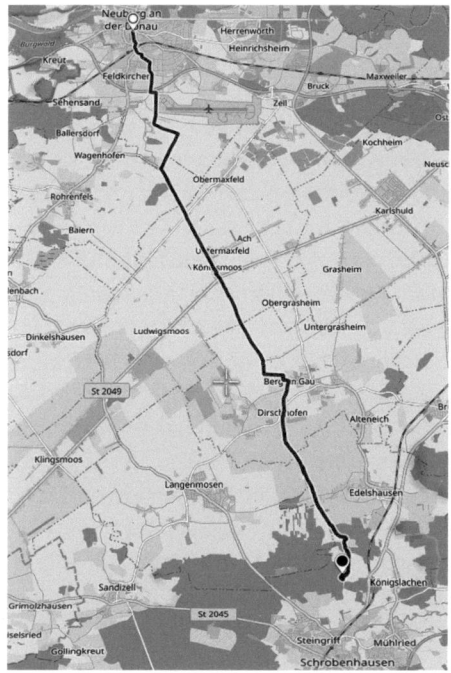

Tag 6: 21,24 km, +178 m/−118 m

Übrigens, ich habe schon heute Vormittag die 100-Kilometer-Marke geknackt und das muss schließlich gefeiert werden. Schon deshalb lasse ich mir den köstlichen Wein schmecken.

Bezüglich meines Bettchens gehe ich davon aus, dass ich heute nicht schwitzen werde. Es ist ziemlich kalt und wenn ich ausatme, dampft es, obwohl ich momentan gar nicht rauche.

Meine Ausrüstung hat mir bei der Nässe von oben und während der 21,24 Kilometer hervorragende Dienste geleistet.

Jetzt freue ich mich auf eine ruhige und gemütliche Nacht in meinem Zelt.

Desperado – Tag 7
Freitag, 15. Juli

Das Schönste am gestrigen Tag war für mich tatsächlich, als ich spät abends gemütlich unter meinem Vorzelt, neben meinem Tischchen auf meinem Iso-Matten-Stuhl unter meiner Lampe, Rotwein trinkend und Musik hörend, gesessen bin und gemütlich ein E-Book auf dem Smartphone gelesen habe.

Meine Ausrüstung ist für mich eine Kombination aus Ultraleicht und Komfort, die selbstredend an Perfektionismus grenzt. Wahnsinn, was einen alles glücklich machen kann.

Nach dem Aufstehen mache ich mir einen Kaffee und verspeise leckeres Globetrotter Müsli. Dann fülle ich den erkalteten Tee, den ich gestern gekocht habe, in meine Easy-squeezy Trinkflasche und baue langsam das Camp ab.

Im weiter unten gelegenen Sportheim herrscht reges Treiben, denn wie ich gestern erfahren habe, gibt es heute eine Gesellschaft mit 150 Personen. Da ist viel zu tun und der kleine Sohn der Küchenhilfe stand wohl massiv im Weg herum und so schickte man ihn kurzerhand zu dem Mann im Wald. Seit 30 Minuten beantworte ich dem jungen Herrn unentwegt Fragen. Er ist 11 Jahre alt und will alles, also wirklich alles genau wissen.

Mein Vorzelt habe ich mit einem circa einem Meter langen, morschen Stock stabilisiert. Der Kleine fragt mich doch tatsächlich, ob ich den morschen Stock aus dem Wald habe. Kurz überlege ich, ob ich antworten soll: „Nein, den habe ich von zu Hause mitgebracht und den nehme ich überall mit hin." Ich antworte ihm dann doch wahrheitsgemäß mit „Ja".

Jetzt spanne ich meinen neuen Freund als Hilfsarbeiter für den Abbau des Camps ein. Danach muss ich noch meine Wasserreserven nachfüllen, mich eincremen, da die Sonne wieder scheint und mich bei Marianne verabschieden und natürlich für alles herzlichst bedanken.

Als alles erledigt ist, starte ich Richtung Schrobenhausen, das ich auch durchqueren werde.

Über Nacht habe ich meine Power-Bank zum Laden meines Smartphones gebraucht und so muss diese wieder hinten auf meinem Rucksack, um sich über die eingebauten Solarmodule aufzuladen. Beobachten darf mich aber dabei niemand, denn immer, wenn ich meinen Rucksack anlege, kippt das Teil anscheinend und die Solarmodule zeigen nicht mehr nach oben. Genau weiß ich es aber nicht, da ich ja hinten und oben keine Augen habe. Und so mache ich irrwitzige Verrenkungen, um mit meinem Smartphone Selfies vom Rucksack über mir zu machen, nur um festzustellen, ob das Solarmodul richtig herum liegt. Wenn dies dann nicht der Fall ist, hopse ich ein paarmal und fotografiere weiter. Ich hopse und fotografiere also so lange, bis das Ding ordentlich liegt. Ich glaube, da muss ich mir noch eine bessere Lösung einfallen lassen.

Halb hopsend, halb laufend bin ich aber inzwischen in Schrobenhausen angekommen und merke wieder, wie weit ich doch schon von meiner Heimat entfernt bin. Nahezu alle Ortschaften, die mit Kilometerangaben auf Verkehrsschildern angegeben sind, sind mir gänzlich unbekannt.

Am Marktplatz in Schrobenhausen gönne ich mir einen Cappuccino und beobachte die Leute um mich herum. Ich sehe Menschen, die einkaufen, arbeiten, von der Schule nach Hause kommen, Pause machen, gestresst sind oder arbeitslos und was weiß ich noch alles. Ich merke auf jeden Fall, ich gehöre nicht dazu und das ist gut so.

Hinter Schrobenhausen begleite ich das idyllische Flüsschen „Weilach" eine ganze Zeit lang an seinen Ufern.

Sicherlich strahle ich auf meiner Wanderschaft inzwischen schon extreme Professionalität aus, denn bezüglich meiner Ausrüstung, meiner Navigation und nicht zuletzt meiner Kondition überlasse ich absolut nichts dem Zufall.

Während ich so über mich nachdenke und mich selbst lobe, stelle ich fest, dass ich anscheinend vor einiger Zeit falsch abgebogen bin. Mist, jetzt heißt es für den Profi umkehren und extra Wegstrecke machen, wo doch die Beine schon wieder so wehtun.

Das Wetter ist heute wieder genau richtig. Eine Mischung aus Sonne und Wolken und auch nicht zu heiß. Das Flüsschen „Weilach" hat die Größe unserer heimischen „Schwarzach" und auf einem Brückchen verweile ich. Ich schaue ins glasklare Wasser und entdecke eine klitze-klitze-kleine Forelle und muss an meinen Angler-Kumpel Harry zu Hause denken.

Kurz vor 13:00 Uhr komme ich im Örtchen „Aresing" an, wo ich nach einer Möglichkeit zur Mittagsrast Ausschau halte. Das traurige Ergebnis sieht leider so aus, dass in diesem oberbayerischen Ort mit knapp 2.800 Einwohnern die einzige Wirtschaft ein Grieche ist, der im Sportheim sitzt. Wo geht man denn hier zum Stammtisch oder zum Frühschoppen nach der Kirche? Das Wirtshaussterben lässt grüßen.

Ich beschließe trotzdem den eineinhalb Kilometer langen Umweg auf mich zu nehmen und freue mich auf Calamari. Leider habe ich die Rechnung ohne den Costa aus Aresing gemacht, denn der hat Urlaub. Schöner Mist. Ich frage mich bei den Einheimischen durch und bin 15 Minuten später in der örtlichen Metzgerei zum Leberkäs und Radler aus der Flasche. Das mit den Dorfwirtschaften ist echt schade, da ist es in meiner mittelfränkischen Heimat auf dem

Land tatsächlich noch etwas besser bestellt. Ich wandere weiter und der Tisch der Natur ist inzwischen reichlich gedeckt: So esse ich Himbeeren als Dessert.

Es geht wieder durch dichten Wald und definitiv dienen diese Wege hier hauptsächlich der Forstwirtschaft oder als Grundlage für Horrorfilme. Wie komme ich darauf? Es ist absolut einsam und dunkel um mich herum, keine Wanderer, keine Jogger, keine Mountainbiker, keine Schilder, keine Bänke, keine Gastronomie und überall Matsch und tiefhängende, moosbehangene Äste. *Blair Witch Project* lässt grüßen.

Kurz bevor es mir unheimlich wird, erreiche ich eine schmale, verlassene Landstraße, die mich weiter Richtung Süden führt. Kein Auto fährt hier, ich bin allein und weiß noch nicht, wo ich heute landen werde, und ich habe Zeit. Aufgrund dieser tatsächlichen Freiheit fällt mir ein dämlicher Schlager aus den Siebzigern ein und ich muss zum Handy greifen und ihn hören. Drei Minuten später lauf ich mit dem Handy in der Hand und singe lauthals mit: „Desperado, ja ich bin ein Desperado, denn ich ziehe rund um die Erde und weiß noch nicht wohin."

Ich weiß zwar schon ungefähr wohin, bin aber von meinem Gegröle und dem Text dermaßen ergriffen, dass ich abrupt Glückshormone ausschütte. Ich verspüre den unglaublich starken Drang für eine zweite Runde, also los gehts. „Desperado, ja ich bin ein Desperado …!" Danke Michael Holm. Singend lande ich kurz darauf im Landkreis Pfaffenhofen.

Das mit dem Rasten außerhalb einer Ortschaft wird immer schwieriger, denn Bänke oder Ähnliches sind nicht in Sichtweite. Bei einer Rast möchte ich aber auch meinen Beinen etwas Erholung gönnen und nicht eben auf genau diesen stehen.

Ins Gras legen oder setzen ist aufgrund der Feuchtigkeit und der vielen Tiere und Stechmücken auch nicht akzeptabel. Bänke gibt es in dieser Gegend anscheinend nur in den Ortschaften, in der Kirche und an den Bushaltestellen.

Da, Menschen! Mir kommen vier junge Girlies zu Pferde entgegen, und ich grüße laut und freundlich. Antwort: keine – nur abfällige Blicke. Was ist denn nur mit diesen wohlerzogenen Geigen- und Reitstundenmädels los. Auch mein zweites Grüßen wird nicht erwidert. Ich wünsche Ihnen mit 30 ordentliche Reiterhosen, aber solche, die man nicht mehr ausziehen kann, grins.

Einsamkeit vor *Alberzell*

Ist natürlich nicht ganz ernst gemeint und nur Spaß, aber etwas Anstand würde denen wirklich nicht schaden.

An einem Jägerstand mache ich Pause und gebe mir noch mal mitsingend den „Desperado", dann muss ich pinkeln. Ich beschließe, mich im Rahmen dieses Unterfangens wieder mal ordentlich anzuziehen, denn das Shirt und die Unterhose rutschen etwas beim endlosen Wandern.

Als ich gerade die Hose unten habe, kommen die Mädels vom Immenhof wieder reitend aus dem Wald in meine Richtung. Egal, die haben mich vorhin ja schon nicht beachtet.

Um 16:40 Uhr erreiche ich „Alberzell" und verlasse es auch schnell wieder, da es ein Örtchen der übersichtlicheren Art ist.

Da hier grundsätzlich sehr viel Gegend ist, beschließe ich, dass ich heute noch einmal der Outdoor-Ralph bin, wenn sich ein geeigneter Platz für das Not-Biwak anbietet. Wenn nicht, dann geht es eben weiter nach „Hilgertshausen", wo ich hoffe, dass es dort eine Pension gibt. Beides ist leider nicht der Fall und zusätzlich latsche ich in Hilgertshausen neben der Kirche mitten durch eine „Pokémon Go Arena".

Das Spiel gibt es erst seit vorgestern und schon irren Mittdreißiger wie ferngesteuert mit den Smartphones durch die Gegend und das auch noch am Arsch der Welt.

Dichter Wald bei Schrobenhausen

Gegen 18:00 verlasse ich Hilgertshausen und bin inzwischen auch richtig im „Arsch" und wieder mal sehr kraftlos. Ich kann tatsächlich nicht mehr und so baue ich 45 Minuten später auf einer kleinen, gemähten Wiese direkt neben dem Wald mein Basis-Not-Camp auf. Ich kann mich dabei leider kaum bewegen vor Schmerzen in allen Gliedern, die es gibt. Grundsätzlich campe ich heute nicht, um Geld zu sparen, sondern weil ich es muss. Weit und breit gab es keine Übernachtungsmöglichkeit und so ist es gut für den Notfall, wie eben heute, entsprechende Ausrüstung dabei zu haben. Man ist einfach flexibler und hat eine Sorge weniger, wenn mal keine Pension zu finden ist.

Nachdem mein offizielles Not-Biwak steht, koche ich mir gleich etwas Feines und komme für mich zum Schluss, dass die Nahrung der Firma „Travellunch" mir besser schmeckt als die von „Treck and Eat".

Im kleinen Bächlein nebenan hole ich Waschwasser für meinen Duschsack, mache mich nackig und reinige mich nach dem Essen ausgiebig.

Gestärkt und mit frischen Klamotten koche ich Tee und mache es mir wieder mal gemütlich unter meinem Vorzelt!

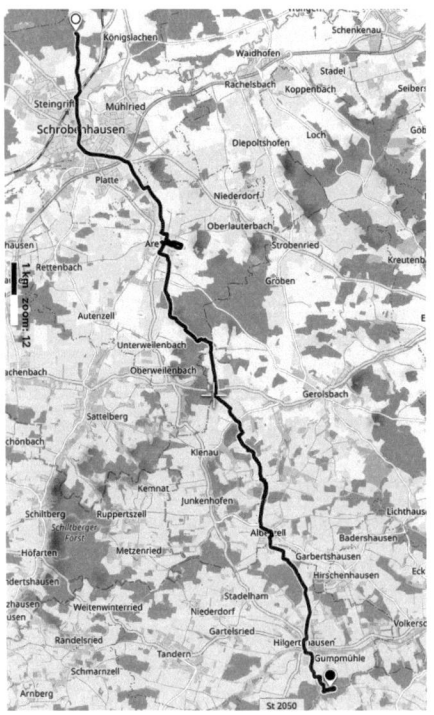

Hoppla, jetzt ist es doch schon 21:30 Uhr. Zeit für Folk Musik von Jim Croce. Oder soll ich doch noch mal? „Desperado, ja man nennt mich …!"

Heute habe ich meine bisher längste Tour mit 27,8 Kilometer absolviert. Obwohl hier alles relativ flach aussieht, ging es doch über 400 Meter rauf und auch teilweise wieder runter. Seit zu Hause bin ich nun schon 149,5 Kilometer gelaufen. Hätte ich direkt die A9 genommen, wäre ich schon fast in München, aber ohne die schöne Landschaft.

Erschöpft krieche ich bald darauf in meinen gemütlichen Schlafsack und denke noch kurz an zu Hause, bevor die Augen unendlich schwer werden.

Tag 7: 27,8 km, +440 m/-377 m

Am Horizont die Alpen – Tag 8
Samstag, 16. Juli

Der Song *Arms of Mary* von den Sutherland Brothers weckt mich unheimlich entspannt als Klingelton auf meinem Handy.

Es ist 7:45 Uhr, ich brauche aber noch bis 8:15 Uhr, um mich aus dem Zelt zu schälen. Einmal mehr freue ich mich über mein Camp und meine spitzenmäßige Ausrüstung, als ich beim Zähneputzen feststelle, dass mein Frischwasservorrat nun zu Ende geht. Ja, die zweite Nacht im Zelt hinterlässt Spuren beim Verbrauchsmaterial.

Gestern Abend habe ich noch Tee gekocht und so ist noch Flüssigkeit für unterwegs vorhanden. Aber zum Frühstück brauche ich dringend meinen Kaffee und dafür reicht es leider nicht mehr ganz. Also, schnell rüber zum stillstehenden, verschlammten Bächlein Marke „Streptokokken" und über meinen Mini-Wasserfilter (Siehe meine Ausrüstung) einen halben Liter frisch gezapft. Der Kaffee schmeckt köstlich und dazu gibt es noch einen Haferflocken-Energie-Riegel mit reichlich Fett und Zucker. Dieser Riegel wiegt ungefähr so viel wie ein kleiner Goldbarren, hat also massig Energie und schmeckt auch noch. Ich gönne mir noch eine zweite Tasse Kaffee und bleib erst mal sitzen, um

Not-Biwak mit Kaffee am Morgen

die Stille zu genießen und das Wetter zu begutachten. Wie gestern, Sonne, Wolken, Sonne und nicht zu heiß. Was will man mehr? Da ich nun schon den zweiten Tag im steckdosenlosen Zelt verbringe, ist meine Solar-Powerbank jetzt leer. Während ich das Camp abbaue, lege ich das Teil in die pralle Sonne, um es dann später hoffentlich nicht zu vergessen. Wieder komme ich (mit meiner Solar-Powerbank) erst gegen 11:00 Uhr los.

Das muss ich irgendwie ändern, denn das ist definitiv zu spät. Liegt natürlich auch teilweise an dem zeitlichen Aufwand das Camp wieder ordentlich in den Rucksack zu verstauen.

Mal sehen, wie es heute läuft, denn eben habe ich festgestellt, dass der Nagel meines linken, großen Zehs ziemlich blau bis schwarz ist. Es tut nicht sehr weh, aber sieht seltsam aus. Die nächste halbe Stunde plage ich mich über einen

Weg, der eigentlich keiner mehr ist. Schlamm, Dornen und Brennnesseln und dazwischen ich in kurzen Hosen. Meine Stöcke werden beherzt als Waffe gegen die Brennnesseln und Dornenranken eingesetzt. Nach über 30 Minuten erreiche ich einen schönen Feldweg, auf dem das Wandern wieder Spaß macht. Und jetzt denke ich mir, ich muss jetzt dringend mal wieder …! Ich starte das iPhone und los gehts: „Desperado, ja ich bin ein Desperado …!"

Landstraße bei Weichs

Übrigens bin ich schon seit gestern im Landkreis Dachau. Jetzt beschließe ich die restlichen vier Kilometer nach „Weichs" über das schmale Landsträßchen zu laufen und dort, in einem hoffentlich vorhandenen Wirtshaus, Rast zu machen. Auch muss ich dort meine Wasservorräte wieder aufstocken. Den ganzen Vormittag trinke ich schon diesen komischen, brasilianischen Zitronen-Minz-Tee, der eigentlich schlechter schmeckt als pures Wasser.

Es ist Samstag, und in den kleinen Dörfern herrscht geschäftiges Treiben. Wo ich gestern noch der Meinung war, die Dörfer sind komplett ausgestorben, wäscht man jetzt Autos, kehrt Straße oder mäht Rasen um die Wette. Einer der Einheimischen schießt mit einem Präzisionsspezial-Bogen sogar Pfeile auf eine Scheibe in seinem Garten und das gar nicht so schlecht. In einer halb offenen Scheune sehe ich einen Oldtimer herausblitzen. Es ist ein im MG-A Baujahr 57, genial. Daneben steht noch ein Jaguar MK II und ich unterhalte mich kurz mit dem netten Besitzer über das rostigste Hobby der Welt.

Um 12:45 Uhr komme ich in „Weichs" an und schalte sogleich mein Wirtshausradar ein. Da mich die letzten beiden Tage insgesamt nur knapp neun Euro gekostet haben, kann ich mir jetzt etwas gönnen.

Was soll ich sagen, es gibt den obligatorischen Griechen im Sportheim und einen kleinen Italiener an der Hauptstraße.

Sonst nichts, schade. Wieder vermisse ich die bayerische Wirtshauskultur.

Ich entscheide mich für den Italiener und es gibt leichtes Weizenbier, Pizza und Espresso. Von dem coolen, jungen Wirt werde ich permanent mit „Maestro" angesprochen. Ich nicke wissend, denn er weiß eben, wer hier die entsprechenden „Schulterklappen" hat. Ich lade noch meine Power-Bank bei ihm und stocke auch gleich meine Wasservorräte auf der Toilette auf.

Zum Abschied auf meinem Weg in sein Heimatland gibt ihr mir noch ein paar Portionstütchen Zucker mit. Er meint es eben gut mit mir.

Ich verlasse die Ortschaft und frage mich gerade, warum meine beiden Arme so untätig nach unten hängen. Schlagartig wird mir klar, dass meine Stöcke beim netten Italiener geblieben sind und sich dort sicher langweilen. Ja, so kann man auch Strecke machen, ohne wirklich voranzukommen.

All das wird natürlich fleißig per GPS mitgeloggt, sodass auch tatsächlich die gesamten Kilometer, die meine Beine zurückgelegt haben, dokumentiert werden.

Da ich schon lange die Fotografie, insbesondere auch die Schwarz-Weiß-Fotografie, als Hobby betreibe, habe ich mir vor der Tour extra eine Kamera für diese Wanderung zugelegt. Es sollte eine Art Profikamera für die Hosentasche sein, und so habe ich mich für die Sony RX100 MIII entschieden. Dieser „kleine Zwerg" mit der hervorragender Zeiss-Optik und dem 1-Zoll-Sensor ist ein echtes Wunderwerk der Technik. Was man schon daran merkt, dass die beiliegende Bedienungsanleitung doppelt so schwer ist wie die Kamera selbst. In Verbindung mit der kleinen Cullmann-Tasche (mit Miniregenüberzug) ist die Kamera perfekt an meinem vorderen Rucksackgurt befestigt und immer griffbereit.

Ich dokumentiere natürlich fleißig meinen Weg und komme inzwischen in einem Waldgebiet an, wo mich die Mücken wieder regelrecht auffressen.

Nach über einer Stunde geht es endlich raus aus dem Mücken-Wald, dafür laufe ich jetzt wieder in der prallen Sonne. Mir es recht zu machen ist gerade echt schwer, aber wenigstens gefällt es den Stechmücken hier in der prallen Sonne weniger.

Über eine einsame Landstraße geht es unentwegt weiter Richtung Süden. Rechts und links säumen unzählige Felder meinen Weg. Hier wird anscheinend so ziemlich alles angebaut, was ich kenne oder auch nicht kenne. Neben Weizen, Roggen, Mais, Kartoffeln, Raps, Zwiebeln, Spargel, Zuckerrüben und sicher auch Gurken sehe ich noch einige Felder, deren Bewuchs mir gänzlich unbekannt ist.

Gegen 16:00 Uhr lande ich in „Röhrmoos" und beschließe, auf einer Bank neben der Hauptstraße meine obligatorische Rast abzuhalten. Heute Nacht möchte ich nach Möglichkeit ein gemütliches Zimmer mit Dusche haben. Die größte Wahrscheinlichkeit hierfür etwas zu finden ist wohl Dachau selbst, aber bis dahin sind es noch stolze 12 Kilometer. Ich beschließe, das durchzuziehen und buche, auf der Bank sitzend, über das Internet ein Zimmer in der Innenstadt für 60,00 Euro!

Ich hätte bei Airbnb, auch ein Zimmer für 12,00 Euro weniger in einer privaten Wohnung bekommen. Bei den Hinweisen stand aber „beim Betreten der Wohnung, bitte Schuhe ausziehen". Wenn ich da ankomme, wollen die Menschen, die dort wohnen, aber ganz sicher nicht, dass ich meine Schuhe ausziehe. Ich entscheide mich also für das Hotel und schließe die Buchung ab.

Inzwischen laufe ich ein Stück an der Bahnlinie entlang, als ein Güterzug an mir vorbeifährt. Meine Augen suchen schnell nach einem Güterwagen mit geöffneter Seitentür. Da ist einer und ich fange an zu rennen und als ich auf Höhe des Güterwaggons bin, werfe ich meinen Rucksack hinein und halte mich dann mit letzter Kraft am Türriegel fest, durch den ich mich selbst auch in den Waggon schwingen kann. So reist es sich doch gleich viel gemütlicher und schneller.

So, oder so ähnlich, haben es auf jeden Fall meine Helden in den unzähligen Filmen gemacht, die ich gesehen habe. Nicht dass ich das nicht könnte, aber ich laufe halt weiter, da ich mir diese Reise zu 100 % als Fußmarsch vorgenommen habe.

Wieder geht es in einen Wald, den ich Punkt 17:22 Uhr wieder verlasse. Ja, ich habe tatsächlich auf die Uhr gesehen. Der Wald gibt nun den Blick auf die endlose Landschaft bis zum Horizont frei. Es ist ein unglaublicher Anblick und ein stolzes Gefühl. Ich sehe das erste Mal auf dieser Wanderung den Münchner Olympiaturm und ganz schwach dahinter die Konturen der Alpen. Beim Anblick des Olympiaturms freue ich mich unendlich über das bereits Geschaffte. Wenn ich aber die Konturen der Berge am Horizont sehe und über das nachdenke, was noch vor mir liegt, bekomme ich schon Muffensausen.

Die Idee, mit eigener Muskelkraft über das mächtigste Gebirge Europas zu laufen ist schon nicht alltäglich und macht mir noch immer Angst. Hannibal hatte wenigstens Elefanten für das Gepäck.

Aber der Weg soll ja auch das Ziel sein oder um es mit den Worten von Goethe zu sagen: Nur wo du zu Fuß warst, bist du auch wirklich gewesen!

Die letzten Kilometer vor Dachau machen mich echt fertig. Es geht ständig Berg auf und ab, obwohl ich dachte, dass vor München alles relativ flach ist, musste ich heute doch schon einiges an Höhenmeter überwinden. Leider laufe ich inzwischen auch nicht mehr ganz gerade und entspannt und mit durchaus komischen Schritten, da ich mich leider wieder wund gelaufen habe. Jeder Schritt wird zur Qual und ich hoffe, die restlichen zwei Kilometer irgendwie zu überstehen.

Mit schmerzverzerrtem Gesicht komme ich dann doch noch in Dachau an. Ich gebe wahrscheinlich ein recht trauriges Bild ab, und so lasse ich am besten meine Sonnenbrille auf, damit man nicht sieht, wie ich fast weine.

Feldweg in Richtung Dachau

Dachau ist wider meiner Erwartung sehr bergig und ich quäle mich echt, um die letzten Meter bis zum Hotel zu schaffen. Check-in ist nur bis 19:00 Uhr und ich komme um exakt 19:03 Uhr an und treffe gerade noch die Dame, welche im Moment die Rezeption schließt. Ein Umschlag mit dem Schlüssel und mit meinem Namen steht bereits auf den Steinstufen.

Ich bin im 150 Meter entfernten Nebengebäude untergebracht und muss nun tatsächlich noch mal laufen. Entschädigt werde ich aber durch ein kühles Zimmer im Untergeschoss. Das Zimmer ist wirklich schön, sauber und modern eingerichtet, was mir momentan, aber völlig egal ist.

Erst die Arbeit, dann das Vergnügen denke ich mir, also ist gleich mal Wäschewaschen dran. Als dann meine duftend frische Wäsche an meiner Ultralight-Wäscheleine im Badezimmer hängt, bin auch ich dran mit duschen und Wundversorgung.

Blick über Dachau nach München

Neben den beschriebenen schmerzhaften Stellen habe ich noch unzählige Mückenstiche, die wie wahnsinnig jucken und so bin ich fleißig am Eincremen. Da es schon spät ist, fällt Ausruhen flach und ich suche Nahrung im näheren Umfeld meiner Unterkunft. Der Biergarten gegenüber bietet sich an und ich finde Platz. Körperlich bin ich wohl echt angeschlagen, denn mir ist trotz Langarm-Shirt und Daunenjacke ganz schön frisch. Andere Gäste sitzen nur mit T-Shirt bekleidet da. Mir fällt auf, dass ich die letzten Tage am Abend nach den Touren noch mehr ausgelaugt bin als bisher und leider auch immer öfter friere, obwohl ich den Tag über ordentlich geschwitzt habe. Ich muss meinen Körper dringend regenerieren.

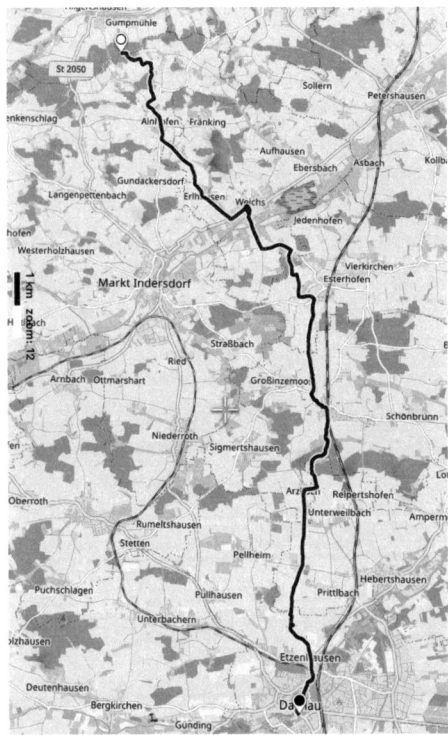

Eines der besten Brathähnchen der Welt, zwei Bier und ein Kurzer bringen meinen Körper aber doch wieder auf etwas Temperatur.

Ach ja, während des Essens habe ich noch eine Unterkunft für München gebucht, und zwar ein Einzelzimmer in einem Hostel.

Jetzt geht es zurück aufs Zimmer, um mich auszuruhen, zu schreiben und dann einzuschlafen.

Heute waren es dann doch wieder 25,5 Kilometer.

Morgen ist es Sonntag und ich könnte ja einen Tag Pause im beschaulichen Dachau einlegen. Mein Körper wäre mehr als dankbar. Beim Grübeln darüber schlafe ich erschöpft ein.

Tag 8: 25,46 km, +308 m/–332 m

Ein Tag in Dachau – Tag 9
Sonntag, 17. Juli

Eventuell waren die letzten beiden Tage doch zu viel für meinen Körper, denn als ich aufwache, habe ich Schmerzen von Kopf bis Fuß. Meine Knie sind geschwollen, ich kann mich kaum bücken und sogar meine Hände und Arme tun mir höllisch weh. Ich quäle mich hoch und schaue erst mal aus dem Fenster, um festzustellen, dass es regnet. Jetzt steht mein Entschluss zu 100 % fest, den Sonntag hier in Dachau zu verbringen und mein Zimmer, um einen Tag zu verlängern und das in München zu verschieben.

Ich begebe mich in das Haupthaus, um zur Stärkung meiner Kräfte zu frühstücken. Heute ist eine andere Dame hier als gestern, aber sie begrüßt mich gleich mit: „Sie sind der, der von Nürnberg nach Venedig läuft, oder?"

„Richtig, ich bin es, grüß Gott."

Ich frühstücke in aller Ruhe und ich kann nicht umhin den Tisch gegenüber zu beobachten. Dort sitzt ein Dreiergespann bestehend aus einem Herrn mit zwei Damen in den Mittsechzigern.

Wie sich für mich herausstellt, ist sein Gegenüber seine Gattin, und die Dame neben ihr eine Freundin der Familie. Der Sprache nach zu urteilen, kommen sie aus dem tiefsten Saarland.

Seine Gattin, eine Mischung aus Hilde Becker (*Familie Heinz Becker*) und Frau Mielke (Loriot – *Pappa ante portas*) mit unaufdringlichem (weil nicht vorhandenem) Make-up. Ihre Füße stecken in Schuhen, die aussehen wie kurze Socken, was aber hervorragend zu ihrer furchtbar geschnittenen, khakifarbenen Hose Marke „Bader-Katalog" passt.

Von unten nach oben beschrieben sieht die etwa gleichaltrige Freundin der Familie wie folgt aus: ein modisches Sommerkleid, High Heels, manikürte Fingernägel, Armschmuck, Halsschmuck, Ohrschmuck, dezentes Make-up und Lippenstift, halb lange und getönte Haare und aufrechte, vornehme Sitzhaltung. Der Einfachheit halber nenne ich sie „Ireen Sheer".

Während des ganzen Gesprächs sieht der Herr kein einziges Mal seine Gattin an, sondern klebt mit seinen Augen an Ireen Sheer.

Das ist zwar äußerst unhöflich, aber ich kann ihn verstehen, denn wenn man so gar nichts aus sich macht, braucht man sich nicht wundern, wenn man Luft wird in Gegenwart von Feuer.

Ich kann auch Frau Mielkes Gedanken lesen: Warum siehst du permanent die blöde Kuh neben mir an? Sieh mich gefälligst an, wenn ich mit dir rede!

Ireen Sheer wiederum denkt sich zufrieden Na, klappt doch noch!

Ich habe keine Ahnung, wie diese Geschichte enden wird, aber egal, wie alt man ist, meine Damen, bitte versucht niemals Frau Mielke zu werden.

Warum schreibe ich das auf? Einfach, weil es die Zeit erlaubt und ich heute sonst nicht viel zu tun habe. Es macht auch Spaß, sich mal die Zeit zu nehmen, seinen Gedanken freien Lauf zu lassen, auch wenn Blödsinn rauskommt.

Ich habe heute einen Tag Wanderurlaub und werde später noch in die Dachauer Altstadt aufsteigen.

Um 13:00 Uhr sitze ich in der Café-Bar „Corso", bestelle Tomaten Mozzarella und gönne mir einen leichten Chardonnay. Dabei beginne ich in meinem Reiseführer München-Venedig zu schmökern, denn bald bin ich am Marienplatz, dem offiziellen Startpunkt des Traumpfades München-Venedig.

Ich überlege mir gerade, wie viele Venedig-Geher schon zum Start am Marienplatz mit solchen Muskelschmerzen standen wie ich. Ich denke wenige und habe wieder etwas Angst und Respekt vor dem, was noch vor mir liegt

Im Reiseführer wird relativ viel Wert auf einen leichten Rucksack (acht Kilogramm bis maximal 10 Kilogramm) gelegt, um sich in den Alpen nicht zu übernehmen.

Glückwunsch Ralph, deiner ist mal doppelt so schwer. Der typische Venedig-Geher hat aber auch keine komplette Campingausrüstung dabei. Für das, was ich alles dabeihabe, sind meine 18 Kilogramm aber auch federleicht.

Während ich so sitze und dann später auch zahle, laufen unzählige Pokémon-Go-Menschen an mir vorbei, was ich recht seltsam finde.

Ich schlendere langsam den Berg hinunter und mir kommt ein Pärchen in meinem Alter mit Smartphones entgegen und ich höre ihn zu seiner Frau sagen: „Ich sehe es, magst es du fangen?" Den Verkehr sehen sie aber nicht und werden nur wegen einer Vollbremsung nicht überfahren. Da sieht man mal die Prioritäten der Menschen. Meine haben sich sicherlich seit meinem Aufbruch von zu Hause etwas verschoben.

Ich wage dann noch den Anstieg zum „Schloss Dachau" und genieße die Aussicht nach München. Da ich aber einen Entspannungstag habe, steige ich wieder ab und entspanne mich in der Eisdiele gegenüber meines Hotels. Diese ist zwar voll besetzt, aber ein freundliches Paar bietet mir auf Nachfrage einen Platz an ihrem Tisch an. Er ist Italiener, fährt eine Ducati (was sonst) und gibt mir im weiteren, netten Gespräch wertvolle Tipps für meine bevorstehende Reise. Ich gönne mir einen Eisbecher aus dem Schwarzwald nebst Espresso. Das Eis gibt es natürlich nicht wegen des Geschmacks, sondern nur um meinen Kalorienverbrauch wieder auszugleichen. Um ja nicht gleich wieder alles zu verbrennen, begebe ich mich zum Ruhen auf mein Zimmer.

Ich liege auf dem Bett und starre zur Decke und denke mir – langweilig. Da das Wäschewaschen so viel Spaß macht, wasche ich doch noch meine restliche Wäsche und hänge alles auf, um dann noch mal für zwei Stunden zu ruhen.

Gegen Abend geht es natürlich wieder zum Essen und ich finde mich in der nahen und sehr gut besuchten „Trattoria Piccante" ein. Zwischen den Gruppen und den ganzen Pärchen bin ich wieder mal der Einzige, der allein an einem Tisch sitzt. Ich fühle mich auch irgendwie beobachtet.

Das Essen ist gut, aber ich wische mir ständig mein Kinn ab, da ich das Gefühl habe, dass Essensreste mein Gesicht verzieren. Es ist aber dann doch mein noch ungewohnter Bart, den ich inzwischen trage, da ich mich seit meinem Aufbruch nicht mehr rasiert habe.

Das Abendessen mit leckerer Pasta schmeckt vorzüglich, aber ich fühle mich immer noch beobachtet und so verschwinde ich zeitnah auf mein Zimmer.

Um ein bisschen Heimatgefühle zu bekommen, liege ich jetzt auf meinem Bett und schaue den *Tatort* im Ersten an. Neun Tage ohne Fernseher liegen hinter mir und es ist leicht ungewohnt. Heute waren es stramme 4,0 Kilometer in Dachau, die aber nicht dokumentiert werden.

Meine Schmerzen haben tagsüber glücklicherweise etwas nachgelassen, sodass ich morgen frohen Mutes in die Landeshauptstadt starten kann.

Die bayrische Landeshauptstadt – Tag 10
Montag, 18. Juli

Um 8:30 Uhr aufstehen, alles wieder einpacken und gemütlich um 9:30 Uhr beim Frühstück sitzen. So fängt der neue Tag der Woche nun bei mir an.

Eine ältere Dame im Frühstücksraum, die allein am Tisch sitzt, lacht ständig schrill über irgendwelche Witze, die sie in ihrer Zeitung liest. Plötzlich fragt sie laut in den gut gefüllten Frühstücksraum: „Stört es Sie, wenn ich Ihnen diese köstlichen Witze mal vorlese, die sind echt sehr lustig?" Keiner antwortet, was sie als „Ja" deutet und so liest sie laut, flache Witze aus der Zeitung vor, alle lachen und auch ich, notgedrungen.

Heute ist schon wieder eine neue Dame an der Rezeption und in der Küche tätig, und so darf ich meine Wanderstory heute noch mal erzählen. Bevor ich aber endgültig aufbreche, hilft man mir noch mit Spiritus aus, durch den ich meine Vorräte für den „Trangia Kocher" auffülle und damit wieder gut gerüstet für das Zubereiten von Essen, Tee und Kaffee bin.

Der Katzensprung von 18 Kilometer nach München führt selbstredend heute nicht mehr durch Wälder, Wiesen und Felder, sondern ist durchaus von Asphalt geprägt. Heute ist es wieder etwas wärmer als die letzten Tage und am Himmel wechseln sich Sonne und Wolken munter ab. Das mit der höheren Temperatur merke ich daran, dass mein T-Shirt nach kurzem Fußmarsch schon wieder wie ein nasser Sack an mir klebt.

Unzählige Fußgängerampeln auf der Münchener Straße, die dann zur Dachauer Straße wird, hindern mich am raschen Vorwärtskommen.

Die Infrastruktur wird immer dichter und der Rad- und Fußgängerweg neben der Hauptstraße nach München führt mich durch Gewerbe- und Industriegebiete. Immer näher komme ich meinem ersten Hauptziel, dem Marienplatz in München. Die letzten 30 Minuten sind mir auch schon einige „Business-Kaspar" entgegengekommen. Ja, so einer war ich vor meiner Wandererkarriere auch mal. Jetzt gerade ist das aber so weit weg.

Gerade durchquere ich das Verkaufs- und Fertigungsareal der MAN-Nutzfahrzeuge, einem Kunden meiner Firma.

Weitere Business-Kasper, jetzt in Begleitung von durchaus attraktiven und aufgetakelten Business-Schnitten, äh, ich meine Damen, kreuzen meinen Weg! Ich laufe noch an der MTU & T-Systems vorbei, bevor ich dieses „schreckliche Gebiet" endlich wieder verlasse. Inzwischen führt mein Weg mich durch das Münchner Knoblauchsland, falls dieses Gemüseanbaugebiet auch so wie das in Nürnberg genannt wird.

Blick auf den Münchner Rangierbahnhof

Nun geht es doch noch durch ein kleines Laubwaldgebiet, und schon fühle ich mich so gar nicht mehr in der Nähe meines Tagesziels, dem Marienplatz.

Der Schein trügt aber und bald bringt mich eine breite Brücke über den Münchner Rangierbahnhof mit seinen Abermillionen von Gleisen. Ich zähle nach und es sind doch nur 46. Genau hier wäre ich vor zwei Tagen angekommen, wenn ich den beherzten Sprung in den geöffneten Güterwaggon gemacht hätte. Aber dann würde ich nicht hier oben auf der Brücke stehen und Gleise zählen. Linker Hand sehe ich den Olympiaturm zum Greifen nahe und ich gehe motiviert weiter. Nach dem Rangierbahnhof geht es rechts ab, und ich befinde mich auf einem kleinen Rad- und Fußweg durch ein kleines Wäldchen.

Es ist jetzt 12:45 Uhr und ich erobere eine gemütliche Bank im Schatten, wo ich gedenke eine kurze Pause zu machen. Schnell nehme ich Platz und verspeise einen meiner Energieriegel und lösche meinen Durst, während mein Blick ein benutztes Kondom unter der Bank erhascht. Guten Appetit.

Ich stelle mir eine Weißwurst Pelle vor und esse weiter. Hier, auf dieser einsamen Bank haben es sich sicherlich schon viele Pärchen sehr, sehr gemütlich gemacht. Für mich bedeutet diese Bank ziemlich genau die Hälfte der heutigen Etappe.

Auf der langen Dachauer Straße geht es weiter Richtung Münchner Innenstadt. Vorbei an Grünanlagen und Bänken beobachte ich Menschen, die sich wohl gerade in der Mittagspause und somit in ihrer wohlverdienten Ruhe befinden. Meine wohlverdiente Ruhe gibt es erst in der Innenstadt, also weiter frohen Mutes voran. Eine kurze Pause muss ich aber doch noch machen, um die Stöcke wieder zusammenzuschieben und an meinem Rucksack zu befestigen. Das sieht einfach cooler aus in der Stadt ohne diese Gehhilfen.

Vorbei geht es an weiteren öffentlichen Plätzen und unzähligen Spielhallen, wo sich als Kontrast zu meinen letzten Tagen viele Menschen davor versammeln, die augenscheinlich nicht bayrisch sprechen und anscheinend auch am Nachmittag Mittagspause haben. Leider höre ich den sympathischen Münchner Dialekt bisher eher selten.

Ich lasse den Westfriedhof und die Kleingartensiedlungen hinter mir und bewege mich auf direktem Weg in Richtung Zentrum, welches dann mein erstes großes Ziel darstellt und gleichzeitig den eigentlichen Start meiner Alpenüberquerung einläutet.

Da, endlich der erste Münchner Biergarten, und ich raste freudig. Das obligatorische Radler und ein Statustelefonat mit meinem Kumpel Horst vertreiben mir die Zeit, bis meine Funktionskleidung wieder einigermaßen trocken ist. Wer denkt, das ist mein erstes Telefonat, der irrt natürlich. Regelmäßig, aber auch nicht zu oft, erstatte ich meinen Liebsten zu Hause Bericht. Jetzt war eben mal der Kumpel dran. Man weiß ja nicht, wo ich gerade unterwegs bin, da ich während meiner Wanderung digital faste, was für mich bedeutet, Apps wie Facebook und WhatsApp bleiben aus.

Fast eine Stunde sitze ich da und bin mit dem Trocknen meiner Person beschäftigt, bis ich mich wieder schwermütig aufmache.

Unterwegs denke ich an meinen Sohn und überlege, ob ich die Schreinerei von Meister Eder kurz besuchen soll. Es wäre laut der Pumuckl-Fan-Seite kein großer Umweg. Leider lese ich dann aber auch, dass das Gebäude mit dem markanten Innenhof kurz nach den Dreharbeiten in den 80er-Jahren abgerissen wurde. Das ist sehr schade.

Jetzt muss ich doch meine Kameratasche am Bauch etwas anders positionieren, denn ich habe inzwischen genau an dieser Stelle einen schönen blauen Fleck von ebendieser Tasche. Direkt über der Schnalle ist jetzt der richtige Platz und ich hoffe, keine weiteren inneren Verletzungen davonzutragen. Nach und nach stocke ich in verschiedenen Geschäften meine Ausrüstung hinsichtlich Verbrauchsmaterialien wie Papiertaschentücher, Toilettenpapier, Salben usw. wieder auf. Inzwischen nähere ich mich wohl der Innenstadt, was ich auch am höheren Aufkommen der Passanten bemerke. Viele der sauber gestriegelten

Menschen, die mir entgegenkommen, belästigen mich beim Vorbeigehen mit einer Parfümwolke. Das finde ich fast unangenehm, aber denke mir, dass die Menschen wohl das gleiche von mir denken, nur irgendwie umgekehrt.

Na großartig, die Blase drückt inzwischen aufgrund des Radlers ziemlich stark, aber weit und breit ist keine Toilette zu sehen. Dann heißt es jetzt wohl notgedrungen fest zusammenzwicken und an was anderes denken.

Anscheinend bin ich immer noch, oder wieder, ganz schön fit, denn ich überhole fast alle Menschen, die im Gegensatz zu mir aber ohne Gepäck unterwegs sind.

In der größeren Umgebung rund um den Münchner Hauptbahnhof fällt mir auf, wie unglaublich viele Menschen aus verschiedensten Kulturen und Ländern sich hier inzwischen eingefunden haben. Hier merkt man deutlich, dass wir uns mitten in der Flüchtlingskrise befinden. Viele dieser Menschen kommen mir bettelnd entgegen, wobei ich den Eindruck habe, dass ich gar nicht wahrgenommen werde. Ich bin nur dabei im Zickzack den Menschen Platz zu machen. Im Gegenzug weicht mir leider niemand aus. Das ist sehr schade, denn so wird meine Strecke nicht gerade kürzer.

In dem von mir gebuchten Hotel/Hostel „Jäger" gibt es laut Buchungsportal Einzel- und Mehrbettzimmer für bis zu zehn Personen. Ich habe ein Einzelzimmer mit Etagendusche für 35,00 Euro gebucht und freue mich darauf, mich zu kultivieren. Ich habe bei einem großen Buchungsportal gebucht und als Hinweis stand da noch, dass in den Sammel-Schlafräumen nur Personen bis 35 Jahre angenommen werden. Kein Problem, ich habe ja ein Einzelzimmer gebucht. Der Herr am Empfang teilte mir aber nun mit, dass ich nur einen Schlafraum mit mehreren Personen hätte, diesen aber nicht bekommen werde, da ich zu alt sei. Ich korrigiere das Missverständnis und zeige ihm meine Buchung für ein Einzelzimmer inklusive der Bestätigung und dem Hinweis. Er korrigiert wiederum und sagt, dass ich entgegen der Bestätigung aber kein Einzelzimmer bekomme, und für den Schlafraum sei ich zu alt. Er beendet die Diskussion, indem er mich bittet, für die anderen Gäste Platz zu machen. Auf Deutsch, ich soll mich verpissen. Das ist echt eine Frechheit! So ein Drecksladen. Ich bin stinksauer und lasse es mir auch anmerken, was aber leider auch nichts bringt. Ich bin jetzt inmitten der Münchner Innenstadt, es ist 17:30 Uhr und ich habe keine Unterkunft.

Die Internet-Suche zeigt mit das günstigste Hotel in Laufweite für 179,00 Euro an. Glückwunsch Ralph, so war das nicht gedacht.

Stinksauer verlasse ich den Laden und lass es mir nochmals anmerken.

Außerhalb recherchiere ich noch mal in Ruhe und finde doch tatsächlich in einem 500 Meter entfernten Hotel aufgrund einer eben getätigten Stornierung das letzte Einzelzimmer für 65,00 Euro ohne Frühstück. Ich buche sogleich und bin erleichtert, aber immer noch sauer auf das Hotel/Hostel Jäger.

Das Zimmer hat ungefähr 4,5 Quadratmeter, ist aber sauber und relativ modern, jetzt bin ich nur noch halb so sauer.

Gegen 19:15 Uhr verlasse ich geduscht und gestriegelt das Hotel – München ich komme. Die Menschenmenge hat noch mal zugenommen und ich will nach einem Biergarten oder Ähnlichem fragen, aber leider begegne ich niemanden, der mich versteht. Im Gegenzug könnte ich in fast jeder zweiten Kneipe „Halal" essen. Ich laufe weiter bis zum „Stachus", wo ich auch morgen sein werde, und setze mich gleich daneben „zum Schnitzelwirt" und bestelle als Revoluzzer einen Schweinebraten mit Knödel.

Ich weiß, ich sitze wahrscheinlich in einer Touristenfalle, ich mag aber jetzt weder Döner noch anderen Fast Food zu mir nehmen. Vor allem will ich auch nicht mehr weiterlaufen. Neben mir nehmen jetzt zwei preußische Damen Platz und hinter mir bekomme ich ein tschechisches Geigenspiel präsentiert. Herzlich willkommen in München!

Die beiden Damen neben mir fragen nun den Ober: „Wat hamse denn so alles für Bier hier?"

Er antwortet: „Spaten!"

Die Dame wieder: „Hmm, und wahrscheinlich alles in 0,5 Liter, oder?"

Ab jetzt versuche ich zwanghaft wegzuhören und lausche lieber dem Geigenspiel! Der Schweinebraten ist gut, aber ich werde dem Koch hinter vorgehaltener Hand mal den Tipp hinsichtlich Bindung für die Soße geben. Mit Stärke als Wundermittel kann man die würzige Flüssigkeit wunderbar und wie von Zauberhand vom Aggregatzustand wässrig in den Zustand sämig verwandeln.

Warum habe ich eigentlich keine Kneipe an so einem exponierten Platz? Das ist die Lizenz zum Geld drucken. Das Konzept ist einfach. Man koche mittelmäßig bis gut, stelle viele Tische und Schirme raus und dekoriere diese bayrisch. Dann nimmt man einen oder zwei tschechische Bedienungen und bringe ihnen ein paar bayrische Floskeln bei. Fertig ist das Konzept, welches bei 99 % der Gäste wunderbar funktioniert.

Hinter mir nehmen ein paar amerikanische junge Damen Platz, die jetzt wahrscheinlich mein Zimmer im Hostel Jäger bezogen haben.

Ich beobachtete weiter die Menschen und stelle fest, dass man mit den Kopftüchern der Damen, die in 30 Minuten hier vorbeilaufen bestimmt das ganze Rathaus à la Christo verpacken könnte. Anscheinend suchen doch sehr viele Menschen ihr Wohl in Deutschland und nicht wenige in der bayrischen Landeshauptstadt.

Während ich noch esse, nimmt ein Herr neben mir Platz und bestellt Schweinebraten und Bier, also exakt mein Menü. Natürlich kommen wir ins Gespräch. Herbert, kommt aus Vorarlberg in Österreich, wohnt in Berlin, ist in der Baubranche und für eine Projektbesprechung hier in München. Mit glänzenden Augen erzählt er, als er in den Achtzigerjahren für drei Monate auf einer Alm war und dort die Kühe gehütet hat. Das war im Winter auf der Winteralpe und er war die ganze Zeit komplett allein. Wir unterhalten uns angeregt die nächsten drei Stunden und auch er gibt mir wertvolle Tipps für die Alpenregion. Dann trinken wir Schnaps zur Verdauung, den er netterweise ausgibt. Ich laufe morgen weiter und er muss zu einem Termin und danach mit dem Flieger zurück nach Berlin, das ist schade für ihn. Der Doppeltisch hinter mir

ist inzwischen mit einer Gruppe wohlgenährter Amerikaner neu besetzt. Ich überlege kurz, ob ich Kontakt herstelle, komme aber zu dem Schluss, dass ich einfach zu faul bin. Ich bestelle mir lieber noch ein Getränk, verabschiede mich später von Herbert und gehe brav ins Bett.

Heute waren es 20,21 wenig attraktive Kilometer durch Betonlandschaften.

Aber ich bin am Ziel, der Beginn des offiziellen Weitwanderweges „Traumpfad München – Venedig“.

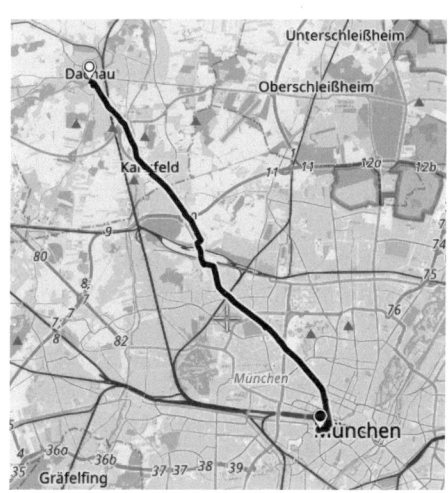

Tag 10: 20,21 km, +144 m/–100 m

Zelten an der Isar – Tag 11
Dienstag, 19. Juli

Und täglich grüßt das Murmeltier. Der Wecker klingelt, ich schlüpfe in nicht mehr ganz so frische Klamotten, packe meinen Rucksack und bin startbereit.

Um 9:15 Uhr verlasse ich mein „nobles" Hotel und gehe auswärts zum Frühstücken. Im nahe gelegenen „Back Werk" gibt es Cappuccino und belegte Brötchen.

Ich fühle mich nicht, als wenn ich in München wäre, denn bis auf die Kassiererin versteht um mich herum leider keiner meine Sprache. Kurz darauf werde ich um Geld angebettelt. Ich gebe etwas, will aber trotzdem schnell raus aus der Stadt. So habe ich München bisher noch nicht kennengelernt.

Inzwischen haben sich viele Teile meiner Ausrüstung bewährt, ein paar wenige wiederum sind inzwischen überflüssig oder werden ab München nicht mehr benötigt. Aus diesem Grund suche ich mir einen Paketshop, um die überflüssige Ausrüstung nach Hause zu schicken. Die nette Münchner Dame im Paketshop hilft mir beim Verpacken und kurz darauf bin ich wieder auf dem Gehweg.

Aber jetzt geht es direkt zum Marienplatz, an dem der offizielle Start meiner Route „Traumpfad München-Venedig" beginnt.

Während ich so über den Startpunkt Marienplatz nachdenke, kommt mir ein Lamborghini entgegen. Also, geht doch, das ist München, wie man es kennt.

Bei strahlend blauem Himmel und morgendliche Hitze wandere ich durch die Innenstadt.

Um 10:15 Uhr bin ich am Marienplatz, mache meine obligatorischen Fotos und lasse mich dann sogar von einer Japanerin fotografieren. Es ist ein komisches Gefühl am Start des „Traumpfades" zu stehen und vorher schon so viel gelaufen zu sein.

Die ersten Schmerzen und Muskelkater habe ich ja schon hinter mir.

Andere Venedig-Geher sehe ich nicht, und so mache ich mich auf den Weg. Bevor ich aber München endgültig verlasse, gehe ich noch Einkaufen, was mich bis 11:45 Uhr beschäftigt.

Marienplatz in München

Ich war bei Globetrotter, im Salewa-Shop und bei Conrad Elektronik, um meine Ausrüstung aufzustocken bzw. weiter zu perfektionieren. Bei Conrad gibt es eine Krokodilklemme, um mein Solarpanel am Rucksack zu fixieren, sodass ich nicht mehr hopsen muss. Bei Globetrotter werden die Nahrungsvorräte aufgestockt und als ich dort zur Türe reinkomme, höre ich kurz darauf einen Ausruf „Hey, ein Baltoro". Der Verkäufer meint natürlich nicht mich, sondern meinen Rucksack, denn wie gesagt, einen „Rolls-Royce" sieht man halt nicht alle Tage. Stolz laufe ich durch die Gänge und verbreite, trotz Silber-Ionen in meinem Shirt, einen ordentlichen Schweißgeruch. Ich bin heute erst wenig gelaufen, aber trotzdem schon ordentlich ins Schwitzen gekommen. Da mir immer noch heiß ist, gönne ich mir nach dem Einkauf noch ein großes Schleck-Eis.

Vorbei gehts am Deutschen Museum und unzähligen Schulklassen und ab jetzt immer der Isar entlang weiter gen Süden.

Ich beobachte das quirlige Treiben der vielen Badenden an den Stränden des grünen Flusses und bekomme fast Lust, selbst in die Fluten zu springen.

Das Wetter wäre perfekt zum Baden, aber zum Wandern mit Gepäck ist es eigentlich zu warm. Ich lasse mich aber nicht verleiten und gehe weiter, denn ich will ja raus aus dieser hektischen Stadt, um „Strecke" zu machen.

Die erste offizielle Etappe des „Traumpfades" würde mich von Marienplatz bis Wolfratshausen führen. Jedenfalls nach dem Wanderführer vom Rother-Verlag „Traumpfad München-Venedig". Hier sind es 30 Tagesetappen, bis Venedig und die erste nach Wolfratshausen wären eben 35 Kilometer, die ich heute auf keinen Fall mehr schaffen werde und auch nicht möchte. Jetzt ist es schon fast Mittag und ich laufe gerade erst los.

Was man nicht in einen Rucksack packen kann, wovon ich aber immer jede Menge dabeihabe, ist „Zeit". Also richte ich mich nicht nach einem Zeitplan, sofern es ihn gibt, sondern der Zeitplan nach mir.

Über die grünen Isar-Auen mit den zahlreichen, sonnenhungrigen Menschen bewege ich mich schnurstracks auf das idyllisch gelegene Kraftwerk Isar II zu. Da, ein Kiosk, ich freue mich und dezimiere deren Radler-Vorräte.

Der Kiosk heißt „Braunauer Eisenbahnbrücke" und die Christa vom Kiosk schaut mich an und sagt: „Ah, ein Venedig-Geher."

Ich bin also auf dem richtigen Pfad und gönne mir in der Hitze gleich noch ein zweites Radler.

Je mehr man sich an der Isar entlang weg von der Innenstadt bewegt, desto mehr verschwinden auch störende Bikinis oder Badehosen bei den Badenden. Leider aber hauptsächlich bei den Menschen, die so etwas lieber doch tragen sollten. Gerade beobachte ich einen saucoolen, blonden jungen Herrn mit Jeans und freien Oberkörper, wie er mit zwei Flaschen Bier in der Hand und Kippe im

Mund über die Steine zu einer Insel balancieren möchte. Es bleibt beim möchte, denn auf halbem Weg rutscht er aus und macht eine Art Fallrückzieher, bei dem kurzzeitig die Beine auf gleiche Höhe wie seine Arme sind. In dem Moment sieht es noch sehr elegant aus. Als er jedoch aufschlägt, zerbersten die beiden Bierflaschen und seine Gesichtszüge entgleisen. Erschrocken sieht er sich um und prüft, wer ihn denn gerade beobachtet haben könnte. Mich entdeckt er nicht. Herzlich willkommen mein Herr in meinen Reiseaufzeichnungen.

Und dann kommt Günther. Er betreibt den kleinen Kiosk genannt „Günthers Hexenhäusle" und ich gönne mir eine Wurstsemmel. Die Priorität von Günther liegt heute aber eindeutig darin, mit seinen Kumpels im Schatten beim Schafkopf zu sitzen. Das Kiosk-Geschäft läuft nebenbei, ja auch das kann ein erfülltes und schönes Leben sein.

Die Wurstsemmel ist köstlich und verziert nebenbei mein Funktionsshirt von Odlo mit formschönen Senf-Flecken.

Etwas weiter beobachte ich eine Gruppe junger Männer, wie sie auf einem riesigen Grill ein vollständiges Tier (wohl Ziege oder Lamm) zubereiten. Ihr qualmender Grill steht dabei direkt unter einem großen Schild, auf dem ein durchgestrichener Grill abgebildet ist,

Über eine Fußgängerbrücke überquere jetzt die Isar und von da an geht es auf der rechten Seite, des immer noch sehr breiten Flusses, weiter Richtung Süden.

Auf der Brücke stelle ich fest, dass ich wohl wieder auf einem kleinen Stück des Jakobswegs unterwegs bin. Die Muschel-Wegweiser weisen diesen eindeutig aus. Links von mir ist ein riesiger Rücklauf, der fast wie ein See wirkt und in dem sich wahnsinnig viel Karpfen zeigen. Im Kontrast dazu liegt rechts von mir ein Golfplatz mit kurzem und großartig gepflegtem Rasen. Alles ändert sich ständig und es wird nie langweilig.

Hier, direkt am Isarufer kommt mir doch schon wieder ein Biergarten, und auch noch so ein schöner, entgegen und so mache ich wieder Rast. Im Gasthof Hinterbrühl sitze ich nun und trinke als isotonisches Getränk einen ganzen Liter alkoholfreies Weizenbier.

Plötzlich höre ich ein lautes Jubeln, schreien und laute Musik und schon treibt ein Isar-Floß schwungvoll vorbei, auf dem es die Gäste ordentlich krachen lassen. Ich laufe weiter der Isar entlang und inzwischen ziehen im 15-Minuten-Takt die Party-Flöße an mir vorbei.

Je weiter man ins Niemandsland kommt (also kein Biergarten o. Ä.), desto ruhiger geht es auf den Flößen zu. Man sitzt teilweise gelangweilt herum und die Kapelle spielt auch nicht. Ich versteh die Masche jetzt. Die Menschen werden vor den entsprechenden Biergärten oder eben Stellen mit viel Publikum animiert so richtig Party zu machen. So etwas nennt man Neukundenakquise. Ich versuche es auch. Wieder fährt ein Floß mit gelangweilten Passagieren vorbei und nur ich bin als einsames Publikum zugegen. Ich fotografiere die Fuhre und ein paar Passagiere sehen zu mir rüber und ich schreie laut: „Hoch die Krüge!" Was soll ich sagen, alle machen es und grölen lautstark dazu. Ja, so einfach ist es, Menschen zu steuern, und zum Saufen zu bringen.

Die Tradition der Isarflöße ist die, dass am Oberlauf der Isar früher Kalk gebrannt wurde, der in München dringend als Baumaterial benötigt wurde. Deshalb gab es die Flößer, die den Kalk auf ihre besondere Art nach München transportierten. Jetzt machen die aber nur noch Party, müssen als Flößer aber trotzdem eine ordentliche Ausbildung ablegen.

Nach meiner Einkaufstour in München bin ich heute schon 18 Kilometer gelatscht und stelle fest, dass die nächste Unterkunft gemäß dem Reiseführer noch mal über 10 Kilometer entfernt ist.

Das ist mir für heute definitiv zu weit und ich überlege wieder mal zu campieren, um die Kosten aus München wieder etwas zu kompensieren. Die Idee steht, jetzt fragt sich nur wo? Nach wie vor geht es hier auf dem Weg zu, wie an einem Sommersonntag in meiner Heimat am Rothsee. Zusätzlich ist der schmale Waldstreifen zwischen Isar und der Zivilisation extrem steil.

Nach einer Stunde Suche habe ich immer noch nichts Passendes für mein Camp gefunden und auch die Internetrecherche verläuft ergebnislos.

Ich komme an einem kleinen Ferienhaus mit Garten vorbei, wo ein junger Herr grade den Schuppen putzt. Ich frage ihn, ob er denn weiß, ob es oberhalb des Waldes in Pullach denn ein günstiges Zimmer, eine Privatpension o. Ä. gibt, oder ob er weiß, wo ich für eine Nacht mein kleines Zelt aufstellen kann? Während ich das frage, schiele ich auf den großen Garten, der zum Ferienhaus gehört. Er bemerkt mein Schielen nicht, aber antwortet in gebrochenem Deutsch, dass ich nach Pullach soll, wo es wohl Zimmer zum Übernachten gibt. Dann eben doch ein Zimmer und so laufe ich ein Stück zurück und steige dann den steilen Weg nach Pullach auf. Ja, ich muss regelrecht aufsteigen, denn der Weg ist eine mehrere Hundert Meter lange Treppe durch den Wald. Ich laufe verschwitzt und keuchend durch Pullach und frage in einem Café nach einer Pension. Die „Eingeborenen" schauen mich mitleidig an, um mir dann mitzuteilen, dass es hier schlecht aussieht mit Pensionen oder Privatzimmern. Es gibt nur das Landhotel, welches 130,- Euro für ein Zimmer aufruft, was mir aber definitiv zu teuer ist.

Leicht wütend steige ich wieder ab zur Isar und durchsuche die nächsten 30 Minuten den steilen Wald nach einem ebenen Fleckchen Erde. Ich sehe eine kleine Hochebene und wage den steilen Aufstieg, den ich leider ordentlich versemmele. Natürlich falle ich mehrfach hin, rutsche und fluche, aber schaffe es letztendlich dann doch. Die Hochebene stellt sich dann als ein breiter Radweg dar und ich bin enttäuscht und kämpfe mich weiter durch das Dickicht.

Inzwischen schwitze ich wieder sehr stark und werden wohl deswegen angegriffen wie damals „Pearl Harbour". Ja, anscheinend bin ich „Pearl Harbour" und die Kampfflugzeuge sind unzählige Stechmücken! Hier kann ich auf keinen Fall bleiben, aber leider ist es inzwischen schon 18:30 Uhr. Hilfe, ich brauche dringend eine Bleibe. Notgedrungen laufe ich auf dem Hauptweg weiter und stoße bald auf eine Gaststätte mit Biergarten direkt an der Isar.

Die Prioritäten werden überdacht und so nehme ich an einem freien Tisch Platz und bestelle was zu trinken. Während ich auf meine Bestellung warte, sondiere ich die Gegend um den Biergarten und hinter dem nahen Kinderspielplatz! Da könnte schon ein Zelt hinpassen, denke ich mir.

Ich setze mich wieder hin und beobachte jetzt meine nähere Umgebung. Am meisten fällt mir der dickliche, nicht unbedingt schöne Bundfaltenhosenmensch auf, und ich denke mir, dass das genau der Typ Mensch ist, für den wohl genau diese Art Hosen gemacht werden. Er nimmt mit seiner durchaus attraktiven Partnerin am Tisch direkt neben mir Platz.

Er verwöhnt ihr Ohr mit Geschichten über sein neues Lautsprechersystem und streichelt unentwegt ihren Oberarm und ihre Hand. Zwischendurch küsste er auch zärtlich Ihre Greiforgane. Er weiß es noch nicht, aber ich gebe ihm noch maximal zwei Wochen.

Ich rufe nach der Bedienung und frage diese nach einem Zimmer und kriege leider eine Absage. Hier gibt es nur Bier und Brotzeit, aber leider kein Bett. Das nächste Gasthaus ist weitere fünf Kilometer entfernt.

Dann frage ich vorsichtig, diesmal direkt bei der Chefin, nach einem Platz für mein Zelt und die Wirtin sagt: „Geh doch gleich da unten zur Isar, wennst ka Angst hast, des stört mi net."

Ich trinke aus und baue kurz darauf auf der schmalen Wiese direkt neben der Isar, unterhalb des Biergartens und nur circa drei Meter von den parkenden Autos entfernt, mein Zelt auf. Das Vordach lasse ich heute lieber mal weg.

Während ich im Trubel des Biergartens mit dem Segen der Wirtin mein Zelt aufbaue, kommen zwei Mädels zu ihrem Auto und sagen nur: „Guck mal den – wie geil ist das dann", und meinen natürlich mich. Stolz baue ich mein Camp weiter auf und freue mich über die Freude der Damen.

Inzwischen hängt auch der Duschsack am Baum neben mir und ich mache mich zu Reinigungszwecken mit Isarwasser nass. Frisch eingekleidet sitze ich eine Stunde später wieder im gleichen Biergarten und bestelle das Hüttenbrotzeitbrettl mit frischem Meerrettich, welches sich als hervorragende Wahl herausstellt. Die Welt ist jetzt wieder mehr als in Ordnung und ich grinse innerlich.

Am Tisch neben mir hat inzwischen eine nicht bayerische Gesellschaft von sechs Personen Platz genommen. Sie reden über „Businesspläne" und „Workarounds" und einer der Herren ist ein Mega-Aufsprecher. Er ist laut, penetrant und mir gänzlich unsympathisch!

Er macht keine Redepause und aktuell diskutieren sie über die

Entlang der Isar

Wertschöpfungskette. Die manchen wohl bundesweit Vertrieb für irgendwas und schimpfen jetzt über das Marketing, das inzwischen aber wohl aufgelöst wurde. Ihr aktuelles Problem ist, dass die Kunden nicht bedarfsgerecht beliefert werden können und ein deutlicher Engpass im Lager herrscht.

Ich könnte helfen und habe den Business Case verstanden. Einführen von SAP HANA und einer anständigen Big-Data-Software schon, wäre alles gut!

Ich höre, dass sie zahlen wollen, lehne mich zurück und trinke genüsslich von meinem Getränk!

Übernachten direkt an der Isar

Sie zahlen, aber noch nicht alle gehen. Der Rest diskutiert jetzt über bestehende IT-Probleme. O Mann, ich könnte diesen Laden sicherlich auf Vordermann bringen, denke ich mir überheblich. Aber aktuell habe ich den falschen Beruf, denn ich bin jetzt schließlich Wanderer!

Es dämmert und wird dann immer dunkler. Inzwischen ist es 21:30 Uhr geworden und so begebe ich mich zu meinem „geheimen" Camp in der Öffentlichkeit! Mein Zelt steht jetzt direkt neben einem BMW Z4 und fühlt sich wohl dabei.

Heute habe ich exakt 23,17 Kilometer in den Knochen und meine erste offizielle Etappe vom „Traumpfad" hinter mir. Wenn ich den Ausflug über die Treppe nach Pullach nicht gemacht hätte, dann wären die Höhenmeter heute gen null gegangen.

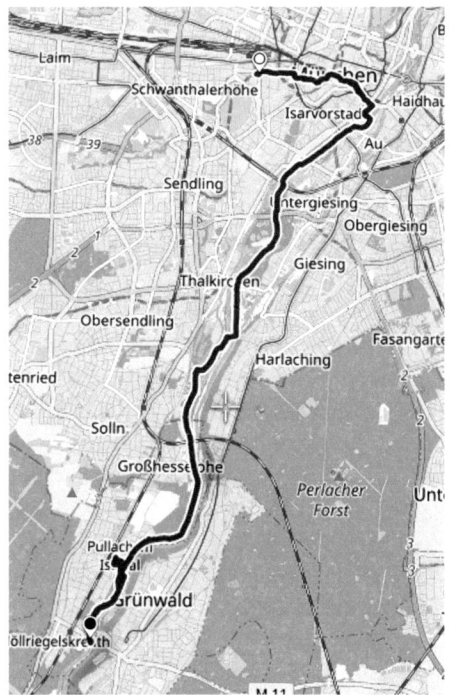

Tag 11: 23,17 km, +263 m/−236 m

1000 Mückenstiche auf dem Weg nach Süden – Tag 12
Mittwoch, 20. Juli

In dieser Nacht war es deutlich wärmer in meinem Zelt als in den vergangenen Camp-Nächten. Obwohl ich nur in meinem Seidenschlafsack (Inlett) stecke, schwitze ich trotzdem ziemlich in meiner Koje und muss das Zelt nachts zwecks Belüftung öffnen. Um 8:00 Uhr krieche ich aus der Koje und bemerke, dass der Parkplatz des Biergartens nahezu leer ist. Ich mache mir gemütlich einen Kaffee und frühstücke gepresste Energie in Riegelform. Die Sonne brennt schon jetzt wieder heftig vom Himmel, aber gottlob befinde ich mich unter einem Baum. Im Schatten des Baumes ist es gemütlich, und so gönne ich mir noch eine zweite Tasse Kaffee, bevor ich in aller Ruhe mein Camp in meinen Rucksack verstaue. Gerade als ich so zusammenpacke, kommt ein kleines, etwas kräftiger gebautes „Etwas" mit großem Tourenrucksack, riesiger ISO-Matte und allem möglichen Wanderequipment an mir vorbei. Ich bin nicht sicher, ob es Männlein oder Weiblein ist, tendiere aufgrund der pfirsichfarbenen Shorts, aber zu Weiblein. Das ist bestimmt ein oder eine Venedig-Geherin. Aber es könnte auch ein/eine Jakobsweg-Pilger-in sein. Fakt ist aber, dass dies der erste, wandernde Mensch mit großem Tourenrucksack ist, den ich auf meiner Reise sehe.

Auf ein begleitetes Wandern habe ich momentan, aber so gar keine Lust und deswegen halte ich mich dezent im Hintergrund. Außerdem muss ich, da das Restaurant noch geschlossen hat, jetzt sehr dringend in den Wald, um dort den Boden ein wenig mit meinem Spaten umzugraben. Just in diesem Moment kommt ein Lady-Lauftreff vorbei, die genau zwischen mir und dem ersehnten Wald ihre Pause machen. Sie unterhalten sich laut und angeregt und meine Verzweiflung steigt. Genau jetzt habe ich so gar keine Lust, mit der Rolle Toilettenpapier und meinem Spaten an ihnen pfeifend vorbeizugehen und geschmeidig im Wald zu verschwinden. Ich warte also auf eine günstige Gelegenheit, die sich leider erst nach 15 Minuten ergibt, denn da hat der „Hühnerhaufen" wieder das Weite gesucht. Jetzt laufe ich schneller als sonst und später wird man dank meines Spatens keinerlei Spuren von mir entdecken.

Nach dem Händewaschen steche ich mit einer heißen Nadel noch meine Blase am rechten Fuß auf und verarzte diese professionell im Rahmen meiner Möglichkeiten. Dabei fällt mir auf, dass der Ford-Transporter, der gestern Abend am Parkplatz stand, heute immer noch am gleichen Platz steht.

Wie sich jetzt herausstellt, haben dort zwei Damen mit Hund übernachtet, die jetzt einen Kaffee im gerade geöffneten Biergarten zu sich nehmen. Diese Idee greife ich doch gleich auf und trinke alsbald meinen dritten Kaffee und fülle in den Waschräumen meine Wasservorräte wieder auf. Mit meinem selbst gebauten und inzwischen reparierten Adapterstück für das Trinksystem gelingt das diesmal ganz wunderbar. Wahrscheinlich auch deswegen, weil ich gerade allein bin. Missgeschicke machen ja nur mit Publikum Spaß. Am Ende sind lediglich einige wenige Wasserspritzer auf dem Spiegel zu entdecken. Übrigens habe ich gestern bei Globetrotter entdeckt, dass es dieses Trinksystem für einen deutlichen Mehrpreis auch mit einem Adapter zum Nachfüllen gibt. Die haben mir das also schamlos nachgemacht. Ich genieße also weiter meinen Kaffee und sitze unweit der Ford-Damen am großen Tisch.

Natürlich sprechen sie mich an.: Die erste Frage lautet: „Hast du denn das ganze Zelt und alles sonst so in diesem Rucksack dabei?" Ich überlege kurz, ob ich antworte: „Nein, wo denkt ihr hin, ich habe das alles unter meinen Hut", oder: „Nein, ich lasse mir das jeden Abend von zu Hause herfahren", antworte dann aber wahrheitsgemäß, „Ja, klar" und lobe wieder mal selbst meine Kompressionsfähigkeit oder eben die der Ausrüstung.

Ja, so vergeht die Zeit im lockeren Gespräch und so komme ich erst um 10:45 Uhr los. Davor habe ich noch meine Solar-Powerbank mithilfe der kleinen, neuen Krokodilklemme so befestigt, dass diese nicht mehr umher wackelt und ich mich vor allem nicht ständig hüpfend fotografieren muss.

Wieder geht es bei strahlend blauem Himmel der Isar entlang nach Süden.

Tatsächlich befinde ich mich jetzt wieder auf einem Stück des Jakobswegs (Isar – Loisach – Leutascher Ache – Inn) und folge den Muscheln, die hier auch gleichzeitig den Traumpfad München-Venedig kennzeichnen.

Stetig laufe ich direkt am idyllischen Ufer des schnell fließenden, grün glänzenden, aber auch ab und zu ruhigen Flusses entlang. Die Isar ist hier ziemlich breit, denn die verschiedenen Arme kurz vor München sind hier noch vereint in einem einzigen großen Fluss.

Ich laufe inzwischen direkt am Ufer durch schattige Waldwege und bin, bis auf einige wenige Radfahrer, komplett allein.

Der Wald entlang der Isar ist zu fast 100 % Laubwald, was als Kontrast zu den Nadelwäldern meiner Heimat Mittelfranken sehr schön anzusehen ist. Aber es ist auch ein ziemlicher Urwald, der nur durch die Schneise der Radwege durchbrochen wird. Außerdem geht es ständig und körperbelastend bergauf und bergab.

Heute Morgen habe ich auch entdeckt, dass die Gummipuffer meiner Trekkingstöcke schon einseitig „abgefahren" sind. Um den Verschleiß zu minimieren, drehe ich die Teile einfach um 180°.

Auf jeden Fall war es gut, gestern an dieser Stelle der Isar zu übernachten, denn ich bin jetzt seit zweieinhalb Stunden unterwegs und entdecke keinerlei

Ansiedlung oder Übernachtungsmöglichkeit. Es geht nur durch idyllische, aber hügelige Waldgebiete und ich fühle mich wieder sehr einsam. Nur sehr selten begegnen mir Menschen und auch dringen die Geräusche der Zivilisation kaum hierher durch. Außer mir, der Isar und dem Wald gibt es also nicht recht viel zu entdecken, was ich aber als sehr positiv und auch beruhigend empfinde.

Aktuell laufe ich mit einer Durchschnittsgeschwindigkeit von 4,5 Kilometer/h, was ich gar nicht so schlecht finde. Das heißt, hochgerechnet auf zehn Stunden, würde ich 45 Kilometer weit kommen. Ist das nicht großartig? Und auf diese Weise weiter gerechnet könnte ich in circa zwölf Tagen in Venedig sein. Na also, geht doch.

Endlich, nach gefühlten fünf, aber echten drei Stunden höre ich wieder die ersten Zeichen der Zivilisation in Form einer Straße. Ich bin kurz vor „Schäftlarn" und mein Radler-Durst ruft „Yippie".

Ich hoffe inständig, dass das Kloster Schäftlarn nicht nur Kloster ist, sondern auch Klosterbrauerei und einen Biergarten für mich bereithält. Gut ein Kilometer ist es noch bis ich Gewissheit habe. Nun laufe ich entlang der Landstraße direkt an einem Polizisten vorbei, der gerade eine Radarfalle aufstellt. Er ist gebückt und stellt irgendwelche Dinge ein, und ich gebe zu, dass es mich reizt, ihm einen klitzekleinen Tritt in den Hintern zu geben.

Während ich hier wandere, besitze ich nämlich gerade gar keinen Führerschein, denn den habe ich vor meiner Abreise für vier Wochen den örtlichen Behörden ausgehändigt. Genauso eine Person wie hier, war der Meinung, dass ich zu schnell unterwegs war, und hat mich deshalb fotografiert.

Ich verkneife mir den Tritt natürlich, da ich ja selbst Schuld hatte, und fokussiere mich auf mein Ziel. Das Kloster stellt sich nun als Internat heraus, aber ich hoffe immer noch auf einen Biergarten. Da, ein Schild „Kloster Bräustüberl"! Juhu, und schon sitze ich.

Klugscheißermodus an:
Das Kloster Schäftlarn wurde in Jahr 762 als Benediktinerkloster gegründet. In den nächsten Jahrhunderten war das Kloster durch verschiedenste Kriege und Neuausrichtung in den unterschiedlichen Verantwortlichkeiten.

Die Wiederbelebung als Benediktinerkloster erfolgte 1866 durch König Ludwig mit dem Auftrag, sich der Seelsorge, aber vor allem der Erziehung und Bildung der Jugend zu widmen.

Noch heute sind in dem Internatsgymnasium Ordensangehörige als Lehrer tätig.
Klugscheißermodus aus.

Während ich die Benediktinerhistorie von der Speisekarte abschreibe, geht mir aber eher der Herr neben mir durch den Kopf. Er ist sicherlich angewidert von mir. Als ich ankam, habe ich alles auf dem Stuhl neben mir abgelegt. Auch mein Kopftuch, welches ich, wegen des vielen Schweißes, unter dem Hut trage, landet auf der Stuhllehne. Davor hatte ich den Drang, es durch ein kurzes Schütteln zu glätten. Das hätte ich nicht tun sollen, denn beim Ausschütteln habe ich sowohl mir als auch dem Herrn neben mir eine wunderschöne, intensive Schweißdusche verpasst. Das hat locker ein paar Meter weit gespritzt und der Herr neben mir, der gerade gemütlich ein Schnitzel verspeist, möchte sich sicherlich übergeben.

Ehrlich, das war so von mir nicht geplant und ich schäme mich in Grund und Boden. Nach 30 Minuten zahlt er, steht auf und verlässt die Lokalität, ohne sich bei mir zu verabschieden. Jetzt bin ich wieder etwas entspannter, obwohl ich mich immer noch sehr schäme.

Nun nimmt eine etwas nobler gekleidete Mutti mit Sohn neben mir Platz. Ich vermute, sie besucht ihren Sprössling im Internat. Der junge Herr trägt ein Fußball-Trikot mit der Aufschrift „Schmerzgebirge Haue"! Scheint so, als werden hier in diesem Internat, die „Bogenhausener Schrazen" wieder in die Spur gebracht.

Wenn ich inzwischen gefragt werde, so wie hier die Bedienung, wo ich denn herkomme, antworte ich stets „aus Nürnberg". Ich möchte mir die Mühe ersparen zu erklären, wo genau Roth liegt, und außerdem kommt es auf die 25 Kilometer mehr oder weniger nun auch nicht mehr an.

Ich mach jetzt seit fast zwei Stunden Pause in diesem gemütlichen Biergarten und umso schwerer fällt mir leider dann das Aufraffen zum Weiterlaufen.

Ich schaffe es dann doch mich stöhnend zu erheben und just in dem Moment kommt der Mensch mit dem Rucksack von heute Morgen aus der Toilette. Hinsichtlich des Geschlechts bin ich jetzt sicher, denn dieser Mensch kam aus der Damentoilette und dieses Verhalten bestätigt nun endgültig meine Vermutung von heute Morgen. Jetzt, im Jahr 2023, bei der Finalisierung dieses Buches, habe ich aber doch wieder gewisse Zweifel.

Ab jetzt erlebe ich das bisher härteste Stück der Tour hinsichtlich angreifender Stechmücken. Am Grasstreifen direkt neben der Isar wurde gerade das Heu gewendet und ich werde unablässig wie der Teufel gestochen. Pro Minute sind es bestimmt fünf Stiche, die ich abgekommen. Sobald ich stehen bleibe, verdoppelt sich die Anzahl und so finde ich auch keine Gelegenheit den Rucksack abzunehmen und mein Insektenspray auszupacken. Ich laufe immer schneller, doch gegen die Mücken habe ich keine Chance.

Endlich sehe ich eine überdachte Brücke über die Isar. Schnell auf die Mitte der Brücke, Rucksack runter, Mückenspray raus und den kompletten Körper einnebeln. Jaaaaaa, ihr Drecksviecher, jetzt gibt es Saures von eurem Opfer. Während ich noch sprühe, holt mich das ältere Ehepaar ein, das ich vor ca. 30 Minuten noch fröhlich überholt hatte. Wir kommen, wie so oft, ins Gespräch und die beiden loben mich und mein Vorhaben überschwänglich. Sie empfehlen mir, nicht wie auf der Karte angegeben, auf die andere Seite der Isar zu wechseln, sondern auf dieser Uferseite zu bleiben, um dem Badesee in circa einem Kilometer Entfernung einen Besuch abzustatten.

Das klingt mehr als verlockend, und selbstverständlich habe ich auch eine Badehose dabei. Als Tipp bekomme ich von den Herrschaften mit auf den Weg, dass ich diese an diesem See ziemlich sicher nicht brauchen werde.

Ich laufe also weiter bis zum „Ickinger Stausee", der sich als ziemlich idyllisches Gewässer neben der Isar darstellt. Beim ersten schmäleren Zugang zum See finde ich mich an einem kleinen Kiesstrand wieder und sehe mich erst mal um. Außer mir ist hier nur noch eine etwa 70-jährige Dame, die sich gerade wieder in ihre Kleidungsstücke schält. Sie sieht mich und spricht mich prompt an und fragt, wo es denn hingehen soll. Ich antworte pflichtgemäß: „Nach Venedig." Sie erzählt mir von ihrem Weg von München nach Santiago, allerdings auf drei Etappen. Na dann kanns ja ein jeder, denke ich mir scherzhaft.

Ich frage sie nach einem guten Badeplatz und sie meint: Da vorn ist ein größerer Kiesstrand, da liegen aber alle nackt herum. Ich könne aber auch hier bei ihr bleiben und selbstverständlich auch Nacktbaden, das störe sie nicht.

Sicherlich, denke ich mir, bedanke mich für das Angebot und ziehe hurtig weiter. Nur fünf Minuten später bin ich an einem weiteren, von nackten Menschen gut besuchten, schönen Kiesstrand. Ich entledige mich komplett meiner verschwitzen Kleidung und springe in die Fluten. Das Gefühl ist mehr als herrlich und entspannt meine Muskeln spürbar.

Danach sitze ich zum Trocknen am Kiesstrand und strecke alle Glieder von mir, sehe an mir herab und freue mich, dass mein Blasenpflaster noch hält. Dann sehe ich mich um und stelle fest, dass ich mit Abstand der weißeste Mensch hier bin, und komme mir ein wenig blöd vor.

Es ist wunderschön hier am Ickinger See, lediglich das doofe Kind hinter mir nervt gewaltig und plappert ständig mit einer giftigen, hohen Stimme unverständliches Zeugs.

Beim Ankleiden und Zusammenpacken sehe ich mich um und nun entpuppt sich das Kind doch tatsächlich als weißer Kakadu, der direkt im Baum über seinem Besitzer sitzt und fröhlich plappert. Jetzt bekommt er auch noch Limonade zu trinken.

Badepause am Ickinger Stausee bei Wolfratshausen

Und wieder lockt die Straße Richtung Süden und ich mache mich nach dieser Erfrischung abermals auf den Weg. An einer Brücke über die Isar sehe ich das erste Mal ein Hinweisschild „Munich-Venezia". Mit Genugtuung stelle ich fest, dass ich auf dem richtigen Pfad bin.

Die nächste Zeit verbringe ich damit, einem ellenlangen, geraden und gepflasterten Radweg durch den Wald zu folgen. Interessiert beobachte ich die entgegenkommenden Menschen und stelle dabei fest, dass die Damenwelt in dieser Gegend in Vollmontur „rollerbladed". Das bedeutet, umfänglich geschminkt, gestylt und aufgehübscht. Mir gefällt es!

Links und rechts des Weges erstreckt sich weitläufig ein relativ offenes Waldgebiet mit kleineren Lichtungen und immer wieder Wiesenflächen dazwischen. Das sieht fast ein bisschen aus wie in einigen Waldgegenden der USA,

Am Isarkanal

die ich schon besuchen durfte. Hier würde ich bestimmt super Plätze für mein Camp finden, aber es ist noch zu früh am Tage und ich sehe niemanden, den ich fragen könnte.

Irgendwann komme ich dann doch wieder aus dem Wald und stelle erfreut fest, dass ich inzwischen im Landkreis Tölz-Wolfratshausen bin.

Beim Überqueren der großen Isarbrücke kurz vor Wolfratshausen sehe ich unter mir einige Firmen, die Floßfahrten anbietet. Mit einem Kran werden gerade die einzelnen Baumstämme, die mit einem Lkw wieder flussaufwärts gefahren werden, abgeladen und hier wieder als Flöße zusammengesetzt. Der Bausatz wird hier also wieder zusammengebaut, um dann betrunkene Menschen, oder solche, die es werden wollen, flussabwärts Richtung München zu bringen. Echt cool, das hatte ich so noch nie gesehen.

Endlich lande ich in der mir sehr vertrauten Flößerstadt Wolfratshausen. Hier kenne ich fast jede Ecke aus der Fernsehserie *Hubert und Staller*. Jetzt schalte ich aber doch das Smartphone an, um zu meinem Hotel zu finden, nur zur Sicherheit!

Zu meinem, bereits heute Nachmittag gebuchten, Hotel Humplbräu zieht es sich dann leider doch noch mehr, als mir lieb ist. Ich komme mir doch schon wieder sehr schleppend und zahnfleischlaufend vor.

Ich bin da, ein schnelles Radler, eingecheckt, Wäsche gewaschen, mich gewaschen, Wäsche aufgehängt, mich angezogen. Das war so ziemlich die Reihenfolge meiner abendlichen Tätigkeiten vor dem Ausgehen. Das Einzige, was so richtig anders war als sonst, war das Entfernen meines Blasenpflasters. Ich habe es extra beim Duschen dran gelassen, damit es aufweicht und leicht abgeht. Pusteblume (oder -kuchen) und Satz mit X: Das war wohl nix.

Das weiche Silikonpolster des Pflasters ist mit meinem Körper eine unlösbare Einheit eingegangen. Um es abzukürzen, das Pflaster ist jetzt ab, aber meine Haut ist komplett am Pflaster geblieben. Selbst an den Stellen, wo ich noch keine Blase hatte. Jetzt schmerzt alles erst so richtig und wird mit Wundsalbe behandelt.

Da hilft nur Entspannung bei einem köstlichen Getränk nebst Abendessen vor dem Humplbräu inmitten der Wolfratshausener Innenstadt. Ich weiß nicht, wie es an anderen Tagen ist, aber hier „brennt" die Luft nicht sonderlich. Es wohnen zwar auch circa 19.000 Menschen hier in diesem Städtchen, aber am Marktplatz meiner Heimatstadt Roth wäre jetzt sicherlich mehr los und das ist echt schwer.

Aber, ein Lichtblick. Ich bemerke ein Plakat und weiß jetzt, dass ich eine Hubert-und-Staller-Radtour buchen könnte, wenn ich wollte. Das ist doch schon mal was.

Obwohl es mir, auch wegen meines hautfreien und schmerzenden Fußes, extrem schwerfällt, mache ich mich trotzdem noch auf den circa einen Kilometer weiten Weg in die angesagteste Bar von Wolfratshausen. Ich lande in der „Escobar" wo ich den Abend gemütlich und Menschen beobachtend ausklingen lasse.

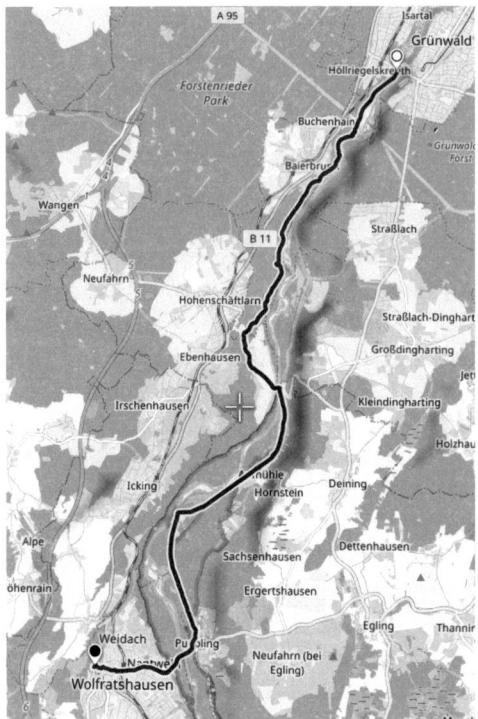

Heute bin ich 21,28 Kilometer „gekrochen" und nun versuche ich, ein Körperteil zu finden, welches nicht schmerzt.

Zusätzlich quält mich im Bett dann noch mein von Mückenstichen übersäter Leib. Ich sehne mich nach Schlaf, der sich dann gottlob irgendwann aufgrund der Erschöpfung einstellt.

Insgesamt sind es mit dem heutigen Tage schon 227 Kilometer, die ich hinter mir habe.

Tag 12: 21,28 km, +284 m/–250 m

Schwere Beine im Isartal – Tag 13
Donnerstag, 21. Juli

Bis 5:45 Uhr, als die Kirche neben meiner Unterkunft mindestens für 10 Minuten zum morgendlichen Gebet geläutet hat, habe ich eigentlich gut geschlafen. Jetzt heißt es schnell aufstehen, meine Gehörschutzstöpsel anlegen, und sofort wieder an der Matratze, jetzt viel leiser, horchen. Die Nacht ist für mich noch lange nicht vorbei.

Um 8:30 Uhr bin ich dann doch endgültig aufgestanden und blicke durch das Fenster auf ein verregnetes Wolfratshausen. Die Lust, jetzt möglichst schnell loszukommen, hält sich irgendwie in Grenzen und so gehe ich erst mal zum Frühstücken, studiere meinen treuen Begleiter, den Reiseführer und stibitze mir noch eine belegte Semmel für unterwegs.

Nach dem Frühstück verarzte ich noch meine „Fleischwunde" am rechten Fuß mit dem genialen und professionellen Blasenpflaster vom Trekking-Light-Store.

Heute geht es Richtung Bad Tölz, wobei laut Karte zwischen Wolfratshausen und meinem Tagesendziel keine einzige Ortschaft oder auch Einkehrmöglichkeit liegt.

Möglichkeit 1: Ich ziehe die 28 Kilometer stramm durch und verbringe zwecks Erholung dann zwei Tage in Bad Tölz.

Möglichkeit 2: Ich laufe gemütlich los und suche mir unterwegs einen Campingplatz. Ich wäre dann einen Tag später in Tölz, weiß aber nicht, ob das Wetter zum Campen mitspielt.

Die erste Möglichkeit erscheint mir sinnvoller und so rufe ich direkt die Tourist-Information in Bad Tölz an, um mich nach günstigen Zimmern zu erkundigen. Kerstin, am anderen Ende der Leitung, versteht mein Anliegen und schickt mir daraufhin eine E-Mail mit verschiedenen privaten Zimmeranbietern.

Ich telefoniere und reservieren gleich ein Einzelzimmer für 22,00 Euro bei der Rosl in Tölz.

Jetzt heißt es die Pferde satteln und los, denn es liegen 28 entbehrungsreiche Kilometer vor mir. Inzwischen hat es aufgehört zu regnen, dafür ist es jetzt sehr unangenehm schwül.

Die nächsten 20 Minuten wird mir gar nicht langweilig, denn ich laufe inmitten einer Schulklasse, die an ihrem Wandertag mit mir den Weg teilt. Das ist schön, abwechslungsreich, aber auch ziemlich laut.

Ich überquere die Loisach und im Tumult geht es raus aus Wolfratshausen in Richtung Pupplinger Au.

Ich biege zweimal ab und falle einmal hin und schon bin ich wieder an der Isar. Die Schulklasse habe ich schon vor 15 Minuten überholt, denn ich bin ja inzwischen Lauf-Profi.

Plötzlich höre ich rechts vor mir lautes Kindergeschrei und hoffe, dass es nicht die Kids sind, die ich vorhin pfeilschnell überholt habe. Am Ende kennen die eine Abkürzung und verarschen mich dann, wenn wir uns gleich wiedersehen. Glück gehabt, waren dann doch andere, aber auch sehr laute Kinder.

Am Traumpfad

Der Weg führt mich jetzt über einen schmalen Pfad durch dichten Wald entlang der Isar. An einem Baum sehe ich einen kleinen Aufkleber mit der Aufschrift „Traumpfad". Immer noch bin ich hier also richtig.

Das Laufen ist wieder richtig herausfordernd, denn auf diesem Pfad sind Unmengen von Wurzeln, die ein gemütliches Wandern deutlich verhindern. Viel schlimmer ist aber wieder die extreme Mückenplage in diesem Waldstück. Ich kann nicht mal stehen bleiben, um zu pinkeln, denn dann fallen mindestens 20–30 dieser Mistviecher über mich her und trinken mein Blut. Momentan sehe ich aus, als hätte ich Windpocken.

An einem gemütlichen Holztisch mit Bank mache ich Rast und trotze den vielen Stechmücken, indem ich eine Zigarette rauche. Während meiner Brotzeit studiere ich die vielen eingeritzten, oder mit Edding hinterlassenen, Sprüche auf der Bank. Das sind auch so kreative wie „ich war hier" oder „wer das liest, ist doof" dabei.

Flotte zehn Kilometer habe ich heute schon hinter mir und einmal habe ich auch schon bis 5.000 gezählt, und zwar ohne mich zu verzählen.

Noch 18 Kilometer bis Bad Tölz liegen vor mir, also schnüre ich mein Bündel und laufe wieder los. Es hilft nichts. Inzwischen hat sich der Regen ganz verzogen und zwischen den Wolken strahlt immer wieder mal die Sonne vom Himmel. Ich laufe durch die dichten Wälder bei Wolfratshausen und aufgrund des Regens und der jetzigen Sonne steigt die Luftfeuchtigkeit ins nahezu Unermessliche. Die Stechmücken lieben es immer noch einen so verschwitzten Menschen durch ihren feuchten Wald latschen zu sehen, und so schließen Sie sich zusammen, um weiter an mir zu trinken.

Ich habe zwar mächtig Ehrfurcht vor den Bergen, freue mich aber auch auf die luftigen Höhen, um diese lästigen Biester loszuwerden.

Der geteerte Radweg führt mich durch ein großes, dichtes Waldgebiet. Rechts und links sehe ich immer wieder alte und sehr schmale betonierte Wege, die teilweise nach wenigen Metern schon wieder vom Wald verschlungen werden. Ich studiere meine Karte und entdecke einen regelrechten Irrgarten aus vielen, vielen Wegen, die durch diesen Wald führen. Was auch immer das hier mal war, mir kommt es ganz recht, denn ich denke, hier kann man wunderbar abkürzen. Gedacht, getan und schon biege ich rechts ab.

Die Betonplatten, aus denen der Weg besteht, werden immer schmaler und zusehends überwuchert. Man merkt, dass die Natur sich hier alles Stück für Stück zurückerobert. Ich entdecke alte Betonunterstände und bin mir nun relativ sicher, dass dieses ganze Gebiet im Zweiten Weltkrieg zur taktischen Kriegsführung verwendet wurde. Überall sehe ich Reste von alten Bunkern, die vollkommen überwuchert sind.

Die Wege werden immer enger und enger und leider auch steiler. Mit der Abkürzung habe ich mich wohl falsch entschieden, denn diese geht aktuell über schmale und sehr schlammige Pfade geradewegs über einen Berg. Mist, der Radweg wäre sicherlich die gemütlichere und bessere Variante gewesen.

Seit meiner Brotzeit zu Mittag habe ich leider etwas Bauchschmerzen und da das gerade mehr als unpassend ist, versuche ich mich abzulenken.

Und wie lenkt man sich ab? Natürlich mit „Desperado, ja man nennt mich …!" Refrain für Refrain schallt in den Wald, aber leider hilft das Singen doch nichts, denn inzwischen habe ich starke Bauchkrämpfe.

Jetzt hilft nichts anderes mehr, außer Rucksack runter und ab ins Unterholz. Ich liebe es, total verschwitzt im Wald zu sitzen und das zu erledigen, was normale Menschen auf Villeroy & Boch-Porzellan machen. Leider ist es aber unbedingt nötig und die Stechmücken lieben mich deswegen nun noch viel mehr.

Befreit und mit weniger Schmerzen geht es wieder Richtung des breiteren Radwegs. Plötzlich versperrt mir ein Baumhindernis den Weg. Der Baum liegt quer über dem Weg und ist zu hoch, um elegant darüber zu klettern, aber auch zu niedrig, um mit dem Rucksack unten durchzukommen. Rechts und links ist dichtes Gestrüpp, was ein Umgehen auch unmöglich macht.

Ich versuche es erst unten durch und scheitere kläglich. Also dann eben oben drüber. Ich werfe erst meine Trekkingstöcke rüber und versuche dann, mich mitsamt meinem Rucksack auf den Baum zu schwingen. Gott sei Dank beobachtet niemand meine Unbeholfenheit, dann erst der fünfte Versuch funktioniert gerade noch so. Jetzt sitze ich auf dem Baumstamm, wie Baron Münchhausen, als er auf seiner Kanonenkugel reitet. Die Beine sind beide in der Luft und so, wie ich hier sitze, fühle ich mich sehr instabil. Extrem unbeholfen schaffe ich es nun doch von meiner Kanonenkugel runter und hebe meine Stöcke auf. Ich bin so verschwitzt, dass meine Hose am Oberschenkel klebt, und als ich den zweiten Stock aufhebe, macht es laut „ratsch" und meine Hose reißt im Schritt auf.

Das kann doch alles nicht wahr sein. Ich komme mir vor, wie Pierre Richard in dem Film *Die Knalltüte*. Erst mache ich mir fast in die Hose und als die es doch überlebt, zerreiße ich sie genau an dieser Stelle. Ich überprüfe den Schaden nicht genauer und hoffe, dass meine Leibwäsche nicht zu sehen ist. Wohl oder übel muss ich das heute oder morgen früh nähen.

Endlich komme ich raus aus diesem Dickicht und stoße wieder auf den Hauptweg, den ich fälschlicherweise verlassen hatte. Meine Abkürzung war sowohl ein zeitliches als auch konditionstechnisches Desaster.

Jetzt beschließe ich nicht ständig auf die Handykarte zu schauen, sondern einfach den breiten Pfad zu folgen. Ich werde kurze Zeit später mit einigen grandiosen und exponierten Ausblicken auf die Isar belohnt, denn ich befinde mich inzwischen auf einem Höhenweg im Wald weit über dem grünen Fluss.

Irgendwann geht es dann wieder raus aus dem Wald und ich laufe in der prallen Sonne auf einen idyllischen Bauernhof zu. Alsbald fotografiere und streichle ich (ja, ich bin es wirklich) die freilaufenden Ziegen und mache zwei Minuten Rast im Stehen zwischen den Tieren.

Bei der kommenden Weggabelung frage ich mich, welchen der beiden Wege ich nehmen soll, und sehe nun doch wieder auf meine Karte. Die Erkenntnis folgt sogleich. Ich bin leider viel zu weit gelaufen und hätte weiter oben, im Wald, links abbiegen müssen. Wenn ich weiterlaufe, müsste ich einen Umweg von mindestens zwei bis drei Kilometer in Kauf nehmen und das geht gar nicht. Schimpfend laufe ich zurück, beschließe aber nach einigen Hundert Metern querfeldein zu laufen, um so schneller auf den richtigen Weg zu stoßen. Laut Karte sollte das funktionieren.

Der Plan geht wieder nicht auf, denn inzwischen stehe ich an einem steilen Abhang mitten im Wald und sehe den richtigen Weg, leider aber 30 Meter unter mir. Der Abhang hat fast 90 Grad und aus dem Schimpfen wird jetzt ein gewaltiges Fluchen. Ich muss also wieder bis zur Abzweigung zurück und da ich mitten im Wald bin, muss ich wieder querfeldein durch diesen Urwald laufen. Das ist ziemlich anstrengend, da das ganze Areal ein Naturschutzgebiet ist und so wird hier auch keinerlei Waldwirtschaft betrieben. Querfeldein durch „Urwald" zu laufen ist möglich, aber absolut nicht sinnvoll. Mir bleibt aber gerade nichts anders übrig.

Auf dem Höhenweg über der Isar

Endlich erreiche ich die Abzweigung und beginne mit dem mühsamen Abstieg über provisorische Stufen, viele Wurzeln und Schlamm. Die Erkenntnis naht, dass Abkürzungen für mich nicht mehr das sind, was sie mal waren.

Der Weg führt jetzt wieder idyllisch an der Isar entlang und hat die Breite eines Radwegs, aber leider könnte hier niemals ein Fahrrad fahren. Selbst das Laufen ist katastrophal, denn der komplette Weg besteht, wie auch die Inseln auf der Isar, aus großen Kieselsteinen. Man läuft wie auf Gipseiern und ich knicke einige Male ordentlich um. Zusätzlich tut meine Blase am Fuß höllisch weh, da ich mehrfach seitlich über die Kieselsteine abrutsche.

Trotz des Sonnenscheins beginnt es nun etwas zu regnen.

Der „Eierlauf-Weg" führt mich weiter neben der Isar entlang, nur leider sehe ich diese nicht, denn mein Blick wird durch hohes, dichtes Gestrüpp verdeckt. Im Gegenzug höre ich den Fluss aber munter plätschern und rauschen, sodass dadurch auch mein Durst immer stärker wird. Ständig bediene ich mich an meinem Wasservorrat und verliere den Überblick, wie viel ich davon noch habe.

In dieser Gegend laufe ich mal wieder komplett allein, und irgendwie ist es doch recht schön, wenn auch eintönig. Gegen die Eintönigkeit zähle ich wieder mal und schaffe es diesmal bis 10.000, was auch 10.000 Schritte bedeutet.

Nun wird der Weg zusehends enger und führt schließlich als schmaler Trampelpfad durch das Dickicht entlang der Isar. Auf so einem Weg kommt man nicht wirklich schnell voran und ich weiß gerade nicht, was der Weg noch mit mir vorhat. Leider donnert es nun vor mir ordentlich, was auf ein baldiges Gewitter schließen lässt. Hoffentlich geht das gut und ich erreiche mein Ziel Bad Tölz vor dem Wetterumschwung.

Der Pfad wird tatsächlich noch schmäler und ich vermute instinktiv, dass die Chance auf einen Biergarten inzwischen bei null angekommen ist. In dieser Situation denke ich trotzdem über ein Radler nach, welches sicherlich in diesem Moment das köstlichste Getränk der Welt sein muss. Leider ist es nur ein Traum und so trinke ich warmes Wasser aus meinem Vorrat. Das Vorankommen ist hier echt beschwerlich und fällt mir heute wieder mal extra schwer.

Seit über vier Stunden gab es keine Rastgelegenheit mehr, bei der ich mich mal hinsetzen könnte. Jeder Schritt zehrt an mir und ich denk an verschiedene Filme, bei denen Menschen versuchen, zu Fuß in der Natur zu überleben und irgendwann dann doch noch die rettende Zivilisation zu erreichen. Inzwischen könnte ich fast töten für ein eiskaltes Radler. Endlich komme ich aus dem Wald und folge nun der Landstraße Richtung Bad Tölz. Leider liegen immer noch knapp fünf Kilometer vor mir und ich spüre jeden einzelnen meiner Schritte schmerzhaft.

Da endlich, die ersten Menschen, in Form von Spaziergängern, kommen mir entgegen und ich frage nach einer Wirtschaft. Leider negativ, denn wir kommen hier nur in einen Vorort von Bad Tölz und da gibt es erst mal nichts. Ein Pärchen baut mich auf und meint, ich soll an der Isar entlang, dann beim Penny rechts und den Berg hoch. Sind zwar noch zwei Kilometer, aber dann kommt eine Wirtschaft.

Ich halte mich korrekt an die Anweisung des Pärchens und finde, oh Überraschung, nichts! Google hilft mir auch nicht weiter, aber ein weiterer Passant hat Mitleid und schickt mich schnurstracks zum Italiener in zweihundert Metern Entfernung.

Ich sehe den Außenbereich, setze mich als einziger Gast hin und werde freundlich begrüßt. Ich bestelle gleich mal eine Radler-Maß, merke aber, dass der italienische Wirt mich wohl nicht versteht. Er wiederholt nur Radler und grinst. Jetzt sitze ich da und warte drei Minuten, fünf Minuten, sieben Minuten und dann gefühlt eine halbe Stunde. Jetzt werde ich ungeduldig und blicke nach innen und sehe, wie der Italiener Gläser spült. Klasse, meine Not konnte ich bei der Bestellung wohl nicht transportieren. Optisch mach ich jetzt aber einen ungehaltenen Ausdruck und so kommt gleich eine Dame heraus und entschuldigt sich bei mir. Sie haben gerade Probleme mit der Zapfanlage. Das ist doch alles nicht wahr, passt aber zu diesem Tag.

Nach 15 Minuten kommt mein Radler (leider unten weiß und oben Bier), dass ich auf ex trinke, denn es war ja keine Maß. Die bayrische Dame entschuldigt sich wieder, meint, dass dieser Italiener doch eh nicht weiß, was eine Maß ist und bringt mir noch ein zweites. Jetzt sieht die Welt wieder anders aus.

Nach der Pause habe sich die Schmerzen in den Gliedern leider noch verstärkt. Wie ein Gehbehinderter packe ich meine Sachen zusammen und mache mich tollkühn auf die letzten 800 Meter zu meiner Unterkunft auf. Bei der Rosl bekomme ich mit meinem Postleitzahlencode den Schlüssel aus einem kleinen Schlüsselsafe, gehe auf mein Zimmer und lege alles ab. Ich dusche mich und falle dann todmüde und erschöpft aufs Bett. War das ein Tag.

Um 20:30 Uhr bin ich dann wieder bei dem Italiener mit dem langsamen Radler. Um in die Innenstadt zu laufen, ist es mir deutlich zu weit und mein Körper deutlich zu schwach. Es sind zwei weitere Gäste anwesend und auf meinem Tisch von heute Nachmittag stehen immer noch meine zwei leeren Radlergläser. Hier wurde das Arbeiten wohl nicht erfunden und ich werde etwas unruhig in Bezug auf das folgende Essen.

Heute lernte ich leider niemanden kennen und somit bin ich anonym in Bad Tölz. Ich habe ein Zimmer für 22,00 Euro und bin dafür aber für 30,00 Euro essen, bzw. fressen, gegangen.

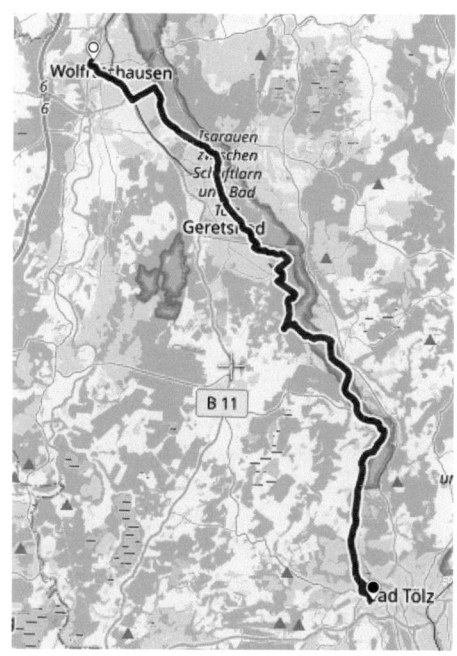

Trotz der schlechten Vorzeichen waren die Tagliatelle hier großartig und so gehts nach dem Essen sofort zurück in meine Bleibe, um mich zu regenerieren.

Heute war es für mich der herausforderndste Tag, seit ich in Roth gestartet bin. Leider bin ich aber immer noch nicht in den Bergen. Das kann ja heiter werden.

Die 28,25 Kilometer von heute habe ich aber trotzdem irgendwie geschafft. Eventuell aufgrund der wenigen Höhenmeter, die ich bezwingen musste.

Tag 13: 28,25 km, +215 m/−138 m

Der Bulle von Tölz – Tag 14
Freitag, 22. Juli

Um 8:30 Uhr sitze ich beim Frühstück und versuche parallel das Thema mit der Verlängerung des Zimmers zu klären. Das Einzelzimmer, das ich jetzt habe, konnte ich leider nur für eine Nacht buchen. Ich muss mich jetzt entscheiden, was Neues zu suchen oder in ein 45,00 Euro Doppelzimmer von der Rosl umzuziehen. Ich entscheide mich für den geringsten Aufwand, ziehe einen Stock weiter nach unten und habe ab jetzt ein etwas größeres Zimmer mit eigenem Bad. Den Aufwand nehme ich gern in Kauf, da ich heute einen Ruhetag einlege, um mich so auf die erste Bergetappe am nächsten Tag vorzubereiten. Und da ich eben genau diesen Ruhetag habe, gehe ich nach dem Frühstück noch mal auf mein neues Zimmer und ruhe gemäß dem Tagesmotto auf dem Bett. Gegen 11:00 Uhr mache ich mich ausgehfertig und dann auf den Weg in die Tölzer Altstadt. Der Himmel ist blau, die Sonne scheint, aber meine Beine tun immer noch weh.

Zuvor hatte ich aber noch kurz meine kontaminierte Wäsche gewaschen und dabei meine gerissene Hose überprüft. Eine 10 Zentimeter lange und haltbare Naht mit der Hand und das mit meinem Not-Nähzeug zu nähen, ist aber so eine Sache und ich beschließe eine Nähmaschine mit, entsprechender Kompetenz, in Bad Tölz zu organisieren.

Eine schöne, gemütliche Eisdiele lädt mich zum Verweilen ein und so vergesse ich die Nähmaschine und konzentriere mich auf den köstlichen Cappuccino.

Jetzt sitze ich hier in der Altstadt von Bad Tölz, direkt gegenüber dem Film-Polizeirevier aus der Serie *Der Bulle von Tölz* und beobachte die karawanenartig vorbeiziehenden Leute. Trotz der vielen Menschen ist relativ wenig Hektik und Stress zu erkennen, was wahrscheinlich daran liegt, dass die meisten Karawanenmitglieder Touristen sind und Urlaub haben.

Während ich so sitze, bemerke ich das erste Mal, dass mein Gürtel etwas locker sitzt, obwohl ich schon im letzten Loch bin.

Entweder esse ich jetzt schnell etwas Fettiges oder ich suche noch ein Lederwarengeschäft mit einer Lochzange! Ich entscheide mich für die zweite Variante und begebe mich auf die Suche.

Schnell werde ich fündig und die junge Verkäuferin sieht mich an, lächelt und macht mir sicherheitshalber noch ein zweites Loch rein.

Jetzt habe ich aber doch Hunger und speise im Gasthof Kolberbräu nebenan. Es gibt bayrisches Cordon bleu und so kann ich danach meine neuen Löcher im Gürtel doch noch nicht benutzen.

Blick auf Bad Tölz

Jetzt noch ein Espresso und einen San Bitter in der nächsten Eisdiele. Nachdem die Bedienung in der fast leeren Eisdiele aber einige Male an mir vorbeigeht und ich nach zehn Minuten immer noch nicht bestellen konnte, stehe ich auf und gehe. Jetzt schaut er blöd, der italienische Chef.

Ich beschließe zurück aufs Zimmer zu gehen und mich zwecks weiterer Regeneration wieder aufs Bett zu legen und das Cordon bleu in Ruhe zu verdauen. Ein Kaltgetränk wäre nicht schlecht, aber momentan haben anscheinend alle Läden zu. Sogar die Geschäfte, die keine Mittagspause haben, haben aus familiären Gründen geschlossen. Also dann gibt es halt nichts.

Ich chille auf dem Zimmer, um dann gegen 15:00 Uhr aufzubrechen, um mich im Park an der Isar weiter zu entspannen.

Ich habe meine Ultralight-Hängematte dabei und spanne

Entspannen an der Isar bei Bad Tölz

diese im Tölzer Park direkt an der Isar zwischen zwei Bäumen auf, höre Musik und lese entspannt.

Nebenan sind ein paar coole Jungs mit ihren Slacklines, wobei sie eine der Slacklines sogar über den Fluss gespannt haben, und auf dieser federnd und leicht angeberisch hin und her balancieren. Irgendwie spüre ich aber ihre neidischen Blicke bezüglich meiner Hängematte. Das freut mich und ich beginne darin zu schaukeln.

Gegen 17:00 Uhr beginnt der Wettergott zu donnern und um 17:30 Uhr regnet es. Ich baue meine Oase einigermaßen ausgeruht ab und gehe zurück zur Rosl.

Bin ich jetzt wirklich ausgeruht? Nein, und ich denke, mein Zimmer hat jetzt noch mal Zeit mit mir auf dem Bett verdient. Stichwort Ruhetag.

Ein drittes Mal begebe ich mich später gegen 19:00 Uhr zwecks abendlicher Nahrungsaufnahme ins historische Bad Tölz. Ich tappe in eine kleine Touristenfalle und finde mich bei knallhart kalkulierter Nahrung zwischen lauter „Preißn" in einer original bayrischen Wirtsstube wieder, wo zusätzlich noch bayrische Livemusik mein Ohr verwöhnt. Alle klatschen im Takt, ich dann zwangsläufig auch.

Wie schon so oft, bin ich wieder mal allein am Tisch und frage mich, was die anderen Leute so von mir denken? Ein Penner? Ein Arsch, der keine Freunde hat? Ein Ausbrecher auf der Flucht? Ein Handwerker auf Montage oder ein Geschäftsmann? Ne, das Letzte sicherlich nicht, so wie ich aussehe.

Auf jeden Fall ist es viel schöner, Menschen kennenzulernen, als hier einsam an einem Tisch zu sitzen. Lediglich der tschechische Ober interessiert sich für mich, da er wohl auf ein üppiges Trinkgeld hofft.

So, ich bin nun satt und nachdem mich niemand kennenlernen wollte, gehe ich jetzt heim, wenn man das so nennen kann. Nach einem kurzen Leseversuch schlafe ich erschöpft ein.

Dafür, dass heute mein Ruhetag war, bin ich trotzdem stolze 11,8 Kilometer gelaufen.

Der Berg ruft – Tag 15
Samstag, 23. Juli

Pünktlich um 8:30 Uhr sitze ich beim Frühstück. Für alle, die mich kennen, scheint das eher ungewöhnlich, aber ich mutiere langsam zu Frühaufsteher. Nach dem Frühstück unterstützt mich Rosl dabei, eine Änderungsschneiderei zu finden. Der Schaden an meiner Hose ist für das tapfere Schneiderlein Ralph doch etwas zu groß und ich werde die Reparatur, wie gestern beschlossen, in professionelle Hände geben.

Die nette Zimmerwirtin, die übrigens gar nicht Rosl heißt, sucht mir eine Adresse raus und ruft auch gleich an, um mich anzukündigen. Es sind nur wenige 100 Meter Umweg und so mache ich mich nach dem Packen gleich auf den Weg. Heute verwende ich offiziell das erste Mal das neue, engere Loch in meinen Gürtel. So wie es aussieht, habe ich trotz meiner deftigen Ernährung schon einiges an Gewicht verloren.

Hiermit ist der Beweis durch mich und meinen Körper erbracht, dass Bewegung doch der elementare Bestandteil für die Fettverbrennung ist. Mal sehen, wie es weitergeht, wenn ich mich dann in den Bergen so richtig anstrengen muss.

Die Eva in ihrem kleinen Nähladen grinst, als sie meinen aufgerissenen Hosenboden sieht. Ich muss noch kurz warten, denn momentan hat sie einen roten Faden in ihrer Nähmaschine und das würde bei mir am kakifarbenen Hintern irgendwie komisch aussehen.

Während ich auf das Nähen meiner Hose warte, habe ich kurzzeitig Evas Betrieb übernommen und bediene eine neue Kundin, die auch ein zusätzliches Loch in ihrem weißen Ledergürtel benötigt. Eva gibt mir die Zange, mit der ich das Loch stanze, und die Kundin verlässt glücklich den Laden. Dann ist meine Hose auch fertig und ich will ihr fünf Euro geben. Das ist der Eva aber deutlich zu viel und ich soll einen Euro in die Kaffeekasse werfen. Eva, ich danke dir. Gott vergelt's.

Bald darauf laufe ich an der Isar entlang in Richtung „Lenggries", wo einige unserer erfolgreichsten Wintersportlerinnen herstammen.

Vom gestrigen schlechten Wetter ist über Bad Tölz nichts mehr zu sehen, und so laufe ich bei strahlendem Sonnenschein in Richtung der mächtigen Berge. Über den majestätischen Alpen kann ich jedoch einige dunkle Wolken erkennen. Ich bin mal gespannt, was mich muskulär und auch wettertechnisch heute noch erwartet.

Der Wander- und Radweg nach Lenggries ist wunderbar ausgebaut und auch nicht geteert. So komme ich gut voran. Mittlerweile ist es wieder recht schwül und ich bin pitsch-patsch-klitschenass, werde aber in dieser Gegend von blutsaugenden Stechmücken verschont.

Schau mal Mutti, ein Esel (Loriot lässt grüßen). Und tatsächlich steht rechts von mir in einem eingezäunten Grundstück ein Esel, der gemütlich Gras kaut. Ein zweiter läuft auf der anderen Seite des Zauns vorbei und heißt Ralph. Natürlich fühle ich mich nicht direkt wie ein Esel, aber das, was mir die letzten zwei Wochen schon so alles passiert ist, würde anderen Leuten den Anlass geben, über so einen Namen für mich nachzudenken.

Ja, heute Nachmittag ist es genau zwei Wochen her, als ich in meiner Heimat aufgebrochen bin und erst jetzt, am heutigen Tag, geht es tatsächlich in die Berge.

Der sonnenhungrige Niederbayer an sich ist wohl gern nackt, denke ich mir, als ich zum anderen Ufer rüber gucke und einen extrem gebräunten, fast schwarzen, saucoolen, langhaarigen, tätowierten, nackten Mann sehe, der sich im Stehen selbstverliebt eincremt. Ich vermute mit Tiroler Nussöl und sehe schnell wieder weg.

Bei einer kurzen Rast prüfe ich, wo ich abbiegen muss, um „Little Kairo" zu bestaunen. Hier hat ein Künstler aus Bad Tölz unzählige Steinpyramiden aufgebaut und somit eine kleine Attraktion namens „Little Kairo" geschaffen. Als ich meine Route überprüfe, merke ich, dass ich leider schon vorbeigelaufen bin. Über einen Kilometer zurück ist nicht drin, also fotografiere ich das Bild des Reiseführers ab und gehe pfeifend weiter. Beim Überprüfen der Route merke ich, dass die Wegbeschreibung aus dem gedruckten Reiseführer und der dazugehörige GPS-Track für heute ziemlich voneinander abweichen. Der GPS-Track führt deutlich vor Lenggries in die Berge, während im Reiseführer, bis Lenggries gewandert wird und von dort der Aufstieg zum „Brauneck" startet.

Ich entschließe mich vorab für die Reiseführer Route und laufe weiter, vorbei an einer Wiese, die mir duftende Glücksmomente beschert. Es duftet so stark und köstlich nach Kräutern und Blumenwiese, dass es mir fast schwindelig wird. Das ist Natur pur, mit aller Kraft, wow!

In Obergries muss ich mich endgültig entscheiden. Rechts ab oder geradeaus weiter nach Lenggries? Was macht man in solchen Situationen, man fragt einheimische Menschen um Rat. Also gesagt, getan.

Ein Mensch mit Tracht ist die perfekte Anlaufstelle für mich und ich bekomme auch eine eindeutige Antwort!

Die Entscheidung ist somit gefallen und ich laufe weiter nach Lenggries, da dieser Weg der schönere Aufstieg sein soll. Das entspricht dann auch der Beschreibung des gedruckten Reiseführers.

Immer noch geht es an der Isar entlang, auf der heute viele Rafter mit Schlauchbooten auf dem quirligen Wildwasser unterwegs sind. Während ich das beobachte, höre ich hinter mir, auf der Landstraße, ein Motorrad und drehe mich um. Das muss Evel Knievel sein, denn der Typ fährt mit seiner schweren Maschine die ganz Straße entlang ausschließlich auf dem Hinterrad. Wenn ich meine Stöcke nicht in den Händen hätte, würde ich applaudieren!

Andere Menschen sehe ich nicht auf meinem Weg nach Lenggries. Die letzten beiden Tage waren dann doch recht einsam für mich und ich hoffe, dass ich das Sprechen nicht verlerne. Zu diesem Zeitpunkt wusste ich auch noch nicht, was mich heute Abend erwarten würde.

Jetzt sehe ich neben dem Weg einen dieser historischen Kalköfen, in dem früher der für den Bau so wichtige Kalk gebrannt wurde. Ich besichtige ihn und ziehe kurz darauf weiter.

Gegen Mittag nehme ich mir vor, zu Beginn der ersten Bergetappe noch eine Stärkung einzunehmen, um meinem schlaffen Körper die nötige Energie zuzuführen. Meine Energieversorgung an der Kneipe der Talstation zum Brauneck sieht dann wie folgt aus: Leberkäs mit Ei und Kartoffelsalat nebst kühlem Radler.

Gerade beobachte ich eine Gruppe von jungen Damen, die alle das Gleiche anhaben und ziemlich laut sind. Eine hat dann doch nicht das Gleiche an, dafür aber einen extrem dämlichen Hut auf. Alles klar – Junggesellinnenabschied.

Gegen 13:00 Uhr beginne ich mit dem Aufstieg. Da ich ja schon zwei Wochen trainiert habe, fällt mir die erste Bergetappe heute sicherlich leicht.

Auf dem Parkplatz der Talstation sehe ich noch einen Audi mit dem Kennzeichen meines Heimatstädtchens Roth. Mist, immer noch bin in Reichweite meiner Heimat.

Zum Brauneck hoch würde es mit der Bergbahn nur 12 Minuten dauern, zu Fuß denke ich nur unwesentlich länger. Natürlich kann ich die Bergbahn nicht nehmen, denn „Ralphs Wandergesetz" verbietet eine Fortbewegung ohne die eigene Beinmuskulatur. Also muss ich den zweieinhalbstündigen Aufstieg angehen, um meinem venezianischen Ziel per pedes ein Stückchen näherzukommen. Schon bei den ersten Metern fallen mir die vielen Gleitschirmflieger auf, die vom Brauneck aus starten und die Luft mit ihren bunten Schirmen lustig einfärben.

Der Weg ist steiler als gedacht und der Ralph merkt jetzt schmerzhaft, dass dieses Bergwandern mit dem Rucksackungetüm doch deutlich anders ist, als das Flachlandwandern in den letzten Tagen.

Nach circa 45 Minuten komme ich an einer Almwirtschaft vorbei, die ich aber rechts liegen lasse. Direkt danach beginnt ein sehr steiler Steig durch den Wald und während ich so steige, tropfe ich unentwegt mit meiner Stirn den Waldboden voll.

Jetzt komme ich nicht weiter, da ein Kinderwagen quer steht. Die überforderte Dame (ich denke aus Berlin oder Umgebung – grins) kommt weder vor noch zurück. Wie kann man nur so b… sein und mit seinem schreienden Kleinkind und so einem Monster-Kinderwagen-Gefährt hier hochzuwollen. Man hätte sich im Vorfeld informieren können oder müssen. Ich drücke mich vorbei und will helfen, aber da kommt der Papi schon genervt dazu und packt mit an.

Auf einer kleinen Bank mache ich später stark schwitzend Pause und beobachte die lustigen Rinnsale, welche am Boden durch mich und meinen Schweiß entstehen. Bei circa 1.000 Höhenmeter komme ich an einer komplett abgebrannten Hütte vorbei und der Weg ist inzwischen so steil, dass ich das Gefühl habe, ich müsste nur noch die Zunge rausstrecken, und schon könnte ich den Boden während des Laufens ablecken.

Ich schwitze, wie schon lange nicht mehr und ich schätze, der Brauneck Berg wiegt inzwischen bestimmt drei Kilogramm mehr durch meinen Schweiß, der im Erdreich versickert.

Nun komme ich an einer Familie vorbei, die aus Papa mit drei Teenagern besteht und gerade rastet. Im Gespräch stellt sich heraus, dass genau sie zu dem Auto mir RH-Kennzeichen gehören und somit aus meiner Heimatstadt Roth stammen. Ich gebe Ihnen meine Grüße mit nach Hause und sie wünschen mir lächelnd viel Glück bei meinem Vorhaben.

Stetig geht es nach oben und kurz vor der Bergstation donnert es gewaltig und gleich darauf beginnt es zu regnen. Egal, ich bin eh klitschnass, also weiter, so wie ich bin. Jetzt sieht man wenigstens nicht gleich, wie stark ich schwitze. Endlich erreiche ich die Bergstation, aber zum Brauneck Gipfelhaus sind es noch mal zehn Minuten. Inzwischen ist es ein heftiges Gewitter mit Starkregen geworden und ich benutzte meinen Schirm für die restlichen Minuten. Da, endlich: das Gipfelhaus.

Mehrere Menschen suchen am Eingang Schutz vor dem Unwetter und empfangen mich mit blöden Sprüchen. Würde ich aber auch machen, wenn ich schon im Trockenen wäre, freue mich darüber und grinse. Inzwischen hagelt es so stark, dass man glauben könnte, die Welt geht unter.

Heute ist Samstag und ich stelle fest, dass wohl viele Menschen heute hier übernachten wollen. Eine große und auch sehr laute Gruppe von 35 Personen mit circa 20 Kindern haben wohl Schulausflug und sind auch mit von der Partie.

Auf dem Weg zum Brauneck – Blick auf Lenggries

Na, jetzt bin ich mal gespannt, wie das mit meiner ersten Übernachtung in einer DAV-Hütte funktioniert. Ich melde mich bei der leicht gestressten, blonden Wirtin und warte erst mal, denn man ist gerade hektisch mit der Eindämmung von eindringendem Regenwasser beschäftigt. Selbiges läuft wegen des starken Regens in Strömen die Treppe im Inneren der Hütte nach unten in den Keller.

Irgendwann beruhigt sich alles etwas und sie erzählt mir, dass man hier oben schon lange keine berühmten Hüttenromantik mehr vorfindet und man tagtäglich ums Überleben kämpfen muss.

Ich bekomme dann ein 4er-Stockbettzimmer für mich allein zugewiesen und werden von der netten Wirtin eingewiesen. Genial, ich freue mich. Abendessen punkt 18:00 Uhr, Nachtruhe um 22:00, Frühstück zwischen 08:00 Uhr und 09:00 Uhr. Hier herrscht ein strenges Regiment!

Gewitterregen am Brauneck

Für die Übernachtung zahle ich 19,00 Euro inkl. Frühstück. Ich habe also 10,00 Euro durch den DAV-Ausweis gespart, den ich erst seit zwei Monaten habe. Klasse Sache.

Im Gemeinschaftsbad dusche ich mich genüsslich für weitere 1,50 Euro und versorge dann mich und meine nassen Klamotten, die im Trockenraum landen. Gegen 17:30 Uhr finde ich mich wieder in der Wirtsstube ein.

Gerade habe ich mich zu einer netten 5er-Gruppe von Mittsechzigern gesetzt und ein Bier bestellt als viele jüngere Damen (12 an der Zahl) hereinkommen und ich höre ein fränkisches „Leck mich am Arsch war das anstrengend". Natürlich stelle ich mich gleich vor und weise auf meine ebenfalls fränkische Heimat hin. Die Damen sind aus Bamberg und feiern hier einen Jungsellinnen-Abschied. An diesem Wochenende wird wohl gern geheiratet, denn die anderen Damen an der Talstation waren aus dem gleichen Grund unterwegs.

Um 18:00 Uhr kommen dann alle 12 Damen gestylt und umgezogen wieder in die Wirtsstube. Sie tragen jetzt alle ein Dirndl und bestellen gleich mal eine Runde Schnaps.

Ich überlege kurz und denke bei mir, dass es jetzt unhöflich wäre, den Tisch zu wechseln, und so bleibe ich bei meinen neuen, lustigen und älteren Freunden aus Heilbronn und dem Ruhrgebiet.

Zum Abendessen gibt es für alle bayrischen Schweinebraten, der sehr mundet.

Die Damen am Nebentisch sind sehr laut und trinken inzwischen unentwegt Schnaps. Ich habe mal wieder Zeit und zwangsläufig gucke ich ab und zu hinüber und bewerte im Geiste die Damen mit Schulnoten nach ihrem Aussehen. Es gibt einige 1er- oder 1–2er-Damen. 5er oder gar 6er sind in dieser Runde gar keine vertreten. Nach der nächsten Runde Schnaps stehen alle auf und kaufen sich, wie kleine Kinder nach dem Essen, noch ein Eis am Stiel.

Aber auch an meinem Tisch geht es lustig zu und ich erfahre nun, dass zwei der „Mittsechziger" doch schon 76 und 74 Jahre alt ist. Die beiden machen schon ihr Leben lang Sport und wandern regelmäßig. Wohl deshalb sehen sie um Jahre jünger aus, als sie es sind. Außerdem bin ich sicher, beim Wett-Wandern würden sie mich locker in die „Tasche" stecken.

Irgendwie mische ich mich dann doch unter die Leute in der Stube und dann auch unter die Damen. Ich finde mich gut ein und gegen 22:30 Uhr mache ich noch kurz Beziehungsberatung bei Claudia. Sie ist eines der 12 Mädels und findet partout keinen Freund, obwohl sie eine der 1–2er Damen ist. Sie denkt, es liegt daran, dass sie 182 Zentimeter groß ist.

Natürlich versuche ich, ihr das auszureden, und gebe dann zusätzlich wertvolle Tipps in Bezug auf Männer. Ich glaube, ich labere irgendwann ziemlichen Blödsinn, da sie sich dann doch von mir verabschiedet. Nach und nach leert sich dann auch die Wirtsstube. Jetzt ist nur noch der Elterntisch vom Schulausflug da und ich lade mich frech in diese Runde ein. Die Lehrer einer Klasse dieser Grundschule haben beschlossen keinen Schulausflug zu machen und so haben ein Teil der Eltern dieses kurzerhand selbst übernommen. Inmitten der Runde will nun jeder meine Geschichte hören.

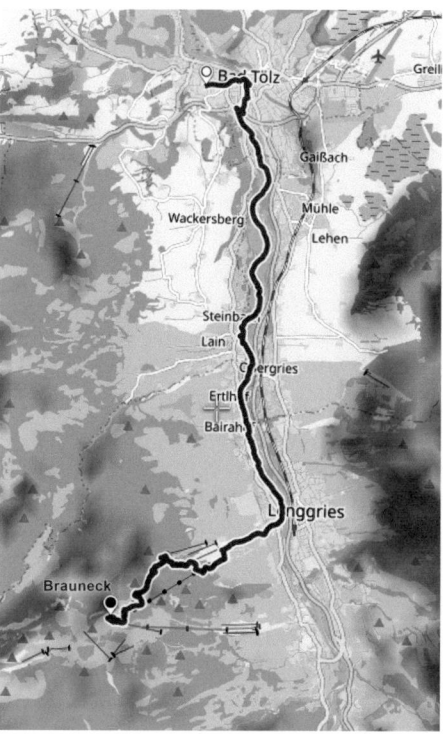

Nach einem letzten Absacker gehe ich um 23:00 Uhr in mein Zimmer, welches ich allein bewohne. So kann es weitergehen mit den Unterkünften, denke ich mir und schlafe komatös ein.

Am Ende meines ersten Berg-Tages waren es dann doch wieder 20,00 Kilometer, die am Ende durch meine ersten 1.000 Höhenmeter sehr steil und später auch sehr nass waren.

Mal sehen, wie es weitergeht.

Tag 15: 20,01 km, +961 m/−84 m

Die Achselköpfe und der Nebel des Grauens – Tag 16
Sonntag, 24. Juli

Notgedrungen sitze ich mit leichtem Brummschädel um 8:15 Uhr beim Frühstück und überraschenderweise auch mit weiteren Venedig-Gehern zusammen. Das erste Mal gibt es ein intensiveres Gespräch mit Gleichgesinnten. Wir tauschen uns über unsere bisherigen Erfahrungen aus und essen Wurst.

Da ich, mit Start in Roth bei Nürnberg, sozusagen der Profi unter den Wandersleuten bin, stehe ich selbstredend im Mittelpunkt der gemeinschaftlichen Diskussionen.

Nach dem Frühstück schnüre ich mein Bündel und stelle dabei fest, dass der Trockenraum seinem Namen nicht gerecht wird. Hier trocknet gar nichts und wenn es nur etwa 5 % mehr Luftfeuchtigkeit in diesem Raum geben würde, müsste man wohl schwimmen.

Egal, rein in die nassen Klamotten und Schuhe und los gehts um 9:45 Uhr bei dichtem Nebel auf dem Brauneck. Das Wetter draußen ist echt bescheiden und gerade wenig motivierend für meine ersten Tage in den Bergen.

Der Wirt meint noch, dass es gegen Mittag ein Gewitter geben soll und man da nicht über die Achselköpfe gehen sollte. Deswegen soll ich vorher auf dem Latschenkopf in Richtung München schauen und das Wetter beobachten. Dann könnte ich entscheiden, welchen Weg ich nehmen kann. Ich verspreche es genauso zu machen bzw. es so zu versuchen, bedanke mich höflichst und verlasse leicht verunsichert die Hütte. Der viel beschriebene geniale Ausblick vom Brauneck Gipfelkreuz bleibt mir leider verwehrt. Alles ist wie mit Zuckerwatte in dichten, weißen Nebel verhüllt.

Die Schulklasse mit Eltern machen heute noch einen Sonntagsausflug und ein kleines Besserwisser-Mädchen fragt mich, wohin ich denn vorhabe, noch zu gehen? Ich antworte: „Nach Venedig!" Das Kind antwortet „Sie wissen aber schon, dass das ganz schön weit ist, oder?"

Ich bedanke mich höflichst für den Hinweis und überhole die Gruppe zügig.

Gleich darauf grüße ich noch ein paar andere Weitwanderer, die eindeutig an Ihren großen Rucksäcken erkennbar sind. Ich frage höflich, wohin es denn gehen soll, und sie antworten: „Nur da rüber, dann packen wir den Gleitschirm aus". Alles klar, viel Spaß beim Gleitschirmfliegen im Nebel, ich lauf dann mal weiter.

Am Morgen bei der Brauneck-Hütte

Um 11:15 Uhr bin ich am Gipfelkreuz des Latschenkopfs und sehe in Richtung München. Alles weiß, egal in welche Richtung, alles ist in dichten Nebel gehüllt. Leider sehe ich dadurch auch die Benediktenwand nicht und kann somit auch das Wetter nicht einschätzen. In unmittelbarer Nähe sieht es aber trocken aus und ich erwäge, den eigentlichen Weg über die Achselköpfe zu laufen.

Erst einmal geht es aber wieder runter und ich brauche meine ganze Konzentration für den steilen und anspruchsvollen Abstieg. Später, an der Weggabelung muss ich mich endgültig entscheiden, wie es weitergehen soll. Entweder über die Achselköpfe, die als schmaler Berggrat oben herumführen, oder 45 Minuten länger und eben weiter untenherum.

Ein Schild zu den Achselköpfen sagt „Alpine Erfahrungen, Trittsicherheit und Schwindelfreiheit erforderlich". Da es nebelig ist, entfällt das Thema Schwindelfreiheit und ich nehme die Herausforderung, schon allein als Übung für kommende Steige, an.

Vom Brauneck zur Tutzinger Hütte

Auf dem Grat der Achselköpfe ist es doch recht spannend für mich. Wenn der Nebel sich ein wenig lichtet und sich Löcher darin bilden, erhasche ich einige Blicke auf die Landschaft. Ich sehe aber dadurch leider auch, wie schmal der Grat tatsächlich ist und wie steil und tief es rechts und links von selbigen hinabgeht. Manchmal ist der Grat nur circa 80 Zentimeter breit und beschert mir nun doch ein leicht ungutes Gefühl. Aber da ich bergtechnisch noch in der Einarbeitungsphase bin, nehme ich es hin.

Es ist jetzt 12:15 Uhr und ich mache kurze Pause mit einer meiner Fruchtschnitten. Ich bin stolz auf mich und weil ich ja gar so toll bin, fotografiere ich mich kurzerhand selbst.

Kurz darauf wird der Weg so schlecht, dass meine Stöcke hinderlich sind und ich meine Hände zum Klettern brauche. Wenig später krabbele ich auf allen vieren etwas hoch, was nicht annähernd an einen Weg erinnert. Zweimal falle ich auf den Hintern und beschimpfe mich dabei ordentlich. Ja, das sind die Berge, man muss eben auf alles gefasst sein.

Endlich lichtet sich vor mir, am Fuß der Benediktenwand, leicht der Nebel und ich blicke in die Ferne. Es ist zwar immer noch etwas nebelig, aber genau in eine Richtung kann ich sehr, sehr weit sehen und ich erblicke Benediktbeuern, vermute ich jedenfalls.

Ich könnte jetzt über die Benediktenwand und deren Gipfel und dann wieder ein Stück zurück zur Tutzinger Hütte gehen, oder auf direktem Weg gemäß Reiseführer in 45 Minuten zur Hütte. Logisch gehe ich den direkten Weg, dann da wartet ja mein Radler.

Fröhlich geht es weiter und wieder haut es mich auf den Hintern, während mir gerade zwei Wanderer entgegenkommen. Ich lass einen Spruch los und sage: „Ich wollte eh gerade Pause machen", und grinse dabei.

Da heute Sonntag ist, sind neben mir doch einige andere Wandersleute unterwegs, mit denen ich teilweise ins Gespräch komme. Mir fällt auf, dass die Menschen, die erzählen, dass sie regelmäßig wandern, alle extrem fit, gesund und vor allem jung aussehen. Ich speichere das mal in meinem Hinterkopf.

In der Ferne erblicke ich mein Ziel, die Tutzinger Hütte. Von hier aus sind es noch circa 15 Minuten zu meinem ersehnten Radler. Das Wetter ändert sich und langsam bekommt der Nebel immer größere Löcher und verschwindet letztendlich komplett. So sieht die Welt doch gleich ganz anders aus, stelle ich voller Freude fest.

Abendsonne auf der Benediktenwand

Bei Sonnenschein erreiche ich die fast voll besetzte Hütte und bestelle statt Radler nun doch alkoholfreies Weizenbier. Die Wirtin analysiert meine Sprache und meint: „Südlich von Nürnberg!" Hut ab, sie ist gut. Später stellt sich heraus, dass sie aus Feuchtwangen ist, und somit im weitesten Sinne aus meiner Gegend.

Ich bekomme Zimmer 3 und Nummer 310 für meine Bestellungen. Das Zimmer stellt sich als 10er-Matratzen-Lager mit Stockbetten dar, aber ich habe aktuell allein eingecheckt. Es gibt nur eine Steckdose und ein Licht an der Türe, also denke ich, ich packe meine Snow Peak LED-Mini-Lampe aus, um sie am Bett als Nachttischlampe zu befestigen. Also ich würde sie auspacken, wenn ich könnte. Ich suche überall in meinem Gepäck. Das Fazit: Sie ist weg!

Jetzt fällt es mir ein. Die hängt bestimmt noch in Wolfratshausen am Kabel der nicht funktionierenden Nachttischlampe. Mist, ich habe einen meiner wichtigen Ausrüstungsgegenstände tatsächlich vergessen. Ich ärgere mich ungemein, denke an den Esel und rufe per Handy im Gasthof Humplbräu an. Es geht nur die Oma des Hauses dran, die nicht so recht weiß, wovon ich rede, als ich ihr die LED-Lampe beschreibe. Sie meint nur, ich soll es morgen versuchen, da heute Ruhetag sei.

Mist, ich brauche die Lampe, denn sie ist meine einzige Lichtquelle beim Biwakieren und ich habe genau dieses Modell nach langen Recherchen ausgewählt.

Ich versuche mich nun auf der Terrasse mit einem Bier zu entspannen und lerne dabei Johannes aus Österreich und Sandra aus Nürnberg kennen. Beide sind auch auf dem Traumpfad unterwegs, aber nicht bis Venedig, sondern nur noch die nächsten beiden Tage. Es gibt noch weitere Venedig-Geher und insgesamt sind wir jetzt sieben Personen am Tisch, welche die Lagunenstadt als Endziel ihrer Reise haben. Ich bin aber der Einzige in dieser Runde, der das ganze solo macht und eben gänzlich allein unterwegs ist.

Da ist das Pärchen, das in Halle Molekularbiologe studiert und von dem sie Italienerin ist. Da sind die zwei 24-jährigen Studenten aus Krefeld und zwei weitere junge Typen aus der Nähe von Nürnberg. Alle tragen das gleiche Erkennungszeichen bei sich, den „Rother Wanderführer München-Venedig". Diese Büchlein auf dem Tisch und sofort wird man erkannt.

Jetzt kommt meine erste Nacht im Bettenlager mit komplett fremden Menschen, denn inzwischen ist das Zimmer 3 mit 10 Personen voll besetzt. Um 21:45 Uhr verschwinde ich als fast letzter ins Matratzenlager. Ich glaube, ich werde schnarchen und habe ein wenig Angst davor.

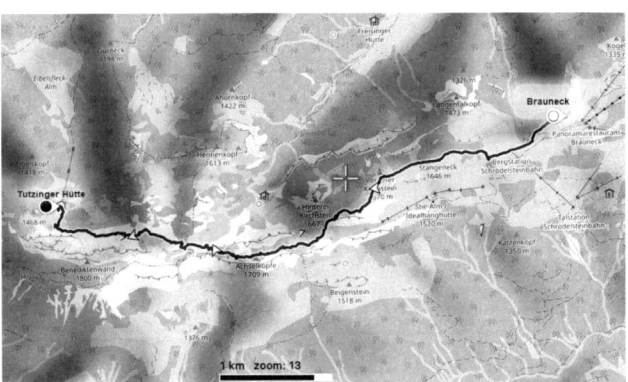

Heute waren es nur 6,76 beschwerliche Kilometer gespickt mit Kletterei über knapp 900 Höhenmetern.

Tag 16: 6,76 km, +384 m/−589 m

Über den Rißsattel – Tag 17
Montag, 25. Juli

Gegen 2:00 Uhr wache ich wegen irgendwelcher Geräusche in unserem voll besetzten Matratzenlager auf. Habe ich da nicht etwas gehört? Gleichzeitig merke ich, wie rau und heißer sich mein Rachen anfühlt. Mist, ich habe also doch ordentlich geschnarcht und dafür gesorgt, dass andere sich gestört fühlen. O mein Gott, peinlich. Ich stelle mich schlafend und horche in die Nacht. Mehrere Menschen reden über mich, weil ich geschnarcht habe. Schade, das ist mir doch richtig unangenehm, aber schwer zu ändern. Aus lauter Angst, wieder unangenehme Geräusche zu machen, schlafe ich die nächsten Stunden leider nicht mehr ein. Gegen Morgengrauen schlägt die sanfte Keule des Schlafes doch noch mal zu, und ich entschwinde wieder in das Reich der Träume. Gefühlt, einen kurzen Moment später wache ich auf, da die ersten Wanderer zu nachtschlafender Zeit aufstehen und jetzt ihrerseits stark lärmen. Ich bleibe noch mit geschlossenen Augen, aber schlaflos liegen, bis ich der Letzte bin und quäle mich dann auch aus der Koje. Jetzt ist es 07:30 Uhr, großartige Nacht, ich habe doch Urlaub.

Beim Frühstück fühle ich mich beobachtet nach dem Motto „da sitzt der, der uns nicht schlafen ließ" und so setze ich mich an den Tisch der Venedig-Geher, die im anderen Zimmer geschlafen, und nichts von meiner nächtlichen Sägeaktion mitbekommen, haben.

Bevor ich den ersten Kaffee trinke, gehe ich aber noch vor die Türe, um das Wetter zu prüfen. Es regnet leicht, aber ansonsten kann ich aufgrund des dichten Nebels nicht viel Wetter sehen. Meine ersten Tage in den Bergen zeichnen sich leider nicht durch herrliches Bergwetter aus.

Um 09:00 Uhr rufe ich in Wolfratshausen an, um nochmals nach meiner Lampe zu fragen. Die Antwort ist schnell und einfach: „Wir haben keine Lampe gefunden"! Schade, da brauche ich dann auch nicht lange diskutieren, obwohl ich weiß, dass ich sie im Zimmer vergessen hatte.

Da ich aber sicher bin, unbedingt so eine Lampe für die weitere Reise zu benötigen und es in absehbarer Zeit keine Möglichkeit gibt, etwas Ähnliches zu erwerben, schmiede ich einen Plan. Ich nenne ihn Plan „B".

Plan „A" wäre das weitere Wandern ohne eine Lampe mit den dann zwangsläufig entstehenden Einschränkungen z. B. beim Biwakieren.

Also Plan „B":
- Ich habe festgelegt, die heutige, ganze Etappe bis „Vorderriß" zu laufen.
- Im einzigen Gasthof Post in Vorderriß habe ich angerufen und ein Zimmer reserviert.
- Danach habe ich bei Globetrotter in Hamburg angerufen und eine neue Lampe, nebst Batterien und sündhaft teurer Expresslieferung nach Vorderriß bestellt.
- Alles läuft sicherlich wie geplant und das Paket soll spätestens morgen um 12:00 Uhr in Vorderriß ankommen.

Planungsphase und Umsetzung sind beendet und los geht es um 09:45 Uhr bei strömenden Regen hoch zum Grad neben der Benediktenwand. Ich schwitze massiv unter der Regenbekleidung und als der Segen von oben etwas nachlässt, ziehe ich diese auch hurtig aus. Während es langsam wieder bergab geht, stolpere ich an einer Quelle vorbei, die sich neben mir im Laufe der Zeit zu einem immer größer werdenden Bach entwickelt. Da es geregnet hat, ist mein Weg ziemlich matschig und oft versinke ich mit den Schuhen im Schlamm, der immer wieder verschiedene lustige Farben hat.

Da gibt es zum einen den ganz schwarzen, den ganz weißen und auch den gelben Schlamm. Natürlich darf der sch…ß-braune Schlamm auch nicht fehlen. Jetzt rutsche ich aus und mich knallt es voll mit dem Hintern auf den Boden. Gott sei Dank war es weich wegen des beschriebenen Schlamms. Und selbstverständlich war es genau der kackbraune Schlamm, auf den ich meinen Allerwertesten fallen lasse. Das Ergebnis ist jetzt für jeden von hinten auf meiner Hose sichtbar und sieht nicht wirklich schön aus.

Egal, ich muss weiter. Der Weg führt mich jetzt zu einem beeindruckenden Wasserfall und der glasklare Fluss darunter lädt zum Baden ein. Ich verzichte aber aufgrund des Wetters auf das Planschen und mache stattdessen höchst professionelle Fotos des herabfallenden Wassers vom Glasbach mit meiner Kamera. Gegen Mittag stoße ich auf einen Fahrweg, der im Gegensatz zu den letzten Kilometern sehr angenehm zu laufen ist. Und wenn schon angenehm, dann richtig und so kommt jetzt auch noch die Sonne heraus und verwöhnt mich mit trocknender, angenehmer Wärme.

Meine Uhr zeigt inzwischen 13:30 Uhr an, als ich nach Jachenau komme und mich sogleich ins Schützenstüberl auf Radler und Jause setze.

Aufgrund der sehr einheimischen Sprache der anderen Gäste kombiniere ich pfeilschnell, dass ich wohl gerade der einzige Fremde hier im Stüberl bin.

Glasbach Wasserfall

Jachenau ist mit 900 Einwohnern die kleinste Gemeinde mit eigener Verwaltung in Bayern, aber es gibt drei Wirtschaften, eine Bankfiliale, Friseur und Dorfladen. Pro Quadratkilometer leben hier ganze sieben Menschen. Als ich gerade mit dem Essen fertig bin, kommen auch die beiden 24-jährigen Jungs von gestern und bestellen sich auch deftige, bayerische Energie zum Essen.

Bei mir gehts aber wieder weiter auf die dreieinhalbstündige Etappe nach Vorderriß. Die beiden starten kurz nach mir und denken bestimmt, sie können den alten Mann einholen. Falsch gedacht, nichts da! Ich beschleunige meine Schritte und ziehe durch.

Zwei Stunden später befinde ich mich auf dem gewaltigen Abstieg vom Rißsattel nach Vorderriß. Ich habe einen Ausblick auf das gesamte Rißtal, in der die Isar noch sehr überschaubar und gemütlich fließt. Knapp zwei Stunden später und nach einmal hinfallen komme ich ziemlich erledigt in Vorderriß an und treffe im Biergarten des Gasthauses Sandra von gestern Abend. Unser Österreicher Johannes ist wohl weitergelaufen, da die Betten des Gasthofs inzwischen voll belegt sind. Ich habe ja reserviert und beziehe mein Einzelzimmer, um die anderen Wanderer vor mir zu schützen und so ihren Schlaf zu schonen. Die Angst vor einem Lynch-Mob, wenn ich wieder so schnarche wie gestern, sitzt mir tief im Nacken.

Blick auf das Rißtal

Um Missverständnisse zu vermeiden, ist aber auch sofortiges Waschen meiner verschlammten Hose angesagt.

Der Gasthof in Vorderriß wird von einem fränkischen Pärchen, die aus Weißenburg stammen, betrieben und man empfiehlt mir das fränkische Schäufele. Als es dann aber so weit ist, esse ich doch ein Schnitzel, weil Schäufele jetzt aus ist.

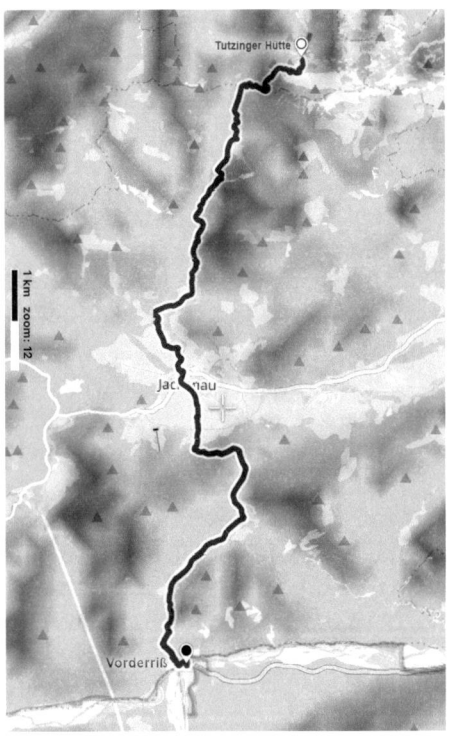

Ich sitze mit Sandra und den beiden Jungs von heute Mittag zusammen und wir reden über Gott und die Welt, vor allem aber über die Welt und im speziell über die Welt der Wanderer.

Um 21:30 Uhr gehe ich auf mein Zimmer und will noch ein wenig lesen. Das Schlafdefizit von letzter Nacht macht sich jetzt bemerkbar, denn nach zehn Minuten schlafe ich erschöpft ein.

Heute habe ich meine erst komplette Bergetappe mit 784 Meter Aufstieg und 1.327 Meter Abstieg und insgesamt 18,95 Kilometer durchgezogen.

Tag 17: 18,95 km, +784 m/–1.327 m

Ich trete auf der Stelle – Tag 18
Dienstag, 26. Juli

Heute sitze ich um 07:45 Uhr beim Frühstück, wobei die meisten der Übernachtungsgäste noch früher dran waren und jetzt schon unterwegs sind. Das Gasthaus wird heute um 08:30 Uhr schließen, da der heutige Dienstag Ruhetag ist. So habe ich mir das nicht vorgestellt und so muss ich also draußen, vor dem Gasthaus, auf meine Lampen-Lieferung warten.

Ab 08:30 Uhr sitze ich also auf den Stufen vor der verschlossenen Türe und warte auf DHL, die meine Globetrotter Bestellung heute Vormittag anliefern sollen. Ich habe zum jetzigen Zeitpunkt keine Ahnung, wie der Tag verlaufen wird, aber die Etappe geht heute über die Landesgrenze nach Österreich bis zum Karwendelhaus. Das sind dann kernige 24 Kilometer und rund 1.200 Meter Aufstieg ohne die sinnvolle Möglichkeit einer Zwischenübernachtung.

Falls ich erst gegen Mittag loskomme, wäre es eigentlich zu spät, um die Etappe noch zu schaffen!

Um kurz nach 10:00 Uhr kommt der Bus und alle Wanderer, die nicht schon losgelaufen sind, so wie auch Sandra, steigen ein. Die fahrenden Wanderer nehmen für das unattraktive Stück über Asphaltstraße nach Hinterriß den Bus, um Zeit zu sparen. Für den „Lauf-Ralph" ist das natürlich keine Option.

Wir tauschen noch Telefonnummern aus, denn Sandra will auch mal die ganze Strecke machen und meldet sich dann eventuell später zwecks Tipps vom Weitwander-Profi Ralph.

Jetzt ist es 11:30 Uhr und ich warte schon eineinhalb Stunden allein vor dem geschlossenen Gasthaus auf DHL-Express. Laut telefonischer Auskunft von Globetrotter mit DHL-Tracking hat der Fahrer um 07:30 Uhr in Rosenheim die Ware übernommen. Das sollte eigentlich vormittags machbar sein, aber das Karwendelhaus kann ich mir heute wohl abschminken.

Jetzt um 12:15 Uhr habe ich nochmals mit Globetrotter gesprochen, die wiederum nochmals bei DHL nachfragen. Da ich hier kein Internet und nur sporadischen Telefonempfang habe, ist die Klärung meiner Lieferung gar nicht so einfach. Es gab jetzt die neue Info, dass das DHL-Fahrzeug im Stau steht. Wann es hier ankommen wird, weiß aber keiner.

Das ist mehr als toll und da Ruhetag im Gasthaus ist und die Wirtsleute weggefahren sind, ist eine zweite Übernachtung eventuell nicht möglich. Die nächste Übernachtungsmöglichkeit wäre eben das Karwendelhaus, dann landet meine Lampe aber im Nirwana! Mist, was mache ich nur?

Jetzt um 13:00 Uhr steigt der Frust weiter, denn ich habe mit meiner Frau telefoniert und die hat wiederum mit DHL gesprochen. Die letzte Info von

11:59 Uhr lautet „keine Zustellung möglich". Ein Hoch auf den Zusteller, so ein Riesenmist!

Meine Frau hat für mich dann nochmals bei DHL angerufen und veranlasst, dass ich zurückgerufen werde. Kaum 30 Minuten später ist es tatsächlich soweit und ein Rückruf wurde versucht, genau in der Minute, als auf dem Handy „kein Empfang" steht. Ich rufe zu-

Gewitter in Vorderriß

rück und werde prompt mit Hallo Herr Engelhardt begrüßt. Der Herr von der DHL-Express-Koordination entschuldigt sich und versucht, meine Zustellung die nächsten 1–2 Stunden zu veranlassen. Nach weiteren 40 Minuten bekomme ich wegen Netzproblemen wieder eine Sprachnachricht, die besagt, dass der Fahrer in einer Stunde da sei.

Nach weiteren eineinhalb Stunden ist nichts von DHL zu entdecken und ich rufe wieder an, um mich genervt nach der Lieferung zu erkundigen. Ich habe inzwischen eine kleine Ecke auf der Straße gefunden, die wenigstens ab und zu Empfang hat. Die freundliche Dame ruft den Fahrer direkt an, während ich in der Leitung warte. Die neue Information lautet: noch mindestens zwei Stunden bis zur Ankunft des Fahrers. Dann wäre es 17:00 Uhr. Ich bin mega genervt und erkläre ihr nochmals meine Situation und überlege kurz, ob ich was von allergischem Schock und lebenswichtigen Medikamenten sagen soll, die im Paket sind. Natürlich lasse ich es bleiben, denn damit soll man nicht scherzen. Wahrheit siegt und sie versucht dem Fahrer nochmals Druck zu machen.

Um 16:00 Uhr kommt tatsächlich ein gelbes Fahrzeug um die Ecke und mein Paket ist da. Was aber gleichzeitig auch da ist, ist ein starkes Gewitter mit sintflutartigen Wolkenbrüchen und Sturm.

Na, dann bleibe ich halt doch noch mal hier in Vorderriß in meinem 60,00 Euro Zimmer. Inzwischen sind auch die Wirtsleute wieder hier und haben mich dazu überredet.

Einen ganzen Tag und rund 120,00 Euro hat mich diese Aktion jetzt gekostet. Von 08:30 bis 16:00 Uhr habe ich vor einem geschlossenen Gasthof mit nahezu keinem Handyempfang genervt gewartet und versucht, die Zeit totzuschlagen. Außer dem Gasthaus zur Post und zwei bis drei weitere Häuser gibt es hier nichts.

Inzwischen hat das Gasthaus auch wieder für Wanderer geöffnet und ich habe den nächsten Schwung von circa zehn Venedig-Gehern kennengelernt, die heute hier im Matratzenlager nächtigen. Laut deren Info ist mein morgiges Ziel, das Karwendelhaus, leider komplett ausgebucht. Na, das wird ja spannend. Mal gucken was passiert, denn reserviert habe ich natürlich nichts. Allerdings bin ich auch nur eine Person, die schon ein Eck finden wird.

Zwischen 18:00 und 19:00 macht das Gasthaus, trotz Ruhetag, für die Wanderer kurz auf und wir können entweder Flammkuchen oder Wurstsalat bestellen. Zwecks der Kalorien esse ich den Salat von der Wurst. Ein paar Herren aus dem Ruhrgebiet amüsieren sich köstlich über das widersprüchliche Wort „Wurstsalat", das sie noch nie gehört haben.

Jetzt wollen sie Kartenspielen und bekommen ein bayrisches Blatt, was sie leider auch nicht kennen. Sie fragen mich (wieder frei nach Loriot), was denn Karo sei. Ich kläre auf und verabschiede mich danach von meinen neuen Freunden und gehe aufs Zimmer, um zu schreiben und zu lesen.

Ich hoffe, ich kann nach diesem besonderen Tag gut schlafen.

Heute bin ich nur ein paar Hundert Meter gelaufen, aber gefühlt fünf Kilometer auf der Stelle getreten.

Im Nachhinein habe ich herausgefunden, dass ich in Hinterriß doch hätte übernachten können, vorausgesetzt im Hotel wäre ein Zimmer frei gewesen und mein Geldbeutel hätte es verkraftet. Aber 16:00 Uhr war dann doch zu spät zum Starten.

Grenzübertritt und viel Regen – Tag 19
Mittwoch, 27. Juli

Von Tag zu Tag wird es früher für mich, denn schon um 07:30 Uhr sitze ich beim Frühstück. Noch während ich verschiedene Köstlichkeiten vertilge, verabschiede ich mich auch heute von mehr als der Hälfte der Venedig-Geher, denn die fahren wieder mit dem Bus nach Hinterriß, da auch für sie die Strecke zu langweilig ist, um sie zu laufen. Na, dann viel Spaß im Bus!

Um 09:00 Uhr starte ich mit forschem Schritt und verlasse mein Domizil für zwei Nächte unmittelbar nach der nächsten Kurve. Die Straße führt direkt am breiten Rißtal entlang, welches mit unzähligen, weißen Kieselsteinen garniert ist. Das muss von Fotograf Ralph natürlich bildtechnisch festgehalten werden und mehrfach klickt der Auslöser.

Lustig geht es weiter, aber nach einigen Minuten stelle ich fest, dass ich einen Abzweig verpasst habe. Kein Problem, denn laut Karte geht weiter vorn ein schmaler Pfad durch den Wald, der mich wieder auf den eigentlichen Weg führt. Ich laufe also frohen Mutes weiter.

Ich werde wohl tatsächlich nicht schlauer, denn der Pfad stellt sich dann wieder mal als „Zonk" heraus, denn ich stolpere durch dichtes Gestrüpp über

Das Rißtal in Wolken und schwarz-weiß

einen steilen Hang nach oben. Da war wohl vor Jahrzehnten mal ein Pfad. Die Quittung bekomme ich unmittelbar, denn jetzt bin ich durchgeschwitzt und große Teile der Natur kleben an mir.

So einen Schwitz-Ralph im Wald, können sich die riesigen und vor allem vielen Bremsen nicht entgehen lassen und so werde ich hemmungslos angegriffen. Es ist echt wieder heftig und nach fünf Minuten beginne ich fast zu rennen. Das geflügelte Geschwader ist aber leider schneller.

Neue Strategie: Ich lasse sie jetzt auf mir Platz nehmen und warte kurz. In dem Moment, als sie in mein Fleisch eindringen wollen, erledige ich sie durch einen gezielten Schlag und fühle mich richtig gut dabei.

Dauerhaft funktioniert das leider auch nicht, denn ich muss mich ja vorwärtsbewegen. Ich sehe die Landstraße durch die Bäume blitzen und beschließe dort weiterzulaufen, um den lästigen Bremsen zu entkommen. Auf der Straße ist es tatsächlich besser, denn mir kommen nur mehrere Langläufer auf Rollen entgegen, die geschwind über den Asphalt huschen. Diese lassen mich aber in Ruhe.

Jetzt ist es 10:15 Uhr, und ich überquere die erste Landesgrenze meiner Reise.

Juhu, zu Fuß von zu Hause in ein fremdes Land, das Österreich heißt, ich habe es geschafft und bin schon ein wenig stolz auf mich.

An einer Brücke verlasse ich die Teerstraße und wandere nun auf einer Schotterpiste durch das ausgeschilderte Naturschutzgebiet. Seit circa einer Stunde laufe ich so dahin und denke an alles Mögliche, vor allem aber mal wieder an zu Hause. Ich blicke auf meinen Schutzengel am Rucksack und denke ganz fest an meine Familie. Ich vermisse sie wirklich sehr und bekomme auch gleich feuchte Augen.

Ich frage mich gerade, was ich mir und meinen beiden daheim nur antue?

Das Salz der Tränen lockt anscheinen wieder Bremsen an, und ich bleibe vorerst bei meiner letzten Strategie, wische mir aber die Augen trocken.

Jetzt sehe ich schon den dritten, vertrocknet Salamander auf dem Weg und denke mir, andere Länder, andere vertrocknete Tiere. Meine Heimat Mittelfranken ist halt doch eher froschlastig.

Um 11:30 Uhr komme ich in Hinterriß an und bestelle ganz flott Radler und Würstel in der netten Kneipe.

Es gibt österreichische Frankfurter aus der Fritteuse mit Pommes und Geschrei. Das Geschrei ist die Beilage, die ich aber vom Nebentisch bekomme. Da sitzen drei Weiber (ja, echt: Weiber) mit leichtem Überbiss und frechem Kurzhaarschnitt mit ihren insgesamt sieben Kindern. Das sind vier ca. sechsjährige Mädels und zwei wohl vierjährige Buben. Außerdem ist noch ein kleinerer, circa zweijähriger Bub dabei, der ständig von den Mädels gequält wird. Das Quälen erzeugt permanentes Geschrei bei dem Buben, was die Kurzhaar-Damen aber nicht sonderlich interessiert, denn die wollen ja ratschen und machen das dann eben einfach lauter.

Endlich bekommen sie alle Ihr Essen und nach der obligatorischen „Das-mag-ich-nicht-Phase" kehrt endlich etwas Ruhe ein. Göttlich und passend zur Bergwelt um uns herum.

Ein Teil der bekannten Venedig-Geher sind auch hier. Das sind z. B. die Mutter mit der hübschen Tochter Angie aus der Nähe von Nürnberg, die aber heute noch mit dem Bus nach Lenggries fahren, um überflüssige Schuhe zurückzuschicken. Was sonst, ist ja klar. Dann ist da auch noch eine Dame aus Schwabach hier, die Silvia heißt, was ich aber erst später erfahre.

Es hilft alles nichts und so mache ich mich weiter auf den Weg, um in vier bis fünf Stunden und 1.000 Höhenmeter später hoffentlich am Karwendelhaus anzukommen.

Nach 30 Minuten wandern melden sich die Grillwürstel oder das alkoholfreie Weizenbier zu Wort und ich bekomme Bauchkrämpfe. Ich versuche, mich zusammenzureißen, halte es dann doch nicht mehr aus. Gut, dass ich mein kleines Kunststoffschäufelchen dabeihabe, mit dem ich kunstvoll ein Loch in den Waldboden stanze. Deutlich entspannter geht es dann die nächsten zwei Stunden mit Sonne und strahlend blauen Himmel weiter nach Süden.

Wie so oft geht es jetzt wieder ziemlich steil nach oben, aber ich ziehe das im Schweiße meines Angesichts ohne Pause durch und freue mich dafür auf den „kleinen Ahornboden" wo ich länger rasten will. Das soll eine idyllische Hochebene mit teilweise 500 Jahren alten Ahornbäumen sein. Von dort sind es dann noch circa eineinhalb Stunden zum Karwendelhaus.

Es zieht sich länger, als mir lieb ist, und ich fange an zu schwächeln. Ich treibe mich selbst mit Motivationssprüchen an: „Die Ralph-Engelhardt-Maschine schafft das, yehaah."

Am Ahornboden angekommen, kommt neben mir noch was anderes an, nämlich ein heftiges Gewitter. Meine ausgiebige Pause ist im Eimer. Es gibt nichts zum Hinsetzen oder zum Unterstellen. Ich entdecke eine kleine Hütte

Am Ahornboden

und stehe kurz darauf mehr oder weniger unter dem 20 Zentimeter Dachüberstand.

Die ausgedehnte Pause habe ich mir echt anders vorgestellt. Ich entkomme dem starken Gewitterregen leider nicht und so ziehe ich mein Tarp an. Das Zeltvordach ist gleichzeitig auch ein Regenponcho und wird in diesem Einsatzgebiet jetzt das erste Mal erprobt.

Während ich in diesem Weltuntergangsszenario an der Wand der Holzhütte kauere, kommen vier weitere Menschen durch den strömenden Regen. Zwei stellen sich auch unter, oder versuchen das und zwei von ihnen wandern weiter. Die Unterstellenden sind zwei alte Bekannte und wir freuen uns über unser Wiedersehen. Das ist dann Silvia aus Schwabach und Carsten aus Berlin. Wir werden die nächsten zwei Tage zusammenbleiben.

Es hört partout nicht auf zu regnen, also müssen wir wohl weiter. Ich ziehe den Poncho aus und den Rucksack wieder an. Dann wieder den Poncho über alles drüber, was allein gar nicht so einfach ist. Ich bekomme Hilfe von den beiden, die mir dann den Regenschutz über meinen Rucksack ziehen.

Ab jetzt sind wir ein Dreier-Team und wir laufen zusammen. Nach 30 Minuten hört es dann doch auf zu regnen und fast gleichzeitig wird es unter dem Poncho unangenehm warm. Also Poncho wieder runter und weiter den steilen, inzwischen sehr schlammigen, Aufstieg zum Karwendelhaus, das ums Verrecken nicht auftauchen mag.

Nach 15 Minuten startet der liebe Gott die zweite Welle. Das bedeutet, dass alle Schleusen des Himmels wieder voll geöffnet sind. Die Regengüsse vor 20 Minuten waren dagegen eher erbärmlich.

Da keiner anhalten wollte, war ich auch zu faul für Poncho und Rucksackhülle und befestigte lediglich mein Regenschirm-Patent über mir. Wir sollten ja gleich da sein.

Der steile Weg hört und hört nicht auf und verwandelt sich zusehends in einen kleinen Sturzbach, der uns ziemlich braun entgegenkommt. Kuhscheiße und Schlamm vermischen sich zu einer einheitlichen Masse, die sanft um unsere Schuhe strömt, aber auch unaufhaltsam in diese sickert. Egal, wer welchen Regenschutz hat, wir sind alle drei bis auf die Haut an jedem Zentimeter des Körpers durchnässt. Der Weg nimmt kein Ende und der gefährliche Starkregen leider auch nicht. Die Regentropfen sind so groß, dass man meinen könnte, es seien Hagelkörner.

Endlich kommen wir über die Kuppe, die wir schon seit 45 Minuten fixieren, aber erschrocken stellen wir fest, dass immer noch kein erlösendes Haus zu sehen ist. Lediglich eine weitere Kuppe in der Ferne ist zu erahnen. Die Stimmung bei allen sinkt massiv.

Gegen 17:30 Uhr wird die Sicht etwas besser und endlich liegt das Karwendelhaus vor uns. Die Erleichterung ist uns allen anzusehen! Wir kommen an, und stellen fest, dass es hier trotz der 250 Übernachtungsmöglichkeiten vollkommen überfüllt ist. Wir sind alle drei Einzelgeher und bekommen als DAV-Mitglied doch noch was von der „Notreserve" und auch einen gehörigen Anschiss, weil wir nicht reserviert haben.

Auf in den Trockenraum, um endlich die nassen Klamotten auszuziehen.

Zu den Schlafräumen darf man nur mit Hüttenpantoffeln und so müssen wir uns zuerst umkleiden.

Der sogenannte Trockenraum ist ca. 2,5 x 5 Meter groß und aufs Heftigste überfüllt. Hier liegen und hängen die Klamotten, Socken und Schuhe von circa 250 Menschen. Hier drinnen riecht es ziemlich anspruchsvoll nach Mensch, Fuß, Schweiß und Synthetik.

Der Lufttrockner ist gnadenlos überfordert, so wie auch ich – schnell raus hier.

Ich fand im Trockenraum leider nur Platz für Poncho, Schuhe und Socken.

Jetzt zum Matratzenlager, Bett aussuchen und Klamotten wechseln. In den Fluren sind an den Wänden entlang noch Wäscheleinen, die leider auch zu 150 % befüllt sind.

Mein Lager ist im zweiten Stock und ich hänge meine durchgeschwitzten Klamotten einfach auf das Treppengeländer.

Duschen kann man nicht, also nur Waschen mit der Hand. Mist, schlecht geplant, ich habe tatsächlich keinen Waschlappen. Egal, es muss auch so gehen und ich schreibe „Waschlappen" auf meine virtuelle Einkaufsliste.

Als die Hektik etwas nachlässt, will ich etwas trinken und essen, aber auch die Wirtsstube ist extrem überfüllt. Der Wirt bringt drei Hocker, für uns und bittet die Herren an einem größeren Tisch etwas zu rutschen. Die Herren aus „was weiß ich woher" verstehen zwar Deutsch, ignorieren den Wirt und uns komplett und rutschen einfach nicht. Ist verständlich, die waren ja schließlich früher da, die Arsch…!

Acht Personen können jetzt an dem Tisch Ihre Arme nach rechts und links locker ausstecken und drei andere müssen schräg sitzen, da die Schulter sonst nicht nebeneinander passen. Diese drei sind Silvia, Carsten und ich. Unsere Bitten, doch etwas zu rutschen, werden einfach ignoriert.

Ich trinke heute mal keinen Alkohol, um das Schnarchen eventuell etwas zu minimieren. Obwohl, wenn ich wüsste, dass diese fünf ungehobelten Typen bei mir im Zimmer sind, dann gib ihm, her mit dem Bier.

Ich merke erst jetzt, wie fertig ich tatsächlich bin und dass ich starke Schmerzen an der Achillessehne habe. Das ist neu, und ich kann kaum mehr laufen, was auch den anderen Wandersleuten auffällt.

Bald geht es ans Bestellen und ich entscheide mich für Tiroler Gröstl und alkoholfreies Weizenbier. Dann erkläre ich einem Berliner hinter mir, was ein Gröstl ist und er bestellt auch so ein „Geröstel" und ein kleines Bier. Irgendwie ist das Weizen nicht so wohlschmeckend und so muss doch noch ein Radler dran glauben.

Da wir an unserem Tisch nach wie vor ignoriert werden, gehen wir nach dem Essen zu den anderen von heute Morgen, die alle im Nebenzimmer sitzen. Hier ruckt man freundlich zusammen, sodass wir auch noch Platz haben. Die ganze Meute wird morgen um 07:30 Uhr loslaufen, aber ob ich da dabei bin, weiß ich aufgrund meiner Achillessehne noch nicht. Jetzt noch einen letzten Almdudler und schon um 19:30 Uhr gehe ich ins Lager, um noch zu lesen. Ich muss auch dringend meine Beine hochlegen.

Um 21:00 Uhr bin ich dann endgültig bettfertig, und mir verreißt es gleich die Linse und so schlafe ich schnell ein. Leider werde ich kurz darauf geweckt, als jemand von unten an die Stockbett-Matratze kickt, da ich wohl schnarche. Jetzt bin ich wach und merke, dass ich auch noch Bauchschmerzen und starke Blähungen habe, was in einem sechs Quadratmeter Raum mit neun fremden Menschen mehr als unangenehm ist.

Ich schnarche anscheinend in jeder Lage und werde immer wieder von allen Seiten geweckt. Aus Angst vor Schnarchen und Blähungen schlafe ich die nächsten vier Stunden nicht und warte einfach auf den Morgen.

Das waren dann heute stramme 27,1 sehr nasse Kilometer mit 1.276 Metern Aufstieg und knapp 300 Metern Abstieg.

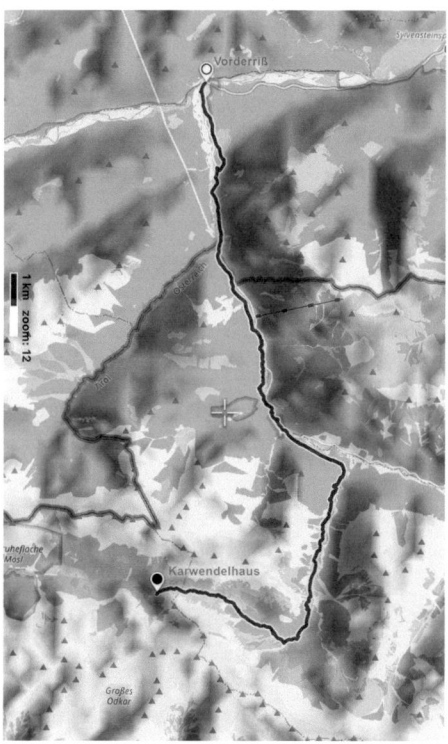

Tag 19: 27,13 km, +1.276 m/–296 m

Die Königsetappe – Tag 20
Donnerstag, 28. Juli

Das Karwendelhaus im Morgenlicht

Wenn ich mit den andern aufbrechen möchte, müsste ich um 06:30 Uhr aufstehen. Kein Problem, wach wäre ich ja schon. Die Nacht mit meinen Beschwerden zwischen den ganzen Menschen war Horror für mich. Dauernd wurde ich geweckt und habe in der Konsequenz dann gar nicht mehr geschlafen. Um 06:00 Uhr sind die meisten dann lärmend aufgestanden und damit war es eh vorbei mit dem Ruhen. Die Schmerzen sind immer noch sehr präsent und so nehme eine Schmerztablette, was sich im weiteren Tagesverlauf als gute Entscheidung herausgestellt.

Um 07:20 Uhr gab es dann noch zünftiges Hüttenfrühstück. Eine Tasse Kaffee, zwei Scheiben Schwarzbrot vom Vortag (oder der Vorwoche), drei Scheiben Wurst, drei Scheiben Käse und Marmelade erleichtern meinen Geldbeutel um 9,80 Euro.

Bis ich alles zusammengepackt habe und in meine immer noch sehr nassen Socken und Schuhe geschlüpft bin, wird es 07:50 Uhr, bis ich starte. Silvia und Carsten wollten auf mich warten, sind aber auf mein Bitten hin doch schon früher los. Ich werde die beiden einholen, nehme ich mir mutig vor.

Über ein nahezu unendliches Geröllfeld geht es wieder brachial und permanent nach oben. Bei jedem Schritt rollt der Pseudo-Weg unter den Füßen weg und das kostet Zeit und vor allem Kraft.

Kurz vor dem Gipfel hole ich Silvia und Carsten tatsächlich ein. Die beiden haben mich wohl schon länger bei meinem Spurt beobachtet und dank der

Auf dem Weg zur Birkkarspitze

Schmerztablette war es auch erträglich. Um 11:00 Uhr stehen wir stolz auf der 2.700 Meter hohen Birkkarspitze.

Die letzten drei Stunden waren geprägt durch viele Höhenmeter über riesige Geröllfelder und vorbei an großen Schneefeldern. Die Temperatur sinkt inzwischen auf unter 10 Grad und so ziehe ich meine Jacke über mein komplett verschwitztes Shirt. Hier, am Gipfel, machen wir jetzt Pause und Brotzeit. Nun kommt plötzlich starker Nebel auf und dieser zieht, mit noch mehr Kälte, über den Grat, an dem wir im Moment rasten. Auf der einen Seite erkennt man den Weg, den wir aufgestiegen sind, auf der anderen ist der gewaltige Abgrund, den wir absteigen müssen, zu erahnen. Und da es immer kälter wird, und uns, eh nichts anderes übrigbleibt, steigen wir halt ab. Schnell merken wir, wie heftig steil es hier nach unten geht. Nicht umsonst ist das, laut Reiseführer, eine der Königsetappen der ganzen Tour. Schon beim Aufstieg habe ich bei einigen Kletterpassagen mit Stahlseil zwei Damen überholt, die nicht mehr weiterkonnten und einen totalen Blackout hatten. Aber inzwischen bin ich ja ein Profi und habe mich auch an meine 18 Kilogramm Last gewöhnt. Behände wie eine Gams springe ich von Stein zu Stein, bis es mich ordentlich hinknallt. Das war

Abstieg von der Birkkarspitze

bisher mein stärkster „Hinknaller" und das auch noch in Gesellschaft. Es tut echt weh, aber ich springe schnell wieder auf und rufe: „Nichts passiert". 15 Minuten später macht Carsten mich darauf aufmerksam, dass ich den nachfolgenden Wanderern einen Gefallen tue, indem ich den Weg genau markiere. Das Markieren übernimmt mein rechter Arm,

Blick auf die Kastenalm

von dem das Blut in schöner Regelmäßigkeit herabtropft. Mist, ich habe mir den Ellenbogen ganz schön aufgeschlagen und über meinen Arm laufen kleine Rinnsale bis zur Abtropfstelle am Handgelenk. Silvia möchte mir gleich einen Druckverband mit Mullbinde verpassen, aber ich begnüge mich mit Tempo und einem dicken Pflaster von Carsten.

Der Abstieg zieht sich und wir stolpern weiter über Geröll, Geröll und nochmals Geröll. Viel Zeit, um in Ruhe die Gedanken schweifen zu lassen, habe ich nicht. Ich muss mich auf jeden Schritt immens konzentrieren, was mit der Zeit auch mental ziemlich anstrengend ist. Jetzt ist es so steil, dass kein Schritt da bleibt, wo man ihn aufsetzt. Ich rutsche nur noch bergab und versuche Skitechniken anzuwenden, denn Stöcke habe ich ja. Das funktioniert eigentlich nicht so schlecht, wären da nicht die vielen, vielen kleinen Steine, die von oben in meinen Schuhen landen. Das verursacht dann ziemliche Schmerzen.

Endlich wird es minimal flacher und ich entleere den Schotter aus meinen Schuhen in einer Menge, die beim Baustoffhandel Geld kosten würde.

Seit vier Stunden steigen wir schon ab und es scheint kein Ende nehmen zu wollen. Wir peilen schon länger eine Alm in der Karte an, wo wir rasten können, aber wieder mal lässt sich das Ziel einfach nicht blicken. Bald kommen wir über einen Gebirgsbach mit großen ausgeschwemmten und glasklaren Wasserbecken, das sieht echt genial aus und Silvia kraxelt weiter runter, um zu baden. Wir, Carsten und ich, gehen weiter, um endlich die erlösende Alm zu erreichen. Carsten ist echt am Ende seiner Kräfte und ich merke dadurch, dass ich wohl inzwischen etwas mehr trainiert bin als er. Erst um 16:00 Uhr erreichen wir die Kastenalm, um zu rasten. Bis dahin hat es aber noch mal ordentlich geregnet. Wohl genau zu dem Zeitpunkt, als Silvia beim Baden war. Ich war jetzt schlauer und habe meine Rucksackhülle angelegt und da kaum Wind war, auch meinen Schirm verwendet.

Die Alm ist wirklich genial, und wenn ich einen Senner beschreiben soll, dann sieht der genau aus wie dieser hier. Das war ein echter Alm-Öhi bis auf den modernen Pick-up, der hinter der Hütte steht. Frau Alm-Öhi macht uns Eier mit Speck (bestimmt fünf pro Person) und reicht uns alkoholfreies Weizenbier. Hier treffen wir auch die anderen drei Wanderer von gestern wieder.

Irgendwie sind wir doch alle eine große Familie. Zehn Minuten später kommt auch Silvia vom Baden und es beginnt wieder zu regnen. Ich hoffe, das hat nichts mit ihr zu tun?

Am grob gehauenen Holztisch macht man mich darauf aufmerksam, dass meine Wunde wieder aufgeplatzt sei. Ich bitte die Sennerin um Zewa zur Blutstillung und ärgere mich über mein Missgeschick und die Wunde. Dann bringt Carsten wieder ein Pflaster, diesmal eines von meinen, professionell auf meinem blutenden Arm an.

Es wird 17:00 Uhr und wir haben noch einen Aufstieg von über 500 Meter und zwei Stunden vor uns, also müssen wir dringend los. Beim Aufstieg hängen wir Silvia wieder ab, aber dafür gesellt sich eine andere Dame ohne Namen zu uns. Jetzt habe ich kaum noch Puste, während die Dame und Carsten unentwegt am Quatschen sind und anscheinend nicht atmen müssen.

Wir machen alle 100 Höhenmeter eine kurze Rast und dank meines Höhenmessers in meiner Suunto-Uhr können wir das auch exakt einhalten.

Alle, die wir unterwegs treffen, haben in der Halleranger-Alm reserviert, die angeblich jetzt rammelvoll sein soll. Ich will aber 300 Meter weiter zum DAV-Hallerangerhaus, welches leider aber auch voll belegt sein soll. Wieder habe ich nicht reserviert und ich bin gespannt, was auf mich zukommt. An der Gabelung trennen wir uns, aber verabreden uns für morgen um 07:15 Uhr am Hallerangerhaus, um gemeinsam weiterzulaufen. Einer meiner Wandergesellen kennt einen direkten Weg zum nächsten Etappenziel, der „Lizumer Hütte" über Wattens. Da in meinem Reiseführer der Weg über Hall geht und dann eine Bus- oder Gondelfahrt vorsieht, will ich mich anschließen. Ralphs Wandergesetz darf nicht gebrochen werden.

Ich komme am DAV-Hallerangerhaus an und sehe schon von weiten drei junge, circa 20-jährige Wanderer vor der Türe stehen und warten. Komplett voll lautet die Ansage. Ich frage trotzdem und der Wirt sagt mir dasselbe. Da ich allein bin, soll ich mal warten, eventuell ergibt sich später noch was.

Den dreien (Malte, Florian und Dame mit Namen Franziska) hat er gesagt, dass drei Minuten später eine Wiese kommt, und da stört das Zelten keinen. Ich denke an letzte Nacht im Matratzenlager und frage die drei, ob ich mich anschließen kann. Klar doch, lautet die Antwort. Ich ziehe mich noch schnell auf der Toilette vom Hallerangerhaus um, wir trinken einen Russen und ziehen dann gemeinsam los. Tatsächlich erreichen wir wenige Minuten später einen genialen Platz direkt neben einem Gebirgsbach und mit Freigabe des Hüttenwirts. Alles richtig gemacht, denke ich mir. Wir verteilen die Plätze für die insgesamt drei Zelte. Malte hat, so wie auch ich, ein kleines Zelt für sich. Die anderen beiden, die sich wohl mögen, fast ein Hauszelt. Malte läuft auch, so wie ich, nach Venedig und die beiden anderen sind Studienfreunde, die ihn eine Woche lang begleiten. Die Woche endet morgen, also ist das Ihre letzte gemeinsame Übernachtung. Malte ist groß, braun gebrannt und mit coolem Pferdeschwanz sieht er aus wie ein richtiger Outdoor-Typ. Er hat vor, auf dem offenen Feuer zu kochen und sucht deshalb erst mal Feuerholz, was aber leider nicht sehr erfolgreich ist und der Plan deshalb einer Änderung erfährt.

Jetzt bauen wir alle unser Camp auf und ich zücke alles, was ich in Bezug auf Camp zu bieten habe. Malte sieht immer öfter zu mir rüber und ist anscheinend entzückt, was ich alles aus meinem unerschöpflichen Rucksack zaubere. Irgendwann kann er sich nicht mehr halten und stellt mir interessierte Fragen zu meiner optimierten Ausrüstung. Mit Stolz beantworte ich alles und führe ihm die verschiedensten Gegenstände meiner Ausrüstung vor.

Das ist dann eben das Ultraleichtzelt mit dem Poncho-Tarp und den langen Trekkingstöcken als Stangen, meine Thermarestmatte zum Schlafen und Sitzen, mein Minitisch und meine umgebaute Trangia-Spirituskochstelle nebst dem Topfset. Nicht zu vergessen mein gesamtes Schlafsystem mit Kissen und mein Dusch- und Waschsack. Die Details meiner Präsentation hier aufzuzählen, würde aber den Rahmen sprechen. Aber ja, ich habe den jungen Leuten mal gezeigt, wie campen auch gehen kann. Malte ist sichtlich beeindruckt und ich glaube beinahe, ich habe sein Leben ein wenig verändert.

Jetzt hole ich in meiner Faltflasche noch etwas „Roten" für uns alle beim Wirt der nahen Hütte. Bald sitzen wir gemütlich ums Feuer, das wir lieber, auf Anraten des Wirtes, doch nicht entzündet haben. Jetzt wäre es sehr dunkel, wenn Ralph nicht seine neue LED-Lampe, die mehr oder weniger per Express von Globetrotter kam, gezückt hätte. An einem knorrigen Stock, der im Boden steckt, spendet sie nun inmitten von uns gemütliches Lagerlicht.

Natürlich haben wir auch gekocht und hervorragend gegessen. Leider beginnt es nach dem Essen wieder zu regnen und ich setze mich unter mein Vorzelt, welches nur Platz für 1,5 Menschen bietet, und ernte wieder zustimmende, aber auch leicht neidische, Blicke. „Campmäßig" habe ich hier schon die Schulterklappen an, es kann aber auch durchaus sein, dass die drei mich eher für verrückt halten. Wer weiß das schon genau. Ich denke darüber nach und irgendwie spüre ich dann doch eher Ehrfurcht bei ihnen.

Zum traurigen Regen gesellen sich jetzt leider wieder stärkere Bauchschmerzen und ich verstaue Spaten und Toilettenpapier in meiner Hosentasche und täusche einen Nachtspaziergang vor. Irgendwie glaube ich aber, die haben an meinem verkrampften Gesichtsausdruck erkannt, was ich vorhabe. Als ich zurückkomme, sind alle im Zelt und nach einer Imodium schließe ich mich dann auch an.

Heute war eine der schwierigeren Etappen mit 16,7 Kilometer. Und mit 1.471 Meter Aufstieg und 1.465 Meter Abstieg bin ich fast auf dem gleichen Niveau wie heute Morgen.

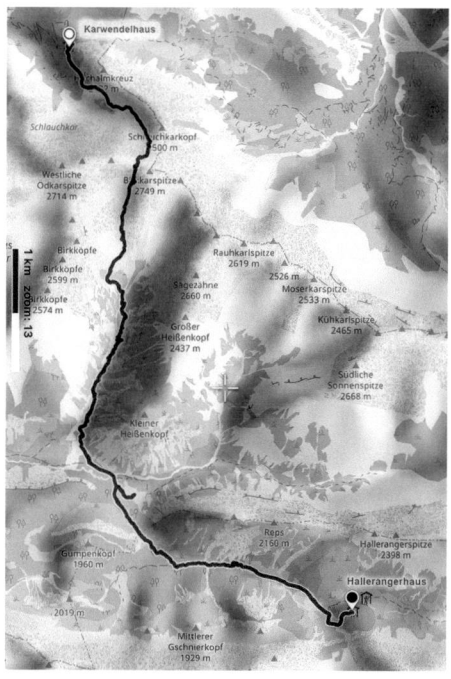

Tag 20: 16,72 km, +1.471 m/–1.465 m

Durch das Halltal ins Tal – Tag 21

Freitag, 29. Juli

Am Lafatscher Bach unterhalb der Hallerangerspitze

Morgens, um 6:30 Uhr werde ich wach und denke nicht mal im Geringsten daran, aufzustehen. Draußen regnet es in Strömen und bei dem Wetter mein Edel-Camp abzubauen, kommt absolut nicht in die Tüte. Der Plan steht also, ich bleibe erst mal im Trockenen liegen.

Die anderen drei wollten heute Morgen auch um 6:00 Uhr aufstehen, ich höre aber keinerlei Geräusche und gehe davon aus, die haben die gleiche Idee wie ich. Gegen 8:00 Uhr lässt der Regen nach, ich höre Geräusche von den Nachbarn und krabble langsam auch aus dem Zelt. Guten Morgen!!!

Ich frühstücke erst mal mit Müsli und heißen Kaffee und ernte leicht neidische Blicke. Während ich frühstücke, bauen die anderen ihr Lager ab, um in der Hütte weiter oben zu frühstücken.

30 Minuten später verabschieden wir uns herzlich und wünschen uns alles Gute. Malte könnte ich eventuell auf dieser Reise wieder mal treffen.

Carsten, Silvia und die anderen Wanderfreunde von gestern kommen jetzt gerade vorbei und rufen laut nach mir. Sie sind also auch nicht, wie geplant, um 7:15 Uhr losgekommen. Ich laufe Ihnen entgegen und verabschiede mich herzlichst von Ihnen. Ich werde noch etwas brauchen, um mein Lager abzubauen. Außerdem habe ich beschlossen, heute direkt nach Hall abzusteigen und dort zu übernachten.

Also dann tschüss ihr alle, wir werden uns wahrscheinlich nicht wiedersehen.

Um 10:15 Uhr starte ich mit meinem Abstieg nach Hall in Tirol. Vorher muss ich aber leider noch über 300 Meter aufsteigen, um über das Lafatscherjoch zu kommen. Der Aufstieg ist im wahrsten Sinne des Wortes mehr als beschissen, denn kurz vorher kam mir eine große Schafherde entgegen. Es gibt keine 15 Zentimeter des Weges, die nicht frisch und duftend vollgeschissen sind.

Dank der Schafe trage ich inzwischen an den Füßen sogenannte Stink-Stiefel, die mich um 11:15 Uhr aber trotzdem über das Gipfelkreuz des Lafatscherjochs bringen.

Kurz darauf, bei 2.081 Höhenmetern, überquere ich den Kamm. Wie auch schon die letzten Tage habe ich leider wieder mal einen Gipfel mit „null Komma null" Fernsicht. Alles ist im Nebel, klamm und kühl. Mir wird bewusst, dass ich bisher keinen einzigen richtigen Gipfelfernblick erlebt habe.

Inzwischen kämpfe ich mich schon länger abwärts und es wird Zeit für eine Rast. Fünf Minuten später sehe ich einen großen Stein, der wie geschaffen für dieses Vorhaben aussieht. Ich sitze Probe, aber unterschätze das Gewicht meines Rucksacks. Na, was glaubt ihr, was passiert?

Klar, der Ralph kippt nach hinten über und liegt nun hinter dem Stein auf seinem Rucksack wie eine Schildkröte und steckt alle vier Gliedmaßen in die Höhe.

Peinlich berührt rappele ich mich wieder auf, klopfe den Dreck von der Hose und bin sehr froh, dass mich niemand gesehen hat und hier auch keine Schafe waren. Zehn Minuten später gibts einen geraden Stein und ich starte einen neuen Versuch. Diesmal funktioniert es und ich mache Rast mit Elektrolyten und Vanilleschnitte.

Gestärkt geht es weiter mit dem Abstieg über große Geröllfelder, was mich sehr, sehr nervt, da ein

„Fernsicht" am Lafatscherjoch

entspanntes Laufen nicht möglich ist.

Um 12:40 Uhr komme ich endlich raus aus dem Drecksgeröll und nach kurzer Zeit erwarten mich üppige und grüne Wiesen mit zahlreichen Schmetterlingen und summenden Bienen, die fleißig ihren Nektar sammeln. Dazu scheint inzwischen auch noch die Sonne und so gibt es gratis auch gleich noch eine Runde Glücksgefühl.

Das Glücksgefühl verschwindet abrupt und ich habe mich wohl etwas zu früh gefreut, denn der schmale Pfad durch die Wiesen entpuppt sich inzwischen als gefährliche und steile Schlamm-Rutschpartie. Während ich mich noch darüber ärgere, aber auch akribisch aufpasse, meine Schuhe nicht im tiefen Schlamm zu „versenken", macht es „bauz" und ich liege mit dem Hintern im Morast. Klasse, heute komme ich wohl noch in das Städtchen Hall in Tirol. Die Leute dort werden sich sicherlich sehr freuen, wenn sie mich von hinten zu sehen bekommen und meine braunen Streifen auf der Hose entdecken.

Während ich mich noch über mein Missgeschick ärgere, fällt mir ein, dass ich genau diese Situation schon einmal hatte, und schmunzle innerlich über meine Beharrlichkeit. Was ist denn das vor mir, denke ich mir und schon ist es so weit und mir kommt ein „Aufwärtsrenner" entgegen. In einer wahnsinnigen Geschwindigkeit hopst der Typ diesen Schlammpfad nach oben und zieht mit einem Windschwall an mir vorbei. Ich beobachte ihn, und denke mir, das könnte ich aufgrund meiner aktuellen Kondition jetzt bestimmt auch, wenn ich nur keinen Rucksack hätte. Obwohl, denke ich bei mir, ich habe mich doch eher auf Langdistanz spezialisiert.

Ich freue mich noch mal über meine inzwischen etwas bessere Kondition und flatsch, liege ich wieder mit dem Hintern im Schlamm. Einmal ist keinmal, zweimal ist zweimal und dreimal ist eben dreimal. Meine Hose freut sich.

Inzwischen ist die Wiese einem Wald mit viel Gestrüpp gewichen, in dem eine extrem hohe und unangenehme Luftfeuchtigkeit herrscht.

Irgendwie ist das momentan nicht der versprochene Traumpfad, sondern eher der Albtraumpfad. Das Klima ist hier exakt so, wie ich es mir in einem tropischen Regenwald vorstelle. Es fehlen nur noch Pfeilgiftfrösche, giftige Vipern und Taranteln.

Gegen 13:00 Uhr gibt es endlich wieder ordentliche Wege und um Viertel vor zwei gibts ein Radler beim ersten Gebäude, das ich sehe, beim St. Magdalena Haus. Nachdem der Durst gelöscht ist, gehe ich weiter und bemerke einen Megariesenstich, der stark juckt an meiner linken Wade. Der ist fast zu groß für eine Stechmücke und ich vermute, es war doch eine Tarantel.

Über üppige Wiesen nach Hall in Tirol

Weil es so schön ist, geht es jetzt wieder mal sehr steil nach unten über Geröll und Waldboden. Nach einiger Zeit verlasse ich aber den Pfad und komme auf eine schmale Teerstraße, die entlang der Hall (das ist der quirlige Fluss links neben mir) langsam aus dem Halltal herausführt. Vor mir öffnet sich behutsam das Tal in Richtung Zivilisation!

Jetzt treffe ich doch wieder einen alten Bekannten, nämlich den österreichischen Teil des Jakobswegs, der hier durch Hall in Tirol führt. Langsam erblicke ich auch die ersten Häuser und bemerke zeitgleich, dass der Weg, den ich die letzten 30 Minuten gelaufen bin, im Winter eine lustige und lange Rodelbahn ist.

Ich laufe noch circa 30 Minuten durch ein Wohngebiet, schalte dann das Handy an und informiere mich über mein Tagesziel. Klasse, die haben hier einen Campingplatz nahe der Innenstadt, der zugleich mit dem örtlichen Freibad verbunden ist. Das klingt schon verlockend für mich und ich beschleunige meine Schritte.

Es dauert allerdings noch über eine Stunde, bis ich dort ankomme.

Dafür empfängt mich Helmut vom Empfang des Campingplatzes überaus freundlich und ich bekomme einen kleinen Platz für mich allein.

Nach einer Stunde ist alles aufgestellt und auch die überaus wichtige Wäscheleine ist gespannt.

Auf dieser hängt jetzt gleich meine gesamte Ausrüstung zum Trocknen. Meine Schlafsäcke, ISO-Matte, Kissen und so weiter sind nach wie vor alle nass.

Da ich gerade im „Flow" bin, und die Sonne noch trocknende Strahlen aussendet, wasche ich gleich noch meine gesamte Wäsche und hänge diese ebenfalls auf.

Trocknen der Ausrüstung

Ich bin direkt neben einer Hecke, wo es etwas eng zugeht, und deswegen möchte ich ein paar herausstehende Äste entfernen. Leider sind da lange Dornen dran und ich benutze deshalb mein Messer. Beim dritten Ast rutsche ich ab und haue mir einen circa acht Millimeter langen, schwarzen Stachel direkt unter den Fingernagel des rechten Daumens. Nach dem ersten Fluchen kommt Freude auf, denn jetzt kann ich endlich meine Pinzette benutzen. Ich möchte ja keinen Ausrüstungsgegenstand umsonst dabeigehabt haben.

Etwas vorsichtiger schneide ich jetzt weitere Dornenäste ab. Und da ich außer der Badehose momentan eh fast nichts zum Anziehen habe, geht es für eine Stunde ins Freibad zum Entspannen der Glieder und um zu warten, bis die Sonne ihren Trocknungsjob erledigt hat.

Als ich zurückkomme, wurde direkt neben mir ein weiteres Zelt aufgebaut. Es sind zwei Jungs, die auch nach Venedig wollen, aber mit den Fahrrädern unterwegs sind. Es sind also Venedig-Radler. Die beiden heißen beide Michael, kommen aus Husum und wir verabreden uns für später, um zusammen in der Innenstadt etwas zu essen.

Später sitzen wir gemütlich im Restaurant *Geister Burg* und für mich gibt es eine köstliche Tiroler Spezialität, nämlich ein Tris. Es schmeckt hervorragend und beim späteren Bezahlen verwende ich einen der 100-Euro-Scheine, die ich in meinem geheimen Gürteltresor aufbewahre.

Leider ist mein Gürtel durch das ständige Schwitzen dermaßen nass, dass sich der 100-Euro-Schein ziemlich verfärbt und irgendwie die Farbe des Leders angenommen hat. Ich warte also, bis es etwas dunkel wird, und bezahle dann im Zwielicht. Alles funktioniert jetzt reibungslos.

Die beiden Michaels gehen schon vor mir und ich trinke noch gemütlich mein Getränk aus. Als ich zurücklaufe, sehe ich die pittoresken Lichter der Großstadt Innsbruck in Richtung Hall scheinen. Das sieht schon irgendwie richtig cool und inzwischen leicht fremdartig für mich aus.

Ruckzuck verschwinde ich im Zelt und denke über den morgigen Tag nach, der hier in Hall als Pausentag verbracht wird. Dann lese ich noch etwas, um mich kurz darauf dem Schlaf hinzugeben.

Heute war es mit 15,66 Kilometer ein vom Abstieg geprägter Tag. Über 1.500 Meter ging es runter, aber nur 381 Metern hoch.

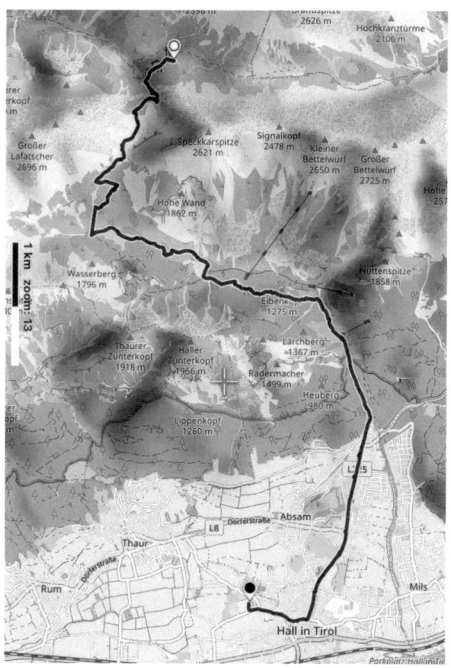

Tag 21: 15,66 km, +381 m/–1.576 m

Chillen in Hall – Tag 22
Samstag, 30. Juli

Trotz des heutigen Pausentags bin ich um 08:30 Uhr aufgestanden, habe geduscht und mich auch mal wieder rasiert. Das war wohl bitternötig, da ich vermute, andere Menschen haben inzwischen Angst vor mir.

Die Sonne scheint, mein Camp steht perfekt und nebenan öffnet gerade das Freibad. Ich freue mich auf einen sonnigen und entspannten Samstag in Hall.

Zuerst habe ich circa eine Stunde ausgiebig im Freibad-Café gefrühstückt und mich dabei mit der weiteren Tourplanung beschäftigt. Am Ende habe ich noch den übrigen Zucker vom Kaffee mitgehen lassen, um meine Ausrüstung kalorientechnisch aufzustocken.

Am heutigen Chill-Tag muss aber trotzdem gearbeitet werden und so habe ich den Rest meiner Wäsche noch gewaschen und zum Trocknen in die gleißend heiße Sonne gehängt.

Die beiden Radfahrer-Michels sind weg und neue Nachbarn bauen gerade ihr Zelt direkt neben mir auf. Diese sind nun ein holländisches, sehr junges Rucksackpärchen, welche jetzt wortlos vor ihrem Zelt sitzen und apathisch in Ihre Smartphones gucken. Jeder wie er will, denke ich mir und grüße aber freundlich rüber. Sie beachten mich nicht ansatzweise, loben nicht mein Camp und antworten auch nicht auf meine Begrüßung. Auch ein zweites, lauteres „Hallo" bleibt unbeachtet. Das Thema Nachbarn ist somit für mich abgehakt. Begründung: unsympathisch. Hoffentlich schnarche ich heute Nacht auch recht lautstark.

Um 11:00 Uhr mache ich mich auf, um die Haller Innenstadt zu erobern.

Davor aber habe ich aber noch den Drucker von Helmut, der am Empfang arbeitet, repariert. Das hat mir dann eine kostenlose Übernachtung beschert, was meinem Geldbeutel sehr zugutekommt. Ja, gelernt ist gelernt, denke ich mir und freue mich über diese Win-win-Situation.

Ich laufe in die Innenstadt und dabei wird mir bewusst, dass ich heute auf den Tag genau drei Wochen unterwegs bin. Da ich in diesen drei Wochen schon einiges Aufregendes erlebt habe, genieße ich den heutigen, sonnigen Tag vollkommen und in aller Ruhe.

In Hall selbst habe ich aber trotzdem einiges zu erledigen. Ich brauche verschiedene Hygieneartikel, einen kleinen Waschlappen und weitere wichtige Utensilien für meine Ausrüstung, die mir inzwischen ausgegangen sind. Zusätzlich muss ich noch meinen Innenschlafsack aus hauchdünner Seide reparieren lassen, denn leider war meine selbst genähte Naht doch nicht so haltbar wie erhofft. Ich suche eine Änderungsschneiderei, finde diese und die Mission Seidenschlafsack wurde erfolgreich für 5,00 Euro abgeschlossen.

In der nahen Drogerie wurde auch die nächste Mission erfolgreich abgeschlossen. Es gab feuchte Reinigungstücher, Hirschtalg für die Füße, Tempos für die Nase, eine leichte Handbürste für die Schlammschuhe, eine kleines Mikrofaser-Spültuch (als Waschlappen – für Hütten ohne Dusche) und Gummihandschuhe. Aus den Gummihandschuhen schneide ich mir eine runde kleinen Gummimatte raus, um Abflüsse in Waschbecken zum Wäschewaschen abzudichten. Mein Waschsack ist zwar gut, aber wenn alles sehr dreckig ist, muss man schon sehen, wo man reibt. Dazu braucht man ein Waschbecken, welches eben nicht gleich wieder abläuft. Dazu dient das runde Gummiteil aus dem Kunsteuter (MacGyver lässt grüßen).

Nach dem Einkauf sticht mir die Kneipe *Augustiner Bräu* in Hall in die Augen und ich nehme das Angebot der Werbetafel gern an. Eine Weißwurst-Weizenbier-Combo im *Augustiner Bräu* für 5,70 Euro. Das ist für zwei Weißwürste mit Breze, Händlmaier Senf und 0,5 Liter Augustiner Weizenbier unschlagbar. Es schmeckt köstlich, nur muss ich zwecks der schnellen Verdunstung noch ein weiteres Weizenbier nachbestellen. Währenddessen erledige ich noch einige Anrufe mit der Familie, damit auch alle wissen, dass es mir gut geht.

20 Minuten später sitze ich in einer Eisdiele bei Espresso und Hugo und genieße den sonnigen Tag. Auf jeden Fall fast und so gut es geht.

Neben mir nimmt jetzt ein Pärchen Platz und ihr hechelnder und stark muffelnder Kampfhund setzt sich direkt zu meinen Füßen.

So mag der Ralph das gern. Wenn der Hund schon etwas riecht, dann lieber rüber zum Nachbartisch mit ihm. Das Muffeln und Hecheln hört nicht auf und so zahle ich und verlasse diesen Ort.

Ich gönne mir jetzt noch zwei in die Waffel und mache mich auf den Rückweg, um dann gegen 15:00 Uhr im Freibad auf meinem Mini-Mikrofaserhandtuch zu liegen und in der Sonne zu baden.

Baden, lesen, baden und das bis 17:45 Uhr auf dem kleinsten Handbuch des ganzen Freibads, wenn nicht sogar der ganzen Welt.

Zurück am Campingplatz merke ich, dass eigentlich fast ausschließlich niederländische Camper anwesend sind, die das Geschehen am Campingplatz mit ihrer lauten, und für mich, eigentümlichen Sprache dominieren. Aber ich genieße den Trubel doch ein wenig, denn bald werde ich wieder einsam und allein durch die Welt wandern.

Am morgigen Tag möchte ich früh los und so habe ich heute schon ausgecheckt, und wie von Helmut versprochen, nur die Hälfte bezahlt. 14,50 Euro für zwei Tage Campen inklusive Freibad ist sehr fair.

Für den heutigen Abend beschließe ich, die Innenstadt zu meiden, und dafür in der Kneipe nebenan zu dinieren. Der Rotwein war leider viel zu warm und das

Cordon bleu war unteres Kantinenniveau, hat aber trotzdem satt gemacht. Hier kann ich nicht länger bleiben, und so verlange ich die Rechnung und begebe mich zum Minigolfplatz nebenan, der eine richtig schöne Kneipen-Lounge im Außenbereich hat. Hier sitzen auch mehrere Menschen gemütlich zusammen, ohne minizugolfen.

Gerade sitze ich bei meinem ersten Getränk, als ein Megagewitter ins Tal zieht und losbricht. Schnell sprinte ich zum Campingplatz, um mein Camp katastrophensicher zu machen. Dabei platze ich am Camping-Vorplatz mitten in eine holländische Veranstaltung rein. Eine echte Tiroler „Musi" spielt live und das holländische Publikum jeden Alters sitzt klatschend und irgendwie auf eine alberne Art singend im Stuhlkreis auf Ihren Camping-Hockern um die Lederhosen Musikanten herum. Ich muss grinsen und laufe schnell weiter.

Als ich zurückkomme, bauen sie wegen des Gewitters schon ab, verabreden sich aber alle für das nächste Jahr zur gleichen Zeit am gleichen Ort.

Das Camp ist gesichert und nun schnell wieder zurück zu meinen Getränken am Minigolfplatz. Angekommen muss ich hurtig unters Dach umziehen und schnappe in Windeseile meine beiden Gläser. Das Weinglas halte ich sicherer, aber das Wasserglas kommt mir leider aus. Ich versuche den Fall mit meinem Fuß (mit Sicherheitsbadeschlappen) zu bremsen und blute leider nun am Zeh. Das Glas zersplittert trotzdem lautstark am Boden in viele kleine Scherben und ich bin mal wieder mit rotem Kopf im Mittelpunkt. Ich entschuldige mich höflichst bei der Bedienung und nehme mit Scham unter dem schützenden Dach Platz. Natürlich bekomme ich als netter Gast gleich ein neues Glas.

Das Gewitter hat es in sich und nachdem es etwas nachgelassen hat und meine Getränke leer sind, schlendere ich gemütlich zu meinem Camp.

Zuvor möchte ich noch meine Solar-Powerbank am Empfang holen, die Helmut für mich lädt und nach seiner Aussage die ganze Nacht liegen lässt.

Leider ist das aufgrund des Gewitters nicht ganz so, denn Helmut hat zugesperrt und sicher, auch wegen des Gewitters, alles ausgesteckt.

Ich sehe meinen lebensnotwendigen Stromspeicher also ausgesteckt, nicht geladen und unerreichbar durch Scheiben im verlassenen Büro liegen. Für heute habe ich Pech gehabt. Also bleibt mir nichts anders übrig, als ins Bett zu gehen.

Ich habe heute wieder stärkere Rückenschmerzen und so nehme ich vor dem Schlafengehen noch lindernde Schmerzmittel ein. Gut sechs Kilometer bin ich dann heute doch gelaufen. Morgen geht es nach Wattens und von da ab endlich wieder einen Berg hoch.

Hollereididudeljö

Verirrt im dunklen Wald – Tag 23
Sonntag, 31. Juli

Der Wecker klingelt um 06:45 Uhr. Rasches Aufstehen und Zusammenpacken ist wieder mal angesagt, denn heute habe ich ein extra langes Stück des Weges nach Süden vor mir.

Aufbrechen kann ich aber noch nicht, denn ich muss noch auf Helmut warten, da er ja noch meine Powerbank hat. Er kommt leider erst um 08:30 Uhr, gibt mir aber alles schnell zurück. Bedauerlicherweise auch eine mehr als leere Powerbank. Wir verabschieden uns wie alte Freunde und ich gehe pfeifend des Weges. Sehr weit komme ich nicht, denn das Freibadbistro lädt mich zu einem schnellen Frühstück ein. Dabei gibt es wenigstens noch für 30 Minuten Strom für meinen Akku.

Nun ist es dann doch schon 09:15 Uhr, bis ich tatsächlich loskomme. Auf gehts nach Wattens in Tirol – ich pfeife wieder.

Neun Kilometer sind es von Hall nach Wattens und ich laufe stromabwärts am grünen Inn entlang. Meine Stimmung ist inzwischen nicht mehr am Höhepunkt und so pfeife ich auch nicht mehr. Ungünstiger Weise regnet es inzwischen permanent und das auch noch von oben.

Gegen 11:00 Uhr begrüßt mich das Ortsschild von Wattens und Gott sei Dank hat der Regen etwas nachgelassen. Ich freue mich

Überquerung des Inn

ganze zehn Minuten lang, bis es erneut zu regnen beginnt.

Trotz Regens bin ich schon wieder ziemlich durstig und als ich an einer Bar vorbeikomme, trete ich kurz entschlossen ein, um lebenswichtiges Radler in meinem Körper nachfüllen.

Es ist Sonntagvormittag, drinnen ist alles verqualmt und an einigen Tischen schlafen junge Tiroler Herren, die wahrscheinlich noch von gestern hier sind.

Von der, auch sehr müden Bedienung bekomme ich mein Getränk. Kurz darauf werde von einem ziemlich betrunkenen, jungen, gepiercten, Wattenser Herren angesprochen und er fragt, was ich hier denn mache.

Ich erzähle ihm von meiner Wanderreise und er stellt sich als Justin vor – ist klar. Er ist mit Freundin und Mama anscheinend seit gestern Abend hier.

Er erzählt der ganzen Kneipe lautstark von mir und meiner Tour. Dann meint seine Freundin, er solle doch auch so eine Tour machen, bevor die Kinder da sind. Da würde er dann vielleicht auch nicht so viel saufen.

Mama meint stark lallend, dass der Justin das auf jeden Fall locker könnte, denn er war ja schließlich in der Armee und da hat er alles gelernt.

Ich versuche, mir Justin bei der Armee vorzustellen, und weiß jetzt auch sicher, was er da am allerbesten gelernt hat. Wobei ihm die Mama sicherlich bei der Vorbereitung geholfen hat.

Während ich still an meinem Radler nippe, fängt eine hitzige Diskussion über Soldaten, Wanderer und Alpenüberquerer statt, während dieser, der tolle Justin auch lautstark alle Wanderer aus Deutschland über einen Kamm schert und leider auch ordentlich beleidigt. Während er allen Beteiligten seinen Hass auf diese Menschen lautstark kundtut, wird Mama immer leiser und ich denke bei mir, dass es besser ist, mal lieber die Waschräume aufzusuchen, um dieser Diskussion zu entgehen. Wahnsinn hier, denke ich mir im Waschraum. Sogar die Toilette trägt mein Motto, denn die Schüssel ist von der Firma „Laufen".

Als ich zurückkomme, wird immer noch hitzig diskutiert und so trinke und zahle ich schnell und verabschiede mich dann von Justin und seiner Familie. Irritiert und fassungslos ziehe ich, innerlich kopfschüttelnd, weiter.

Raus aus Wattens und rein in den bergigen Wald. Es ist extrem steil hier und ich gewinne schnell an Höhe, verliere im Gegenzug aber auch schnell an Kondition. Ich bin mal wieder komplett allein mit mir und der Natur, was mir aber gerade ganz recht ist. Ich könnte mich eh nicht unterhalten, da mir eindeutig die Luft dazu fehlt.

Da, ein Schild „Weitwanderweg München-Venedig" – hier bin ich also richtig. Ich kämpfe mich einen Kreuzweg mit unterschiedlichen Stationen nach oben und bleibe an einer ehrfurchtsvoll stehen. Hier steht geschrieben: *Wer bis zum Ende standhaft bleibt, der wird errettet.* Na also, dann weiß ich jetzt, was ich zu tun habe und bleibe sicherheitshalber mal standhaft.

Schon über 300 Höhenmeter habe ich seit Wattens geschafft und der Regen lässt gottlob wieder etwas nach. Als Kontrastprogramm gibt es jetzt aber dichten Nebel und was viel schlimmer ist, unendlich viele Bremsen. Die warten nur so auf stark riechende und verschwitzte Menschen wie mich.

Ich beschließe kurz darauf Mittagsrast mit Eiweiß-Riegel und Brause zu machen und eine kleine Regeneration beginnt, bevor ich auch schon wieder starte. Langsam und beständig geht es immer weiter hinein in das Wattental, während die Zivilisation langsam hinter mir im Nebel verschwindet. Ich sehe keine anderen Wanderer, fühle mich einsam und schwitze sehr.

Heute muss ich noch bis zur Lizumer-Hütte, die aber hier nirgendwo angeschrieben steht. Ein schlimmer Gedanke beschleicht mich: Ist diese eventuell noch so weit weg, dass eine Ausschilderung hier keinen Sinn mach?

Ich folge dem Pfad weiter, den ich erst heute Morgen rausgesucht habe. Es ist auch ein ganz besonderer Pfad mit Namen „Gamssteig". Der Gamssteig verläuft rechts vom Gebirgsbach und wird leider zusehends immer schmaler und enger. Manchmal muss ich mich echt anstrengen den Weg noch zu erkennen. Zweimal verlaufe ich mich, finde den „Gamssteig" gottlob aber immer wieder. Der Outdoor-Ralph lässt sich doch nicht leicht unterkriegen, wäre doch gelacht.

Jetzt kommt ein Baumhindernis. Das umgestürzte Ungetüm mit den vielen Ästen lässt mich auf dem steilen Pfad absolut nicht durchkommen. Man sieht Spuren an den Ästen des Baumes, die wohl von Menschen stammen, die versucht haben, den Baum zu überklettern – wahrscheinlich erfolglos. Ich hege berechtigte Zweifel, ob ich denn hier wirklich auf dem richtigen Weg bin.

Ich stehe also mit meiner schweren Last auf dem Rücken vor dem Baum und versuche zu überlegen, wie ich durchkommen könnte. So wie der Baum und die Situation liegt, ist es aber definitiv nicht möglich hier weiterzukommen.

Der schmale, kaum erkennbare Weg geht steil nach oben, während der Wald links davon sehr abschüssig ist und rechts davon auch steil nach oben geht.

Da umkehren absolut nicht zur Diskussion steht, fährt Outdoor-Ralph die Systeme hoch und überlegt, was Bear Grylls in *Ausgesetzt in der Wildnis* jetzt machen würde.

Klar gibt es einen Plan und so verbringe ich über 15 Minuten bei diesem Baumhindernis damit, mit meinem Taschenmesser und der eingebauten Säge nach und nach die bis zu sieben Zentimeter dicken Äste zu kürzen. Es dauert, aber endlich ist es geschafft, ich kann jetzt darüber klettern, bin aber nun fast genauso verschwitzt, als hätte ich ohne Sägen das Hindernis weitläufig umklettert.

Trotz meines hervorragenden Orientierungssinnes weiß ich nach weiteren 45 Minuten auf dem Gamssteig partout nicht mehr, wo ich nun bin. Ich befinde mich rechts neben dem reißenden Fluss und um mich herum ist sehr steiler und nahezu undurchdringlicher Wald. Ein Weg ist leider inzwischen nicht mehr zu erkennen. Ich gehe davon aus, dass ich abgekommen bin und der Weg weiter oben sein muss. Ich verbringe daraufhin weitere 15 schweißtreibende und keuchende Minuten mit dem Aufstieg durch das dichte Gehölz. Verschwitzt, verkratzt und voller Wald erkenne ich, dass auch dort oben weit und breit kein Weg zu sehen ist. Weiter vorn aber lichtet sich der steile und dichte Wald zu einem Hang mit viel Gestrüpp. Hoffentlich kann ich da etwas mehr erkennen, denn irgendwo muss dieser verdammte Weg ja zu finden sein.

Ich rutsche den Hang wieder hinunter und versuche mich durch das Dickicht zu schlagen. Das Dickicht ist ungefähr eineinhalb Meter hoch und besteht fast ausschließlich aus Brombeersträuchern, Brennnesseln und anderem stacheligen und brennenden Gestrüpp. Ein Weg ist auch hier nicht zu erkennen und ich könnte lauthals schreien.

Natürlich kann der Ralph auf keinem Fall umkehren, denn das widerstrebt dem kontinuierlichen Bewegungsdrang nach Süden sehr. Ich muss also eine Lösung finden, wie ich hier rauskomme. Die Grundrichtung nach Süden sollte aber immer noch stimmen.

Mit meinen Trekkingstöcken als Schutz vor mir, schlage ich mich die nächsten 20 Minuten in kurzen Hosen und T-Shirt durch das Brennnessel- und Stacheldickicht. Inzwischen sehe ich aus wie Sau, alles klebt an mir, ich bin zerkratzt, zerstochen und von Brennnesseln mehrfach genesselt. Leider ist im Wald dahinter auch nicht der kleinste Pfad zu sehen. Ich bleibe stehen und fluche kurz, aber heftig. Wenigstens bin ich aber dem schäumenden Fluss unter mir deutlich nähergekommen.

„Sichere" Flussüberquerung?

Ein Blick auf die Karte zeigt mir, dass auf der anderen Seite des Flusses ein breiter Weg und noch weiter oben eine Straße verläuft.

Ich muss also versuchen den reißenden, circa sechs Meter breiten Gebirgsfluss zu überqueren. Ich schlage mich also weiter am Ufer durch und treffe nach 20 Minuten auf zwei kahle Baumstämme, die über dem Fluss liegen. Das könnte doch so was wie eine Brücke für mich sein, wenn die Baumstämme nicht absolut nass, kahl und nur 15 Zentimeter stark wären.

Halten würden sie wohl schon, aber wie schaffe ich die sechs Meter auf diesen glatten, runden und nassen Baumstämmen über den tosenden Fluss, der zwei Meter unter mir liegt.

Ich überprüfe meine Optionen und sehe aktuell folgende Situation zum Thema Flussüberquerung:

Option 1: Ich versuche gar nichts und laufe zwei Stunden zurück.

Option 2: Ich versuche es, rutsche in der Mitte der nassen Stämme aus, fliege in dem Fluss und werde 50 Meter mitgespült, habe mir was gebrochen oder ertrinke und habe zusätzlich eine kaputte Ausrüstung.

Option 3: Ich balanciere extrem vorsichtig und versuche, bei jedem Schritt auf ein Astloch zu treten, um etwas mehr Halt zu haben. Nach vorn stütze ich mich mit den Stöcken ab und überquere so in circa zehn aufreibenden und spannenden Minuten den tödlichen Fluss auf den dünnen und nassen Stämmen.

Aus naheliegenden Gründen entscheide ich mich für Option 3 und mache es genauso, wie beschrieben. Erschöpft, glücklich, aber immer noch ängstlich und zitternd komme ich gottlob mit stark überhöhtem Puls auf der anderen Seite an. Leider ist dort auf Anhieb auch keinerlei Weg oder Pfad zu sehen. Hier sind ebenfalls sehr steile Berghänge, die dicht mit Tannen und Brennnesseln bewachsen sind. Außerdem ist alles klatschnass vom andauernden Regen. Ich kämpfe mich durch das Nirgendwo der einsamen und dichten Berglandschaft den steilen Hang nach oben. Ich muss mehrfach umkehren, da ich nicht weiterkomme, und bin wieder total genervt, vollkommen am Ende und würde am liebsten schon wieder laut schreien. Das Schreien würde aber nichts bringen und so muss ich bedauerlicherweise weiter und mit der rauen Natur einen einsamen Kampf kämpfen. „Desperado, ja ich bin ein Desperado …"
Wahrscheinlich gebe ich inzwischen ein mehr als trauriges Bild ab. Ich sehe aus wie Sau und bin am kompletten Körper verschwitzt, verklebt und zerschunden. Ich spüre, dass ich überall Tannennadeln, Blätter und andere Waldteile an mir hängen habe. Schmerzende Aufschürfungen und Wunden habe ich mir inzwischen auch an mehrere Stellen zugezogen.
Das war er dann also, der großartige „Gamssteig", der sich als Sackgasse auf dem Waldmond „Endor" herausstellte. Nach einer gefühlten Ewigkeit führt mich mein Kampf nach oben dann doch endlich zur Asphaltstraße, der ich jetzt mit wahrer Freude bergauf folge. Ich mag erst mal keinen nassen Wald mehr sehen.
Damit die Stimmung aber jetzt auch wirklich steigt, beginnt es nun wieder ordentlich und auch stärker zu regnen. Das Gute ist, dass die Reste des Waldes, die an mir kleben, nach und nach abgespült werden, so denke ich jedenfalls.

Ich könnte mich immer noch ärgern, denn ich habe doch für diesen doofen Weg bestimmt die Hälfte meiner Kondition und Zeit für den heutigen Tag verplempert. Ich muss die verlorene Zeit wiedergutmachen, und so geht es im forschen Stechschritt die Straße hoch. Leider zieht sich auch dieses echt ewig und so fange ich wieder an zu zählen.

Da es nach wie vor sehr schwül ist, und ich eh schon nass bis auf die Haut bin, wird sinnvollerweise auf Regenkleidung verzichtet. Den Rest von mir schützt mein Schirm und meine Rucksackhülle. Manchmal kommen mir Autofahrer entgegen, die mich mit seltsam erstaunten Blicken verfolgen.

Bei einer kurzen Rast wage ich es und begutachte mich auch mal kurz im Spiegel (Handykamera).

Ach du Scheiße, wie sehe ich denn aus. Ich trage immer noch einen halben Wald mit mir rum. Mit meinen Kratzern sehe ich aus, als wäre ich irgendwo abgestürzt oder hätte im dichten Wald nach Öl getaucht.

Ich versuche, mich notdürftig zu reinigen, und quäle mich dann die nächsten eineinhalb Stunden über die triste, steile und verregnete Asphaltstraße nach oben.

Gegen 15:45 Uhr lande ich an einem Schlagbaum und weiß jetzt, was die Hinweisschilder „Lager Walchen" zu bedeuten haben. Hier oben befindet sich eine Kaserne und ein militärischer Sicherheitsbereich, in dem bestimmt der Justin mal seinen Armeedienst abgeleistet hat. Dieser militärische Sicherheitsbereich zieht sich anscheinend noch die nächsten 900 Höhenmeter bis zur Lizumer-Hütte hin.

Nach meinem Waldabenteuer

Jetzt stehe ich am Schlagbaum und teile dem Wachsoldaten (arme Sau – ist ja Sonntag) mein Begehr hinsichtlich des Passierens mit. Er sieht mich an, hat wohl Mitleid und lässt mich wortlos durch.

Ab jetzt gehts wieder einen schmalen, steilen Pfad nach oben, der mich auf über 2.000 Meter bis zur Lizumer-Hütte bringen soll. Ich bin dermaßen im Arsch, kraftlos und demotiviert, dass ich mich am liebsten hinsetzen würde, um einfach nichts zu tun oder eventuell etwas zu weinen. Leider ist das bei diesem Regen keine Option und so muss ich notgedrungen weiter. Ich quäle mich endlos, bis ich kurz vor 18:00 Uhr die ersten Gebäude von Lizum sehe. Lizum besteht aus einer Handvoll Häusern und einem großzügig angelegten Kasernen-Gebiet mit vielen weiteren Gebäuden, die heute am Sonntag alle sehr verlassen wirken. Da ich das eigentliche Kasernengelände auf keinen Fall betreten darf, muss ich notgedrungen den Weg am Zaun entlang nehmen. Diesen haben aber vor mir auch schon Hunderte von Kühen genommen, und dadurch den Weg in ein anschmiegsames Schlamm-/Scheiße-Bad verwandelt. Über eine Stunde bewege ich mich durch den schlammigen Untergrund und meine Socken und Schuhe sind komplett stinkend und durchnässt und haben dadurch an Gewicht deutlich zugenommen.

Jetzt kommen mir noch ein paar Schweine entgegen, die aber erschrocken verschwinden, als sie mich entdecken. Das gibt mir zu denken. Die haben wohl noch nie so einen verhauten, schwitzenden Typ mit aufgesetztem schwarzem Regenschirm gesehen. Der eine Eber wills aber wissen und versucht, mich anzugreifen. Selbstverständlich gebiete ich ihm lautstark Einhalt und schaffe die restlichen 200 Meter zur Lizumer-Hütte gottlob unverletzt. Als ich ankomme, ist das wie das legendäre Eldorado für mich.

Das ist jetzt meine sechste Berghütte, aber leider habe ich bisher nur eine einzige bei Sonnenschein erlebt. Alle anderen Hütten erreiche ich komplett durchnässt und bei Regen. Petri Heil.

Die Hütte ist aus den 30er-Jahren, wirkt aber durch die letzten Umbauten sehr modern. Der Wirt hat noch was frei und ich erzähle ihm von meinem Schnarchproblem. Ich bekomme ein Viererzimmer ganz allein – juchhu.

Nach reinigen, duschen, verarzten und umziehen bin ich circa eine Stunde später im Gastraum und treffe doch ein paar Bekannte wieder. Da ist Angie mit ihrer Mutter aus Fürth (die ihre Schuhe nach Hause geschickt haben) und Jessica, mit der ich vorgestern zusammen mit Carsten und Silvia ein Stückchen gelaufen bin.

Ich setze mich zu ihnen, bekomme kurz darauf Bier und Nahrung und wir quatschen über die Erlebnisse der letzten 2–3 Tage.

Ich bin jetzt echt dermaßen fertig und geh heute schon um 20:30 Uhr auf mein Zimmer, um noch Tagebuch zu schreiben, zu lesen und zu ruhen. Heute war ich doch deutlich länger als gedacht auf meinen schmerzenden Beinen und auch auf allen vieren unterwegs.

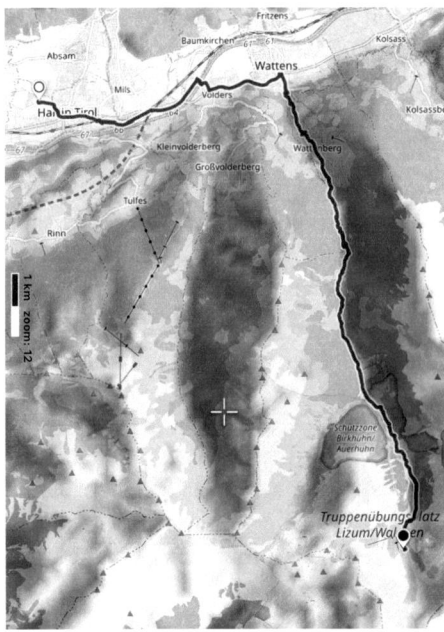

Ich bin 28,5 Kilometer gelaufen, geklettert, gekrabbelt und gestolpert und bin dabei 1.662 Höhenmeter aufgestiegen und 219 Höhenmeter wieder abgestiegen. Wobei das Wort „steigen" heute für mich auch eine andere Bedeutung bekam, aber wahrscheinlich gut zum Truppenübungsplatz Lizum gepasst hat. Nach dieser Durchschlageübung tut mal wieder jeder Muskel weh. Heute aber gesellen sich auch mal blutige Aufschürfungen dazu. Meine eigene Weg-Planung für diesen Tag hat sich somit als echtes Desaster herausgestellt. Den Schlaf habe ich mir nun redlich verdient – gute Nacht.

Tag 23: 28,58, +1.662 m/–219 m

Ob ihr es glaubt oder nicht, um 20:45 Uhr liege ich im Bett und schlafe sofort ein.

Tuxer Schlammschlacht – Tag 24
Montag, 1. August

Die Lizumer Hütte in den Tuxer Alpen

Wohl oder übel klingelt der Wecker um 07:30 Uhr – ja, ich bins – immer noch der Ralph. Ich bin doch jetzt der Wandersmann und Frühaufsteher Ralph, der abends (ohne Fernseher) um 20:45 Uhr todmüde ins Bett fällt. Nicht einmal mein geliebtes Lesen funktioniert länger als 15 Minuten.

Wer also fast nachmittags ins Bett geht, der steht dann eben früher auf. Vor allem, wenn alle anderen Wandersleute auch aufstehen und entsprechend lärmen. Also, wie gesagt, aufstehen und um 08:30 Uhr habe ich dann auch schon fertig gefrühstückt.

Heute soll es zum Tuxer-Joch (Hintertuxer Gletscher) gehen. Dazu muss ich noch mal hoch auf fast 2.800 Meter und dann wieder über 1.000 Meter runter. Und wen wundert es, danach geht es natürlich wieder hoch. Das liegt daran, dass Berge nach oben gehen und hoch sind und leider dazwischen sehr oft ein Tal ist. Zwei Berge nebeneinander ohne Tal wären dann ja keine zwei Berge, sondern nur einer.

Wenn ich aus dem Fenster der Hütte sehe und das Wetter beobachte, habe ich auch heute absolut keine Lust loszulaufen. Ich muss aber und das Gute ist doch, dass man durch den dichten Nebel den Regen nicht so sieht. Irgendwie habe ich mir die traumhaften Alpen auf meiner Tour tatsächlich anders und vor allem viel sonniger vorgestellt.

Um 09:20 Uhr geht es mit Regenklamotten durch die nasse, kalte Waschküche der Tuxer Alpen endgültig los. Laut Wetterbericht vom glaubwürdigen Wirt soll es gegen 11:00 Uhr vorbei sein mit Nebel und Regen und danach ein Sonne-Wolken-Mix folgen. Das motiviert, aber ich frage mich, woher der Herr Kachelmann der Alpen das so genau wissen will.

Es regnet und regnet und regnet und inzwischen ist der Nebel sogar noch dichter geworden. Spaß macht mir der schlammige, matschige und vor allem rutschige Aufstieg absolut nicht. Meine Schuhe sind inzwischen wieder komplett durchnässt und meine Nerven liegen wieder ein wenig blank.

Es geht über Geröllfelder, Schneefelder und matschig schmatzende Schlammwege. Endlich bin ich gegen Mittag am ersten Gipfel, dem Geierjoch auf 2.800 Metern. An Rast ist nicht zu denken, da es über den Grat „starkwindig" pfeift. Der Regen kommt nun nicht von oben, sondern 90 Grad von der Seite, ich bin unterkühlt, nass und leicht ungeschmeidig. Ich bringe es jetzt auf den Punkt: Der Wirt hat bezüglich des Wetters schlichtweg gelogen und ich entziehe ihm den „Kachelmann-Orden". Meine Hände fühlen sich so an, als hätte ich gerade eine Schneeballschlacht in der Antarktis ohne Handschuhe gemacht. Meine dünnen Stoffhandschuhe brauche ich bei der Nässe auch nicht anzuziehen. Die einzige Lösung ist wohl, wieder flott auf der anderen Seite absteigen und der Kälte schnell entfliehen.

Andere Wanderer habe ich heute tatsächlich noch nicht gesehen. Ist wohl keiner so blöd und geht bei dem Wetter vor die Türe, denke ich mir. Ich laufe also allein, und das ist gut so, denn so hört niemand meine Schimpfeskapaden.

In einer kleinen Senke mache ich zehn Minuten Rast im Stehen. Nach diesem wenig erwärmenden Abstieg geht es nun leider wieder nach oben, zum zweiten Gipfel, den Gschützspitzsattel. Was mir alles durch den Kopf geht, möchte ich gar nicht beschreiben, aber wenn man so dahinläuft und über Gott und die Welt nachdenkt, kommt man irgendwie und irgendwann auch mal an. Endlich bin ich oben und es ist 13:30 Uhr. Zum Ausruhen habe ich keine Zeit und so mache ich mich auf, gleich wieder über 700 Meter runter zum Weitental zu stolpern.

Tatsächlich fällt mir das Runterlaufen beziehungsweise Absteigen inzwischen noch wesentlich leichter als das Aufsteigen. Meine Schuhe sind inzwischen so durchnässt, dass das Wasser herausläuft, wenn ich ein Bein hebe und Schmerzen habe ich auch wieder – juhu!

Extrem schlammig geht es permanent und vor allem einsam stetig bergab.

Am Gschützspitzsattel

Ich habe jetzt echt keinen Bock mehr weiter durch diesen Morast zu kriechen, ich bin demotiviert und irgendwie ist mir auch der „Desperado" abhandengekommenen. Die Sicht beträgt maximal 15 Meter und ich kann nur erahnen, wo mich der Pfad vor mir hinführt. Zum Glück bin ich noch „keinmal" hingefallen, habe aber schon mehrere zirkusreife Kunststücke auf der Schlammpiste erfolgreich absolviert. Gottlob aber ohne Publikum.

Wo ist nur der Weg?

Die Wege sind teilweise so ausgespült, dass man denken könnte, man läuft durch einen kleinen, nassen, matschigen Schützengraben aus dem Ersten Weltkrieg. Wenigstens komme ich langsam, aber stetig etwas weiter nach unten, meine Hände bekommen langsam etwas Temperatur zurück und Schlamm wird von Geröll abgelöst.

So, dann wäre ich mal unten im Weitental direkt neben einem großen Wasserfall. Unten ist aber relativ, denn das Tal liegt immer noch auf knapp 2.000 Höhenmeter. Trotzdem ist es ein Tal, und so geht es wieder nach oben. Das „nach oben" dauert aber nur eine Stunde und bringt mich zum Tuxer-Joch-Haus, meinem heutigen Etappenziel. Angekommen bin ich wieder etwas traurig. Ja, heute ist es meine siebte Hüttenübernachtung und die Reihe setzt sich fort. Ja, nur einmal bin ich bei Sonnenschein angekommen, ansonsten war es, wie auch heute, immer von oben recht nass.

Ich bekomme von der netten Wirtin mit Hinweis auf mein Geschnarche einen Unterschlupf auf einer Matratze im Heizungsraum unter dem Dach. Dazu muss ich aber auf allen vieren durch eine nur einen Meter hohe Stahltüre in der Wand krabbeln. Das geht natürlich nur, wenn ich den Rucksack abnehme und vor mir herschiebe. Ich finde es cool und hoffe, dass ich allein in meinem Verschlag bleiben kann.

Später sitze ich in der Wirtsstube und treffe wieder Angie mit ihrer Mutter Caro. Nun kenn ich auch den Namen beider Damen aus meiner mittelfränkischen Heimat. Während des Abendessens setzt sich ein Vater mit seinen zwei Teenager-Jungs nebst Freund an unserem Tisch und ich bekomme mit, dass alle vier auch in meinem kleinen Verschlag nächtigen werden. Sehr schade, vor allem für die vier. Ich stelle mich selbstbewusst als „Schnarch-Ralph" vor und alles ist angeblich gut. Gegen 21:00 Uhr schwinden meine Kräfte vollends und ich muss mich ablegen und lese noch etwas. Die andern vier tun es mir gleich.

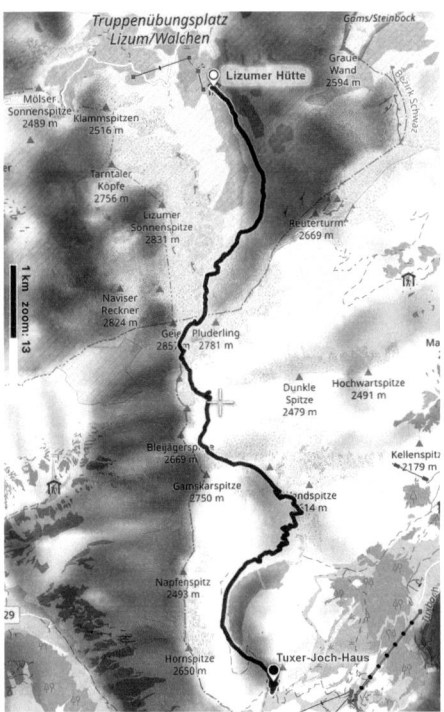

Lesen klappt wieder nicht so gut, denn ich schlafe schnell ein. Das Positivste heute war, dass ich mich langsam, aber sicher meinem Endziel Venedig nähere. Wie gesagt, langsam, ganz, ganz langsam!

Tag 24: 14,19 km, +1.187 m/–895 m

Schwindelerregender Abstieg – Tag 25
Dienstag, 2. August

Als der Wecker um 07:15 Uhr klingelt, liege ich schon lange wach im Bett. Ich habe leider wieder mal kaum geschlafen. Meine Bettgenossen sind auch schon wach und packen fleißig alles zusammen. Die wollen heute richtig Bergsteigen und sind somit in anderen Regionen unterwegs als ich. Auch diese Menschen werde ich wohl nie wieder sehen.

Leider ist es um meinen körperlichen Zustand heute Morgen nicht zum Besten bestellt, aber da muss der Weit-Wandersmann Ralph eben durch. Wenigstens baut der Blick aus dem Fenster etwas auf, da ab und zu die Sonne zu sehen ist und es keinen nassen Regen regnet.

Um 07:30 Uhr sitze ich als Allerletzter beim Frühstück im Tuxer-Joch-Haus. Alle anderen sind wie die Wahnsinnigen losgelaufen, um vor mir alle Schuhtrockner auf der nächsten Hütte zu belegen. Ein anderer Grund für die Hetze meiner Wanderkollegen am Morgen fällt mir partout nicht ein.

So, fertig mit Frühstücken, zusammenpacken und rein in die noch immer nassen Schuhe. Es ist ein Traum und katapultiert mich mental auf den gestrigen Tag.

Um 08:25 Uhr gehe ich als letzter Wanderer vom Tuxer-Joch-Haus los. Ich stand aufgrund der beginnenden Reinigungsarbeiten in der Hütte schon ziemlich im Weg herum.

Heute wird es mal wieder hochalpin, aber der inzwischen geübte, aber durchaus übermüdete „Bergführer" Ralph sieht es gelassen. Wie ich so dahin wandere, beobachte ich automatisch und versiert das Wetter. Gottlob kein Regen, freie Sicht, aber bewölkt. Ich laufe jetzt mitten durch das Hintertuxer Skigebiet und sehe den Gletscher auch direkt vor mir. Die Kabinenbahn zum Gletscher läuft, ich werde aber, gemäß meinen Vorsätzen, wohl meine müden Füße bemühen müssen. Leider ist es immer noch sehr schlammig, wenn auch etwas weniger als gestern. Solange sich der Schlamm am Boden und an den Schuhen und nicht an meiner Hosenrückseite befindet, ist ja alles in bester Ordnung.

Die Tierwelt hier oben ist auch in Ordnung, denn es gibt unglaublich viele Murmeltiere und ich sehe auch gerade ein paar von diesen possierlichen Tieren direkt vor mir. Ich pfeife und schon richten sich die putzigen Tierchen auf und gucken mich neugierig an. Klasse, Ralph, der Murmeltierdompteur. Apropos, ich muss mit meiner Familie wieder mal den Film *Und täglich grüßt das Murmeltier* ansehen. Und schon sehne ich mich nach einem schönen sonntäglichen Kinonachmittag bei uns zu Hause.

Hintertuxer Gletscher

Von Weitem sehe ich jetzt das Spannagelhaus, welches auch die Mittelstation der Hintertuxer Gletscherbahn ist. Ich beschließe dort Rast zu machen, eine Kleinigkeit zu essen und die Waschräume zwecks dringender Blasenentlehrung aufzusuchen.

Es geht wieder steil bergauf, aber um 10:15 Uhr habe ich es geschafft und ich bin endlich am Spannagelhaus. Leider habe ich die Rechnung ohne den Wirt gemacht, denn der ist nicht hier und die Hütte hat somit zu. Also keine Waschräume, nichts zu trinken und keine Brotzeit. Ich suche ein Versteck und setze mich danach aufs Mäuerchen vor der Hütte und vertilge etwas von meinen Vorräten. Die Gruppe aus Sachsen oder Thüringen, die gerade ankommt, stehen ebenso enttäuscht wie ich vor der verschlossenen Hütte und wandern aber schließlich sächselnd weiter.

Nur leicht gestärkt gehe ich weiter und schleppe mich den schmalen Pfad immer weiter nach oben. Die Uhr zeigt 12:25 Uhr, als ich endlich am Hauptkamm der Zillertaler Alpen ankomme. Auf 2.904 Metern stehe ich auf dem superschmalen, circa eineinhalb Meter breiten Grat, der Friesenbergscharte.

Das ist bisher der höchste Punkt meiner Reise und der zweithöchste Punkt meines gesamten Trips. Höher ist nur der Piz-Buè den ich in ein paar Tagen hoffentlich erreiche. Ich raste in luftiger Höhe und nehme mein kleines

Fernglas (Monokular von Docter) und gucke zum Hintertuxer Gletscher hinüber. Ich bin überrascht, wie viele Ski- und Snowboard-Fahrer, die ihre Kapriolen im Schnee vollziehen, ich dann doch im August erspähe.

Auf dem gesamten Aufstieg war ich wieder mal komplett allein. Nur zwei Holländer folgten mir doch unauffällig, obwohl „unauffällig" und „Holländer" eigentlich im Widerspruch stehen, denn ich höre sie lautstark hinter mir diskutieren.

Nach zehn Minuten kommen sie ebenfalls hier oben an und sehen ehrfurchtsvoll auf der anderen Seite nach unten. Tja, meine Herren, so etwas gibt es in den Niederlanden nicht, oder? Sie haben Angst vor dem viel zu steilen Abstieg in der Wand und teilen mir das auch mit. Mir ist es auch ziemlich mulmig, wenn ich nach unten sehe, behalten das aber selbstredend für mich und gebe mich selbstsicher.

Jetzt heißt es fertig machen für den ultrasteilen Abstieg in der Wand der Friesenbergscharte. Wenn ich da runtersehe, wird mir echt komisch. Hier gehts es wieder mit Stahlnägeln und Stahlseilen weiter und die Wand geht manchmal fast senkrecht nach unten.

Der Pfad sieht dann so aus: links an meiner Schulter die senkrechte Wand nach oben, dann 40 Zentimeter Pfad und rechts die senkrechte Wand nach unten. Natürlich schaffe ich es, aber das war bisher mein schwerster und bedrohlichster Abstieg überhaupt.

Gegen 14:15 Uhr versuche ich meinem Blutdruck wieder etwas nach unten zu bekommen und raste deswegen. Hinter mir sehe ich ehrfurchtsvoll die Wand hinauf, die ich gerade abwärts bezwungen habe. Ich fühle mich jetzt fast wie Spiderman. Von hier ist es noch circa eine Stunde bis zum heutigen Etappenziel, der Olpererhütte, die der Sektion des Deutschen Alpenvereins Neumarkt in der Oberpfalz gehört. Hoffentlich verstehen die Oberpfälzer mein Mittelfränkisch, denke ich grinsend?

Wenn man so durch die Alpen läuft, fragt man sich wirklich, ob die Leute wegen des Wanderns hier sind, oder eher ihre kreative Schaffenskraft befriedigen wollen. Bis auf mich, denn ich bin ja zum Wandern hier, baut wohl fast jeder auf dem Weg irgendwelche Steinmännchen. Ich sehe Hunderte davon, kleine, große, schiefe, schöne und auch sehr hässliche.

Meine Füße brennen und meine Schultern schmerzen, aber ich habe es geschafft. Kurz vor 16:00 Uhr erreiche ich endlich die ersehnte Olpererhütte im Zillertal. Vor hier aus hat man einen exponierten und grandiosen Blick auf den darunter gelegenen See, den Schlegeisspeicher.

Ich melde mich an und erfahre, dass die Hütte, wie so oft, leider restlos überfüllt ist und ich auf ein Notlager in der Wirtsstube ausweichen muss. Genaueres erfahre ich aber erst gegen 21:00 Uhr. Klingt klasse!

Notlager bedeutet, ich muss erst mal warten, bis die Wirtsstube komplett leer ist, dann werden Matratzen ausgelegt. Am Morgen muss ich dann aber um 5:30 Uhr aufstehen, da ab 6:00 Uhr das Frühstück beginnt. Voll meine Zeit, schade.

Der Schlegeisspeicher – Blick von der Olpererhütte

Aufgrund dieser Situation habe ich dann bedauerlicherweise auch kein Zimmer zum Umziehen. Mein Zimmer ist dann erst mal der Schuh- und Trockenraum mit seinem herrlichen Duft nach Plastikmensch. Da sollte man doch 1.000 Nasen haben. Ich ziehe mich also genau dort um, wo alle andere ihre „Stinksachen" reinbringen und permanent die Türe auf- und zugeht. Ich kaufe mir für 3,00 Euro eine Duschmarke und ziehe mir danach, zwecks des wichtigen Wohlbefindens etwas Frisches an.

Nun muss ich aber noch etwas textiles Gestalten vollziehen. Leider ist mein Seidenschlafsack auf der anderen Seite wieder leicht aufgerissen. Ich habe das zu Hause wohl doch etwas zu eng abgenäht. Man hätte wohl die Profis, wie meine Schwester, ranlassen müssen. Jetzt sitze ich mit Nadel und Faden im wunderbar duftenden Schuhraum und versuche, das gute Teil zu flicken.

Irgendwie funktioniert es mit dem einfachen Hotel-Nähset tatsächlich und so bin ich um 17:45 Uhr in der Wirtsstube und kriege gerade noch einen Platz am Tisch bei einigen bekannten Venedig-Gehern.

Ab 18:00 Uhr gibts Abendessen und ich nehme eine „Brettljause" um den Magen zu schonen. Da ist dann auch ein Schnaps dabei. Mist, wo ich doch heute nichts trinken wollte, aber einer ist ja keiner und außerdem ist es ein Klarer, den die Leber nicht sieht. Nach dem Essen fängt der Tisch an „UNO Extreme" zu spielen und ich mache natürlich mit, um zu zeigen, was ich von meinem Sohn alles gelernt habe. Das Coaching hat sich ausgezahlt und ich gewinne dreimal zum Leidwesen meiner traurigen Mitspieler.

Tja, wo bleibe ich denn heute Nacht nun? Gegen 21:00 Uhr suche ich den Wirt auf, um ihn zu fragen, wie das mit diesem Notlager ab 22:00 Uhr abläuft, und ob ich wirklich um 05:30 Uhr aufstehen muss.

Antwort des Wirts: „Nee, gibt kein Notlager – wir haben im Matratzenlager doch noch was für dich".

Jetzt bin ich nur nicht sicher, ob ich mich so richtig freuen soll. Später liege ich im voll besetzten 10er-Zimmer mit neun lauten und überaus fröhlichen Holländern und denke plötzlich an den volkstümlichen Stuhlkreis in Hall.

Um 21:30 Uhr lese ich in meinem Bett und hoffe auf eine etwas bessere Nacht als die Letzte.

Die knapp 13 Kilometer mit dem steilen Abstieg heute waren anstrengend, spannend und vor allem recht schwindelerregend. Außerdem war ich das erste Mal zu Fuß in einem Gletscher-Skigebiet.

Ski-Heil.

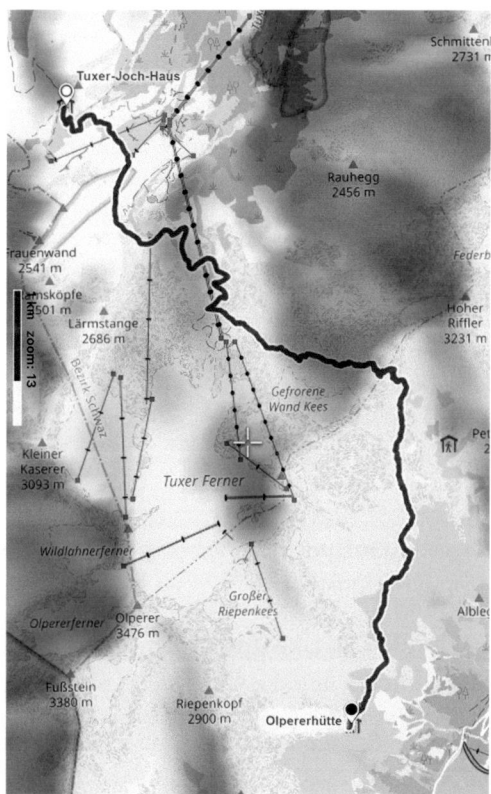

Tag 25: 12,75 km, +886 m/–799 m

Über Stock und Stein nach Stein – Tag 26

Mittwoch, 3. August

Ich war um 02:00 Uhr und um exakt 05:09 Uhr wach und habe dann gegen 06:30 Uhr aufgrund von Schmerzen in den Beinen endgültig dem Schlaf abgesagt. Mein Körper ist wohl doch noch nicht zu 100 % durchtrainiert. Die Holländer waren es auf jeden Fall nicht, die mich am Schlafen gehindert haben.

Durch das kleine Fenster sehe ich, dass die Sonne das Alpenpanorama in wunderschönes Licht taucht, und das hebt meine Stimmung doch ungemein.

Das Zehn-Euro-Frühstück ist einfach, aber dafür reichlich und so mache ich mir illegalerweise noch ein belegtes Brot für unterwegs. Ja, das stimmt. Überall sind Schilder auf den Hütten, dass das Frühstück doch bitte nicht mitgenommen werden soll, sondern auf der Hütte zu verzehren ist. Da ich deutlich weniger als andere gegessen habe, geht das aber bestimmt ausnahmsweise für mich in Ordnung.

Ein weiteres Glücksgefühl erlebe ich, als ich in meine Schuhe steige. Seit vier Tagen habe ich endlich wieder ein trockenes Fußbett nebst Socken. Gottlob hatte ich gestern den Kampf aufgenommen und ein kleines Plätzchen am Schuhtrockner ergattert.

Heute soll es nach Stein in Südtirol gehen und um 9:00 Uhr starte ich über den Neumarkter Höhenweg.

Die Olpererhütte war echt cool, denn diese wurde im Jahr 2007 komplett nach modernen und energieeffizienten Methoden neu errichtet. Man erreicht die Hütte aber leider nur zu Fuß oder fliegend, sodass die komplette Verpflegung, nebst den vielen Fässern Bier für die durstigen Wanderer, als hängende Last per Hubschrauber in vielen Flügen nach oben transportiert werden muss.

Auch der Neumarkter Höhenweg ist ein Highlight. Hier haben vier Männer und ein Schreitbagger (sieht aus, wie eine Spinne) Tausende von Felsplatten so ausgerichtet, dass es eine Art gepflasterten Weg durch die Geröllfelder gibt. Der Bagger selbst musste über 600 Höhenmeter aus eigener Kraft, spinnenartig nach oben kraxeln.

Auf diesem außergewöhnlichen Höhenweg wackelt echt keine einzige Steinplatte und so komme ich relativ gut voran und hab auch noch Zeit ein paar Selfies zu machen. Ist schon klasse, was man alles weiß, wenn man sich die Zeit zum Lesen nimmt.

Fernblick oberhalb des Schlegeisstausees

Es ist 11:30 Uhr und ich freue mich auf eine Pause, um mein illegales Brot zu vertilgen. Leider entpuppt sich mein Wurst-Käse-Brot als Serviettenbrot. Handwerklich geschickt habe ich alles in zwei blaue Papierservietten eingewickelt, die jetzt aufgeweicht komplett an Wurst und Käse kleben. Nach über fünf Minuten Gefummel habe ich die Nase voll und verspeise es einfach mit den Papierresten. Es ist sonnig, aber sehr windig und alle anderen Wanderer sind schon mindestens eine Stunde vor mir losgelaufen.

Im München-Venedig-Reiseführer steht, dass es eine heikle Brückenüberquerung geben kann, wenn man nachmittags zu spät an ebendieser Stelle ankommt. Die Mittagssonne sorgt für eine Schneeschmelze und so kann das Gletscherschmelzwasser den Gebirgsfluss heftiger und reißender werden lassen. Aus diesem Grund sind wohl alle anderen so bald los.

Blick vom Ameiskopf zum Schlegeisspeicher

Das Ganze steht aber nur im Reiseführer und sonst auf keinem Schild in dieser Gegend. Also bin ich entspannt und beeile mich nicht übermäßig.

Ich überquere drei größere Gletscherbäche, wobei im Nachhinein das Heikelste an diesem Tag mein Brot mit der verklebten Serviette war.

Ja, jetzt habe ich Blickkontakt zum Pfitscherjoch-Haus und es ist punkt 12:30 Uhr. Heute ist ein ganz besonderer Tag, denn eine Stunde später, um exakt 13:35 Uhr, überquere ich die Landesgrenze nach Italien.

Wow, einmal mehr bin ich stolz auf mich. Ich bin mal eben nach Italien gelaufen, juhu!

Grenzüberquerung

Grundsätzlich ist das Pfitscherjoch-Haus aber wohl so eine Tagesausfluggeschichte. Ich sehe hier so viele Wanderer wie noch nie auf der gesamten Tour. Hier wird jetzt auch nicht mehr gegrüßt, vor allem aber nicht mehr zurückgegrüßt, wenn ich mein freundliches „Grüß Gott" loswerde. Dann eben nicht, dann bin ich halt nur zu mir freundlich.

Meine ersten Meter in Italien müssen natürlich gefeiert werden, und so mache ich Pause im Pfitscherjoch-Haus. Es gibt Pommes mit Würstel und köstlichen Develey Senf aus Unterhaching.

Hier treffe ich dann auch mal wieder das Pärchen aus Halle (die Studenten der Molekularbiologe). Sie ist ja Italienerin und beide besuchen nach ihrer Ankunft in Venedig zu Fuß dann noch ihre Eltern in Padua. Die Dame freut sich auch sichtlich jetzt in ihrem Heimatland angekommen zu sein. Wir quatschen noch angeregt über unser Leben als Wanderer, bis ich merke, dass es Zeit wird, wieder aufzubrechen. Ich verabschiede mich von den beiden und steige jetzt ab in Richtung meines Tagesziels. Kraftvoll nehme ich die steinernen Wege unter mir wie nichts. Ja, ich bin inzwischen ein Tier und so rieche ich wohl auch.

Je weiter ich nach unten komme, desto wärmer wird es wieder. Ist ja logisch, denn ich bin inzwischen in Italien und da muss es schließlich wärmer sein. Ich hatte in den letzten Tagen schon fast vergessen, was schwitzen ist. Es geht inzwischen über grüne Almwiesen immer wieder auf und ab und dann für heute die letzten 800 Höhenmeter hinab bis nach Stein. Da, Häuser, endlich. Die letzte Ansiedlung mit mehr als einem Haus habe ich vor vier Tagen gesehen.

Inzwischen ist es tüchtig warm, und von meinem Wanderhut tropft mal wieder der Schweiß über die Spezial-Drainage nach unten.

Angekommen in Stein, bin ich überwältigt von der Innenstadt. Der Ort hat wohl ganze sechs Einwohner, verteilt auf drei Häuser und zwei davon sind Pensionen. Es gibt da den Gasthof, den man aber nicht gleich als solchen erkennt und noch eine weitere Pension.

In der Pension suche ich nun einen Menschen, bei dem ich mich anmelden kann. Der gesuchte Mensch sitzt dann vor dem Haus in einem Eck und ist grob geschätzt 80 Jahre alt. Die alte Dame bewegt sich, als sie mich sieht, und in diesem Moment bewegen sich auch die unzähligen Fliegen, die auf ihrer Schürze gesessen haben und umkreisen sie geschwind und hektisch.

Ich habe dann bei ihr eingecheckt, was ungefähr so verlaufen ist: „Gehst rein, nimmst Zimmer 1 im ersten Stock". Das wars.

Hier ist die Zeit stehengeblieben, denn das Zimmer hat den Charme der Siebziger- oder Achtzigerjahre, ist aber sehr sauber und hat statt Badezimmer nur ein Waschbecken. Besser als gar keine Waschgelegenheit auf dem Zimmer, denke ich mir und nutzte diese gleich zum dringend nötigen Waschen meiner überschaubaren Garderobe.

Nachdem ich alles zum Trocknen auf dem Balkon verfrachtet habe, lege ich mich noch erholsame 45 Minuten auf das Bett. Während dieser Zeit bekomme ich zweimal Besuch von verschiedenen Menschen, die mein nicht verschlossenes Zimmer, ohne Vorwarnung betreten. Diese haben wohl auf die gleiche Art wie ich „eingecheckt" und von der Dame des Hauses auch das Zimmer 1 zugewiesen bekommen. Ich verteidige selbstredend mein Zimmer eisern und bleibe einfach. Das müssen die Wanderkollegen selbst an der Lobby klären.

Bald habe ich Hunger und da ich hier keine richtige Wirtsstube entdecken kann, gehe ich in den Gasthof nebenan, wo auch schon viele bekannte Venedigwanderer auf der Terrasse sitzen. Neben den bereits bekannten Personen ist auch eine wandernde Dame mit ihrem 15-jährigen Sohn am Tisch. Ebenfalls zugegen, ist wieder der Typ, der mich gefühlt seit Tagen verfolgt. Er ist circa 60, stammt aus dem Ruhrgebiet, studiert jeden Abend stundenlang seine Karten und Wetterberichte, weiß alles, und hat bei allen Bestellungen der letzten Tage Sonderwünsche. Er versteht auch gar nicht, dass es hier kein WLAN gibt, und lässt uns an seinem Unmut lautstark teilhaben. Bisher habe ich ihn nicht gefragt, wie er heißt, da ich es auch gar nicht wissen will!

Ich esse ein leckeres Omelett und dazu gibt es einen Südtiroler Edelvernatsch! Den Wein habe ich gleich am Geschmack erkannt, da er auch zu Hause in meinem Keller anzutreffen ist.

Hier nach Stein, verschlägt es eigentlich kaum Touristen, außer eben die Venedigwanderer. Wir sind also unter uns. Wir, das bedeutet circa 20 Personen, die jetzt im Gasthof Stein auf der gemütlichen Terrase sitzen und sich ausgelassen über unser neues Leben, das Wandern, unterhalten.

Um kurz nach 20:00 Uhr gehe ich zurück zu meiner Unterkunft und suche nach den Wirtsleuten. Im Gasthof habe ich erfahren, dass die ältere Dame die Chefin ist, und sie die Pension nebst der Landwirtschaft mit ihrem einzigen Sohn betreibt.

Ich suche also nach Leben und entdeckt in der Küche die Omi mit Schürze und in Socken und auch den circa 60-jährigen Sohn. Die Omi ist anscheinend gar keine Omi, sondern eben Mutti. Und wenn ich die Situation einschätzen soll, glaube ich nicht, dass sie jemals Omi wird. Ich kann mich natürlich auch total täuschen, da ich nicht sicher bin, ob die beiden auch tatsächlich so alt sind, wie ich sie einschätze. Ich soll auf jeden Fall ordentlich frühstücken, sonst schaffe ich den Berg nicht, sondern der Berg schafft mich, sagt der freundliche Sohn zu mir.

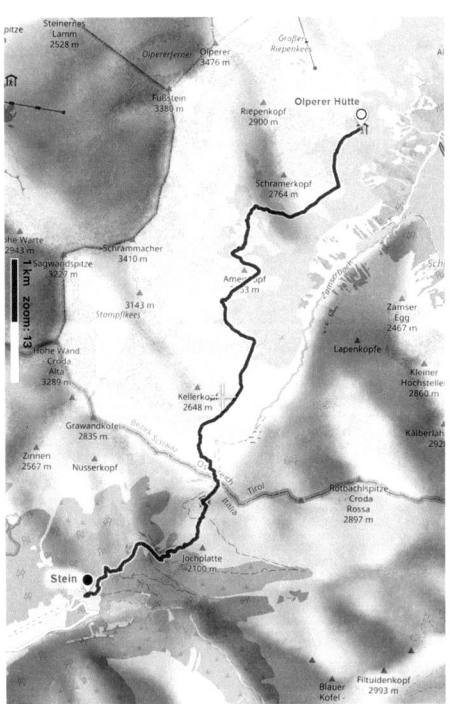

Auch erfahre ich, dass wohl das Wetter ab Morgenmittag schlechter werden soll, und ich habe knackige 8,5 Stunden Marsch vor mir. Ich bestelle also nährreiches Frühstück für morgen.

Heute waren es nur 13,3 entspannte Kilometer, davon aber eine Menge Abstieg und später eine schöne Zeit mit netten Menschen in Stein.

Tag 26: 13,3 km, +420 m/–1.272 m

Mit Gliederschmerzen über die Scharte – Tag 27
Donnerstag, 4. August

Um 7:00 Uhr bin ich wach und packe schon mal meinen Kram zusammen. Ich habe doch tatsächlich relativ gut geschlafen und freue mich darüber.

Beim anschließenden Frühstück kümmert sich der Sohn des Hauses rührend um mich und das, was auf dem Tisch steht. Das Frühstück und die Übernachtung waren insgesamt sehr in Ordnung. Bei ihm checke ich dann auch aus, und er steckt sich die 30,00 Euro für Übernachtung inklusive des Frühstücks in die hintere Hosentasche. Ob da die Mutter wohl was abbekommt?

Wieder mal als einer der Letzten starte ich um 8:20 Uhr in meinen neuen Tag. Obwohl ich heute über 2.000 Höhenmeter in Richtung Himmel vor mir habe, gehe ich es entspannt an. Nachts hat es wohl geregnet und inzwischen ist es wieder bewölkt aber gottlob noch trocken. Laut Informationen des Südtiroler Insiders aus Stein soll es nachmittags zu regnen beginnen. Egal, diesbezüglich bin ich inzwischen mehr als versiert und zusätzlich spart es mir teure Sonnencreme.

Nach dem Reiseführer kann man jetzt dem Fahrweg über drei Kehren folgen, oder den schmalen, kürzeren Pfad durch den Wald nehmen. Unnötig zu erwähnen, wofür ich mich entscheide und so finde ich mich kurz darauf auf dem schmalen Pfad im Wald wieder. Aus Erfahrung werde ich anscheinend nicht klug, denn es dauert nicht lange und ich bereue die Entscheidung bitterlich. Ich muss Äste und kleine Tannen beiseiteschieben, über umgefallene Bäume kraxeln und auf allen vieren durchs Gestrüpp kriechen. Bald bin ich wieder komplett verschwitzt, pitschnass von den nassen Bäumen und überall klebt mal wieder Wald an mir.

Bald sehe ich auch den Pfad nicht mehr und muss die letzten 100 Meter querfeldein nach oben kriechen. Ich bin genervt, schimpfe lauthals und sehe wieder mal aus wie Sau. Ich nehme mir vor, bei der nächsten Entscheidung in einer ähnlichen Situation genau das Gegenteil zu meiner ersten Eingebung zu machen. Endlich gibt es wieder einen richtigen Weg und ich beschließe in Bichl, dem nächsten Ort auf der Karte, eine Rast zu machen und mich und meine Ausrüstung zu säubern.

Verschwitzt erreiche ich endlich auch Bichl und bin überrascht.

Leider entspricht der Ort in keiner Weise meinen Vorstellungen. Bichl ist nur eine alte Geisterstadt, die aus 4–5 halbverfallenen Blockhütten besteht, aber trotzdem ziemlich cool aussieht.

In einer der größeren Hütten entdecke ich eine alte Feuerstelle und bemerke in dem Zusammenhang, dass hier schon mal Wanderer übernachtet haben.

Hut ab, finde ich sehr cool. Das Reinigen meiner Person findet nun nur sehr oberflächlich statt, dafür mache ich ein paar tolle Fotos.

Ich wandere wieder mal so allein dahin, wobei es ständig und unablässig nach oben geht und meine Beinmuskulatur sich schmerzhaft zurückmelden.

Ich muss heute noch über die Gliederscharte, die auf 2.644

Bichl oberhalb von Stein

Metern liegt. Die Scharte macht ihrem Namen alle Ehre, denn ich spüre es schon jetzt in allen Gliedern. Ich bin überrascht, wie viele Murmeltierbauten ich wieder mal am Wegesrand entdecke, und muss aufpassen, dass ich nicht in eines der Löcher stolpere oder gar versinke.

Es wird immer steiler und ich versuche, Atemübungen zu machen und mich selbst zu motivieren, und abzulenken.

So weit das Auge reicht, sehe ich keine Menschenseele, sondern nur das hohe Ziel vor mir: die Gliederscharte, die partout nicht näherkommen will.

Nach unzähligen Atemübungen ist es dann endlich doch soweit und das Teilziel rückt näher. Kurz vor dem Grat der Scharte blicke ich nach unten und sehe in der Ferne tatsächlich jemanden hinter mir wandern. Ein kurzer Blick durch mein Fernglas bestätigt, dass ich doch nicht ganz allein hier in dieser Gegend unterwegs bin.

Um 12:45 Uhr habe ich es geschafft und bin endlich oben auf der 2.644 Meter hohen Gliederscharte. Da es hier oben aber bitterkalt ist, beginne ich sogleich wieder mit dem Abstieg auf der anderen Seite.

Da geht es drüber – die Gliederscharte

Das Absteigen finde ich immer noch um einiges schöner als das Aufsteigen und ich komme auch deutlich schneller voran. Stetig geht es nach unten und kurz vor der ersten Senke sehe ich eine Person auf einem Stein sitzen und anscheinend rasten. Es ist Andrea, eine von den bekannten Venedig-Gehern. Wir unterhalten uns kurz, bevor ich wieder aufbreche und weiter meinem Weg folge. Da sie noch ein wenig sitzen bleiben möchte und ich bestimmt auch schneller bin als sie, verzichte ich auf ein gemeinsames Wandererlebnis und zieh von dannen. Mein Ziel ist jetzt die obere Engbergalm, wo ich mich auf ein kühles, alkoholfreies Weizenbier mehr als freue.

Um 13:45 Uhr lande ich in der überaus urigen Alm und treffe dort wieder auf einige der bekannten Weggefährten.

Mein alkoholfreies Weizenbier muss ich mir allerdings an meinen Hut stecken, denn es gibt nur Quellwasser mit Holundersirup oder Radler aus der Dose. Ich bin nicht extrem enttäuscht und entscheide mich natürlich für das Radler aus der Dose und bestelle gleich zwei davon, denn ich habe inzwischen doppelt Durst. Die obere Engbergalm ist eine echte Alm wie aus dem Bilderbuch und keine klassische Übernachtungshütte. Sie besteht im Wesentlichen aus zwei Räumen, ist komplett (bis auf das Dach) aus Stein gemauert und hat einen zentralen Ofen zum Anschüren, der auch gerade brennt.

Um 14:30 Uhr bin ich fast wieder getrocknet und so breche ich auf, da ich heute noch bis Pfunders kommen möchte und auch muss.

Später laufe ich an der sehenswerten Duner-Klamm entlang. „Entlang" stimmt eigentlich nicht ganz, denn der Weg führt circa 50 Meter über der steilen Schlucht, in der ein reißender Bach durch die Felsen tost.

Nur einige tausend Schritte später, und schon bin ich in Pfunders und suche meine Unterkunft, die ich ausnahmsweise mal heute Morgen reserviert habe.

Kurz vor Pfunders

Nach fünf Minuten Recherche weiß ich, wo ich genau hinmuss, und mache mich auf die letzten 15 Minuten Fußweg. Ich komme bei der Pension an und siehe da, hier sitzt Andrea. Seltsam, sie war doch hinter mir und angeblich langsamer als ich. Sie muss wohl eine Abkürzung gelaufen sein, die ich übersehen habe – Mist.

Unsere Unterkunft ist eine alte Almhütte mit gemütlicher Wirtsstube, schönem Außenbereich und einer eigenen Käserei. Weiter oben gibt es ein Nebenhaus aus den Siebzigern mit verschiedenen Apartments im Stil der Zeit des Gebäudes.

Ich werde in ein Apartment geschickt, bei dem das zweite Schlafzimmer schon belegt ist. Im Nachhinein stellte sich heraus, dass es Angie mit ihrer Mutter Caro ist und wir uns zusammen ein Bad teilen. Ich wünsche mir, dass sich mein Schnarchen und meine Darmaktivität etwas in Grenzen halten und die beiden nicht durch mich gestört werden. Sonst ist aber alles okay mit der Unterkunft und deshalb, schnell ausgepackt und gleich darauf wieder in die Almhütte zu den anderen gesellt.

Jetzt sitzen wieder mal viele Bekannte zusammen und wir tauschen uns selbstredend, wie beste Freunde, über die letzten Erlebnisse aus. Die Wirtin kommt vorbei und stellt sich und die Menüfolge vor und später gibt es superleckere, hausgemachte Südtiroler Schlutzkrapfen zum Abendessen. Ich lobe die traditionelle Nahrung und bekomme für den nächsten Tag hausgemachte Speck- und Spinatknödel angekündigt. Juhu, so einfach kann man mich glücklich machen. Ein paar Südtiroler Spezialitäten und schon ist die Welt in Ordnung. Ich beschließe nun zwei Tage hier in Pfunders zu bleiben, um meinen Körper zu regenerieren und am Abend die Knödel zu verspeisen.

Jetzt bestellen wir noch einen Schnaps für alle und quatschen angeregt miteinander. Bei der Gelegenheit erfahre ich, dass Angie, mit ihren 29 Jahren und ihrer zierlichen Gestalt, Oberfeldwebel bei der Bundeswehr ist und schon dreimal im Kosovo war und auch noch den Panzerführerschein hat.

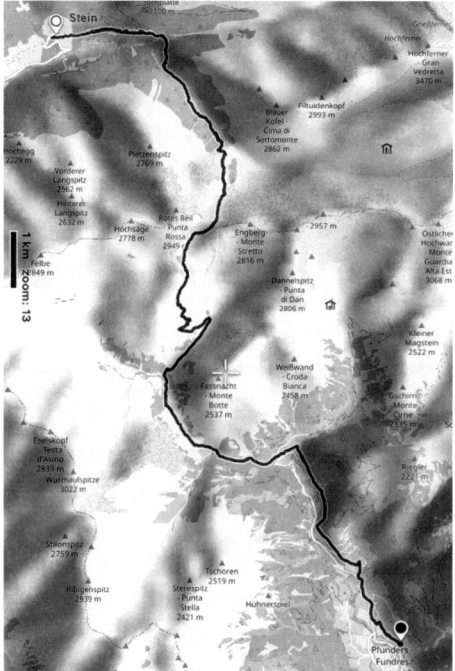

Der Mensch, dessen Namen ich nicht kennen will, aus dem Ruhrgebiet sitzt auch wieder mit am Tisch und wir freunden uns nun doch langsam an.

Um 21:15 Uhr ist der Abend gelaufen und ich gehe auf mein stilvolles 70er-Jahre Zimmer, führe noch einen Video-Call mit der lieben Familie und widme mich dann dem Tagebuch.

Heute war es wieder mal ordentlich anstrengend und mit 20,5 Kilometer, 1.256 Meter Aufstieg und 1.631 Meter Abstieg, auch wieder mal sehr schmerzhaft.

Ich freue mich auf den morgigen Pausentag – gute Nacht.

Tag 27: 20,53 km, +1.256 m/–1.631 m

Ein Tag in Pfunders – Tag 28
Freitag, 5. August

Blick auf Pfunders

Am frühen Morgen gab es ein heftiges Gewitter, von dem ich wach werde. Gegen 6:00 Uhr stehe ich instinktiv auf und gehe auf die Terrasse, um meine jetzt komplett durchnässten Sachen, inklusive meiner Schuhe, nach innen zu holen. Glückwunsch Ralph, das hast du gut gemacht, indem du alles zum Trocknen in den Regen gehängt hast.

Dann bin ich noch mal ins Bett und habe bis 8:30 Uhr an der Matratze gehorcht. Wohl oder übel war dann auch die Nacht vorbei und ich saß kurz vor 09:00 Uhr beim Frühstück.

Heute ist wieder ein Tag der Ruhe geplant und von daher kann ich entspannt frühstücken und bleibe deswegen noch bis 11:00 Uhr in der gemütlichen Wirtsstube sitzen. Der Ruhetag ist auch ganz meinen Schuhen und Klamotten gewidmet. Diese können sich ungestört im Zimmer der Trocknung hingeben. Draußen regnet es nach wie vor in Strömen und keiner, der ebenfalls anwesenden Wandersleute, will heute weiterlaufen.

Wir sind gerade zu siebt in der guten Stube, wobei wieder die üblichen Verdächtigen der Venedig-Geher anwesend sind.

Nach dem Frühstücken löse und lese ich. Das bedeutet, ich löse zuerst ein paar Smartphone-Probleme von anwesenden Personen und dann, als alle zufrieden sind, lese ich mein spannendes E-Book auf meinem iPhone weiter.

Da man sich in der Stube aber nicht richtig toll ausstrecken kann, gehe ich dann doch gegen 11:30 Uhr auf meinem Zimmer, um das Bett noch mal auf seine Liegequalitäten zu testen. Jetzt stelle ich auch fest, dass meine Apartmentmitbewohner nun doch nicht aufgebrochen sind, da sie es wohl ebenfalls vorziehen, trocken zu bleiben.

Bis 13:45 Uhr liege ich gemütlich auf dem Bett und nutze hier das erste Mal mein Smartphone, um eine gespeicherte TV-Serie zu gucken.

Jetzt muss ich mich aber wieder bewegen und als kurz vor 14:00 Uhr der Regen nachlässt, gehe ich den steilen Fußweg nach unten, und auf der anderen Seite wieder nach oben, um im eigentlichen Ortskern des Dörfchens Pfunders zu landen.

Auf dem Programm steht: Gegend erkunden, einkaufen und später noch mal ausruhen. Im Ortskern angekommen stelle ich leider fest, dass der einzige Laden geschlossen hat und erst um 15:30 Uhr wieder für seine Kunden da ist.

Das hättest du dir aber auch denken können Ralph, wir sind hier doch schließlich in Italien. Dann geht es halt in den Dorf-Treff nebenan auf ein Radler und einen Bauerntoast. Beides schmeckt hervorragend und ich bleibe noch hier, um an meinen Aufzeichnungen weiterzuarbeiten. Dabei beobachte ich immer wieder interessiert die verschiedenen Dorfindividuen beim ein- und ausgehen. Der Dorf-Treff mach auf jeden Fall seinem Namen alle Ehre

Endlich, der Tante-Emma-Laden hat jetzt geöffnet und nach meinem erfolgreichen Einkauf geht es im Regen wieder zurück, um eine Stunde zu ruhen.

Der Bauerntoast ist längst verdaut und so knurrt langsam wieder das Mägelchen. Körperliche Signale muss man ernst nehmen und so finde ich mich um 18:00 Uhr wieder in der gemütlichen Alm-Stube zum Abendessen ein. Es gibt die versprochenen Speck- und Spinatknödel mit Salat und Apfelstrudel als Dessert. Alles sehr lecker und hausgemacht.

Bis 21:00 Uhr sitzen wir alle noch zusammen und genießen wieder mal einen netten Abend unter Gleichgesinnten. Wir sind heute 12 Personen, wobei tatsächlich nur zwei Herren unter uns sind und einer davon bin ich.

Irgendwie sieht es wohl so aus, als ob ein Großteil der Venedig-Geher weiblichen Geschlechts ist. Woran das wohl liegen mag? Eventuell sind die Damen mutiger oder haben einfach die besseren zeitlichen Möglichkeiten.

Trotz des heutigen Chill-Tages liege ich schon um 21:15 Uhr im Bett, um noch ein wenig zu schreiben und zu lesen. Es war eine gute Entscheidung, heute zu pausieren, denn es hat tatsächlich den ganzen Tag geregnet.

Gute Nacht – gähn.

Einen Monat unterwegs – Tag 29
Samstag, 6. August

Nach dem Beenden der Nachtruhe stelle ich mit Freuden fest, dass sich der Regen endlich verzogen hat und über den Bergkämmen die Sonne hervorspitzt. Der Ort Pfunders liegt zwar noch im dunklen Schatten, aber es ist abzusehen, dass das Tal die nächsten ein bis zwei Stunden mit gleißendem Sonnenlicht durchflutet wird.

Nach dem wieder mal hervorragenden Frühstück mit hausgemachtem Käse starte ich um 8:45 Uhr gestärkt und einigermaßen erholt. Ich muss endlich mal wieder Strecke machen, um mein südliches Ziel nicht aus den Augen zu verlieren.

Leider muss ich heute für mindestens zwei Stunden auf einer Asphaltstraße meine Kilometer abspulen. Ich laufe hier einsam und allein, da die anderen Wanderer mit dem Bus fahren, um die „unattraktive" Asphaltstraße zu vermeiden. So schlimm finde ich es dann doch nicht, denn diese Straße führt circa acht Kilometer durch ein schönes Tal nach Niedervintl.

Heute Morgen ist es doch ziemlich frisch und so laufe ich mit meiner Soft-Shell-Jacke, in der es mir nach 30 Minuten aber doch recht warm wird.

Es geht asphaltmäßig stetig bergab und nach über einer Stunde habe ich die magische Grenze erreicht. Ich bin das erste Mal seit über einer Woche wieder unter 1.000 Höhenmeter. Ich befürchte nur, das wird nicht sehr lange so bleiben.

Um 10:45 Uhr erreiche ich das beschauliche Niedervintl und hoffe auf umfangreiche Einkaufsmöglichkeiten nebst Geldautomaten. Ich brauche zwar nicht viel, aber ich möchte das Nötigste hier erledigt haben.

Unter anderem benötige ich dünne, schwarze Schnürsenkel, da mein Halsband mit Anhänger gerissen ist. Hier in Niedervintl gibts aber anscheinend keine Menschen, die gelleckte Managerschuhe tragen und so gibt es auch kein schwarzes, dünnes, rundes Schuhband. Hier ist man schuhtechnisch etwas gröber aufgestellt. Ich kaufe ein Notschuhband, das aber dann doch zu dick ist. Hier in Niedervintl versorge ich mich dann noch mit Frischgeld und trinke einen köstlichen Cappuccino. Alles in allem habe ich damit fast alles erledigt.

Ich denke, ich bin inzwischen im Pustertal, welches ich aber wohl bald schon wieder verlasse. Mal sehen, was mich noch alles erwartet.

Die letzten beiden Tage haben die meisten Venedig-Geher schon wieder ihre Übernachtungen für drei Tage im Voraus reserviert. Das habe ich bisher noch nie gemacht und fange jetzt auch nicht damit an. Ich lasse es einfach darauf ankommen, da ich ja nicht genau weiß, wie weit ich pro Etappe laufen möchte oder kann. Außerdem beruhigt mein komfortables Schlafzimmer im Rucksack doch ungemein.

Grundsätzlich habe ich mir das Ganze aber doch ein wenig anders vorgestellt, denn bei vielen der Bergetappen gibt es einfach keine Möglichkeit um mal zwischen den offiziellen Etappenzielen zu übernachten.

Rettende Kalorien auf der Roner-Hütte

Keine Möglichkeit bedeutet: kein Haus, keine Hütte, kein Wald und keine gerade Wiese für ein Zelt. Ab einer bestimmten Höhe (in der ich mich sehr oft befinde) braucht man auch überhaupt nicht an ein Not-Biwak zu denken, denn da gibt es nur Geröll und Felsen und das Campen ist streng verboten. Man würde ein illegales Campen aufgrund fehlender Bäume auch von weit her sehen.

Aktuell befinde ich mich auf circa 800 Höhenmetern und beginne wieder mit einem kräftezehrenden Aufstieg. Ich muss noch hoch zur Kreuzwiesen-Alm, die auf 2.190 Meter liegt.

Die Alm liegt nun mal dort, aber mir liegt es gerade gar nicht dahin aufzusteigen. Einen Plan B habe ich nicht, also muss ich da eben durch. Es heißt also Zähne zusammenbeißen und Schritt für Schritt nach oben.

Während ich aufsteige, schweifen meine Gedanken von links nach rechts, von oben nach unten und überallhin. Vor allem aber auch wieder mal nach Hause. Meine Familie vermisse ich schon sehr. Auf den Tag genau bin ich jetzt einen Monat auf Wanderschaft. So lange war ich noch nie von meinen Liebsten getrennt. Außerdem habe ich mir wohl etwas mehr von meiner Wanderschaft erwartet. Ich bin immer noch der gleiche Ralph, der vor einem Monat in Roth losgelaufen ist.

Viele sagen, man lernt sich selbst auf so einer Reise erst richtig kennen. Das stimmt bestimmt bei vielen, aber anscheinend kannte ich mich

Lüsener Almwiesen

schon vorher und so bin ich nur der „neue" Ralph mit vielen neuen Eindrücken. Die nächsten Stunden folgt ein steiler, langer und unerbittlicher Aufstieg. Aber Rettung naht und so erreiche ich gegen 14:30 Uhr die Roner-Hütte, wo ich meinen ausgemergelten Leib mit Makkaroni und alkoholfreiem Weizen stärke. Inzwischen ist es wieder leidlich kalt und leider auch ziemlich bewölkt. Noch dazu schmerzen meine Beine und Füße noch mehr als sehr. Die Roner-Hütte befindet sich auf den wunderschönen und weitläufigen Lüsener Almwiesen. Und da es hier laut Reiseführern so wunderschön ist, sind auch ganz viele Tageswanderer unterwegs. Das ist ein Grund, weshalb ich sehe, dass ich schnell weiterkomme. Den Trubel bin ich wohl nicht mehr gewohnt.

Ich laufe, laufe und laufe und muss gottlob nicht mehr an meine wunden Stellen im Schritt und an den Beinen denken. Ja, ich sage nur „Hirschtalg", mit dem ich mich, seit zwei Tagen einfette. Das Wundermittel sorgt für deutliche Erleichterung an den gepeinigten Körperstellen und hat jetzt einen festen Platz in meiner Ausrüstung.

Es wird immer italienischer und ab jetzt heißen die Hütten auch nicht mehr „Hütte" sondern „Rifugio". Das bedeutet, ich übernachte ab jetzt typisch italienisch, denn Südtirol verabschiedet sich langsam, aber sicher hinter mir.

Die nächsten eineinhalb Stunden zur Kreuzwiesenhütte (also Rifugio) ziehen sich mal wieder ewig und werden aufgrund meiner Sehnenschmerzen dann doch fast zwei Stunden.

Bei jeder Hütte oder Scheune, die ich vor mir sehe, denke ich „das ist sie", aber leider ist meist nur Stroh darin und ich muss mich noch weiter gedulden.

Da, endlich, es ist 17:30 Uhr und ich sehe die Kreuzwiesenalm vor mir auftauchen. Ich vollziehe innerliche Freudensprünge und sehne mich nach einer Matratze. Die Kreuzwiesenalm markiert so ziemlich die Hälfte der Etappen und somit auch die Mitte zwischen München und Venedig.

Mein Etappenziel heute ist keine DAV-Hütte, sondern eine privat geführte Unterkunft, was man ihr auch gleich ansieht. Alles ist etwas stilvoller und schöner eingerichtet und lädt sehr zum Verweilen ein, hat aus diesem Grund aber auch ein etwas anderes Preisniveau.

Kurz vor der Hütte sehe ich ein Zelt auf der Wiese und bin dadurch etwas entspannt. Wenn die voll sind, erlauben sie anscheinend das Zelten. Und, wie prognostiziert, ist alles übervoll und ich darf für 5,00 Euro mein Zelt aufbauen und für 3,00 Euro duschen. Da ich ja das Zelten sowieso gut finde, ist damit auch alles gut. Nahezu alle Venedig-Geher von gestern haben sich auch heute wieder hier eingefunden. Selbst Angie, die aufgrund von Knieproblemen eigentlich aufgeben wollte, sitzt mit am Tisch. Ich werde überschwänglich begrüßt und trinke ganz, ganz schnell ein alkoholfreies Weizenbier.

So gestärkt errichte ich dann circa drei Meter neben dem anderen Zelt auch meines, da das der einzige einigermaßen gerade Lagerplatz ist. Leider ist mein Zelt noch klitschnass von der Übernachtung in Hall und so kann ich mein Bett noch nicht machen und muss auf die Trocknung meines Etablissements durch Sonne und Wind warten. Als ich fertig bin, kommt der Bewohner des anderen Zeltes vorbei und versteht meine Begrüßung nicht. Aha, er ist Franzose und ungünstigerweise auch sehr unglücklich, dass ich meinen Bauplatz so nah an seinem gewählt habe, da ich ja schnarchen könnte. Woher weiß der das nur, denke

Etappenübersicht				
	Schwierigkeit	Auf-/Abstieg	Strecke	Gehzeit
A. München – Inntal				
1 Marienplatz – Wolfratshausen		140/90 hm	34 km	8.00 Std.
2 Wolfratshausen – Bad Tölz	L	240/170 hm	28 km	7.00 Std.
3 Bad Tölz – Tutzinger Hütte	M	1250/570 hm	21 km	7.30 Std.
4 Tutzinger Hütte – Vorderriß	L	710/1270 hm	18 km	7.15 Std.
5 Vorderriß – Karwendelhaus	L	1050/50 hm	24 km	7.00 Std.
6 Karwendelhaus – Hallerangerhaus	S/V: L	1550/1550 hm	15 km	8.50 Std.
7 Hallerangerhaus – Glungezer Hütte	L	960/1540 hm	18 km	6.10 Std.
V 7.1 Hallerangerhaus – Voldertalhütte	L	980/1590 hm	22 km	6.45 Std.
V 7.2 Hallerangerhaus – Lizumer Hütte	L	960/1550 hm	20 km	7.00 Std.
B. Inntal – Pustertal				
8 Glungezer Hütte – Lizumer Hütte	M	750/1300 hm	15 km	8.30 Std.
V 8.1 Voldertalhütte – Lizumer Hütte	L	1350/700 hm	17 km	5.30 Std.
9 Lizumer Hütte – Tuxer-Joch-Haus	M	1230/930 hm	13 km	6.30 Std.
10 Tuxer-Joch-Haus – Olpererhütte	L	930/850 hm	12 km	6.15 Std.
11 Olpererhütte – Stein	S	460/1310 hm	13 km	5.30 Std.
12 Stein – Pfunders	M	1200/1550 hm	20 km	8.00 Std.
C. Pustertal – Alleghe				
13 Pfunders – Kreuzwiesen Alm	L	1300/530 hm	16 km	6.30 Std.
14 Kreuzwiesen Alm – Schlüterhütte	L	1370/990 hm	22 km	8.30 Std.
15 Schlüterhütte – Puezhütte	S/V: M	740/580 hm	11 km	5.00 Std.
16 Puezhütte – Rifugio Boè	S	1270/860 hm	14 km	6.45 Std.
17 Rifugio Boè – Rifugio Viel dal Pan	L	400/840 hm	8 km	4.00 Std.
18 Rifugio Viel dal Pan – Alleghe	L	230/1670 hm	24 km	5.45 Std.
D. Alleghe – Belluno				
19 Alleghe – Rifugio Tissi	L/V: M	680/350 hm	11 km	3.15 Std.
20 Rifugio Tissi – Rif. Bruto Carestiato	M	740/1160 hm	16 km	6.00 Std.
21 Rif. B. Carestiato – Rif. P. de Fontana	M/V: L	1200/1300 hm	20 km	8.00 Std.
22 Rif. Pian de Fontana – Rif. 7° Alpini	S/V: M	960/1120 hm	10 km	7.15 Std.
23 Rif. 7° Alpini – Belluno	L	380/1250 hm	14 km	4.15 Std.
E. Belluno – Venedig				
24 Belluno – Rifugio Col Visentin	L	1600/270 hm	17 km	5.30 Std.
25 Rifugio Col Visentin – Tarzo	L	135/1675 hm	22 km	5.25 Std.
26 Tarzo – Ponte della Priula	L	600/800 hm	29 km	6.45 Std.
27 Ponte della Priula – San Bartolomeo	L	40/105 hm	21 km	5.20 Std.
28 San Bartolomeo – Jesolo	L	70/60 hm	36 km	9.00 Std.
29 Jesolo – Venedig, Markusplatz	L	0/2 hm	23 km	6.00 Std.
München – Venedig		22.200/25.000 hm	554 km	29 Tage

9

Die Hälfte – sauber abgehakt

Die Kreuzwiesenalm im Rücken – Blick in die Ferne

ich und mache mir ein wenig Sorgen um ihn.

In der Hütte sitze ich wieder am Tisch mit den bekannten Gesichtern, aber auch mein französischer Nachbar mit seiner Freundin sitzt an unserem Tisch. Ich überlege kurz, ob ich ihnen Ohrenstöpsel spendieren soll, verwerfe den Gedanken aber erst einmal.

Während des Abends wollen die meisten meiner zeitweisen Bekannten mein Lager inspizieren und so begeben wir uns auf die Wiese und ich präsentiere stolz meine Ausrüstung. Nahezu 90 % der Wanderer, die ich kennenlernen durfte, haben sich ausschließlich auf Hüttenübernachtungen eingestellt und haben somit kein Camping-Equipment dabei. Im Laufe der Gespräche bemerke ich aber, dass der ein oder andere diese Situation überdenkt und in Zukunft die Ausrüstung eventuell erweitert.

Stolz blicke ich noch mal auf mein Lager und bin sicher, hier schlafe ich deutlich besser und lieber als in einem 12er-Matratzenlager.

Später unterhalten wir uns am Tisch über Gott und die Welt und ab und zu spreche ich auch mit dem französischen Pärchen auf Englisch. Jetzt teile ich Ihnen mit, dass ich schnarchen (to snore) könnte und biete beiden originalverpackte Gehörschutzstöpsel an.

Er, und seine durchaus attraktive Freundin lehnen dankend ab und verschwinden kurz darauf in ihrem Zelt. Wenig später verschwinde auch ich in meiner gemütlichen Koje, um noch etwas zu lesen und danach zu schlafen.

Das mit dem Lesen klappt nicht sehr lange. Ich schlafe wieder mal erschöpft ein und träume von Venedig, meiner Familie und beidem zusammen in einer noch fernen Zukunft am Markusplatz.

Die 26,1 Kilometer mit dem vielen Auf und Ab waren heute einmal mehr sehr fordernd für mich.

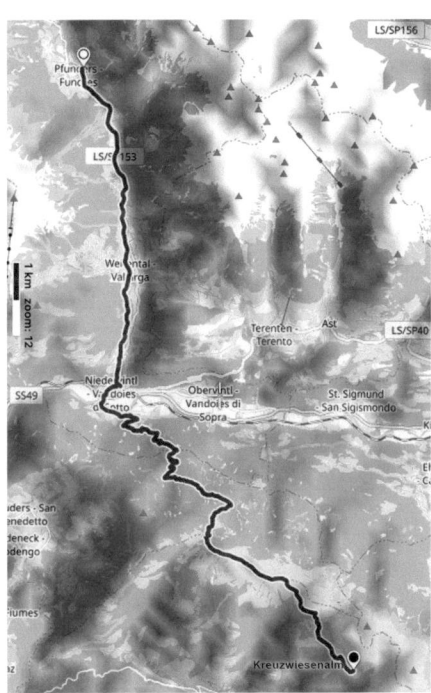

Tag 29: 26,11 km, +1.286 m/–521 m

Zu den Geislerspitzen – Tag 30

Sonntag, 7. August

Ich könnte kotzen, die ganze Nacht weckt mich die Französin durch lautes Rufen auf, da ich wohl schnarche. Das regt mich mehr als auf. Ich habe ihnen gesagt, dass ich schnarchen könnte und beiden neue und originalverpackte Ohrenstöpsel angeboten, die sie leider ablehnten. Jetzt werde ich die ganze Nacht geweckt und keiner von uns schläft so richtig. Ich stelle fest, das Verhältnis zwischen Frankreich und Deutschland ist deutlich angespannt.

Als ich am Morgen aus dem Zelt krieche, sind die beiden gottlob schon über alle Berge und ich muss mich nicht rechtfertigen. Da sie von Belluno nach München laufen (also entgegengesetzt zu mir) werde ich sie auch nicht wieder treffen. Meine Trauer hält sich in Grenzen.

Um 07:30 Uhr wasche ich mich im Waschraum der Kreuzwiesenalm, um danach gepflegt, aber müde, zu frühstücken. Bedauerlicherweise muss ich nach dem Frühstück gleich wieder arbeiten und so baue ich bei Sonnenschein, aber niedrigen Temperaturen mein Schnarch-Camp ab.

Inzwischen geht das schon sehr fix, und so kann ich gegen 8:45 Uhr meinen Schwergewichtsrucksack auf meinen geschundenen Rücken hieven und wieder Richtung Süden aufbrechen. Von Weitem sehe ich schon den Peitlerkofel, der den Beginn der einmaligen Dolomiten flankiert. Diese sind als UNESCO-Welterbe etwas ganz Besonderes und werden dann auch einen neuen Abschnitt meiner Reise darstellen.

Zuvor erklimme ich aber noch den „Campill", wo ich um 09:30 Uhr die geniale Fernsicht genieße. Von hier aus sehe ich die Dolomiten mit den Geislerspitzen oder unten im Tal das Städtchen Bruneck, an dem ich schon so oft mit dem Auto vorbeigerauscht bin.

Ich genieße die beeindruckende Aussicht noch einige Minuten und nehme mir dann auch noch Zeit, mich ins Gipfelbuch einzutragen. Für viele andere Wanderer ist so etwas anscheinend das wichtigste Ritual auf einem Gipfel. Wie die Irren stürzen sich manche auf das Gipfelbuch, um sich dort für immer zu verewigen. Ich habe das heute das erste Mal gemacht und denke, damit ist es auch genug.

Leider muss ich die Aussicht jetzt sich selbst überlassen und wieder aufbrechen, sonst bezwinge ich die heutige Etappe nicht. Heute stehen viele Höhenmeter nach oben und dann natürlich wieder nach unten an und ich werde wohl mindestens neun Stunden unterwegs sein.

Nach einiger Zeit stoße ich auf ein paar mir bisher unbekannte Wanderer, die sich bei einer Pause angeregt unterhalten und ich geselle mich kurzerhand dazu.

Sie sind zu dritt unterwegs, wobei eine der beiden Dame erst kurz vor mir hinzukam. Wie ich auch, hat sie einen Riesenrucksack auf dem Rücken und über Zelt und Schlafsack auch alles andere zum Campen dabei. Sie läuft ebenfalls die Venedig-Tour, heißt Ela (von Michaela) und hat ein paar Hundert Meter weiter unten auch die letzte Nacht im Zelt verbracht.

Ich finde das echt cool, und sie erzählt weiter, dass sie im letzten Jahr auf Trekkingtour im Kaukasus war und dort auf über 5.600 Meter Atemprobleme bekommen hat. Im Gegensatz dazu sind die knapp 3.000 Meter Höhe, die man auf der Venedig-Tour erreicht, ja fast Flachland.

Ich lasse sie weiter vom Kaukasus träumen und mache mich wieder auf den Weg. Gegen 11:30 Uhr sehe ich eine Person mit großem Rucksack vor mir und überhole kurz darauf Andrea und wir unterhalten uns kurz. Ich ziehe aber dann weiter, da ich, wie wir wissen, ja etwas schneller bin als sie.

Grundsätzlich laufe ich tatsächlich lieber allein, denn dadurch muss ich meine Geschwindigkeit an niemanden anpassen und auch nicht ständig reden.

Wer mich kennt weiß, ich habe eigentlich gar nichts gegen das Reden, aber ich brauche irgendwie jedes bisschen Luft zum Atmen und möchte nichts mit sinnlosen Geplapper verplempern.

Der Weg führt mich jetzt über Wiesen und durch Wälder, wo es köstlich nach Kräutern, süßlichen Honig und Kuhscheiße duftet! Apropos Kuhscheiße. Auf dem Weg vor mir muss wohl ein Kuhscheißefetischist unterwegs sein. Anders kann ich es mir nicht erklären, außer dieser Wandersmann vor mir ist tatsächlich blind. In regelmäßigen Abständen sehe ich frische Kuhscheißhaufen in deren Mitte ein tiefer, menschlicher Fußabdruck, meist mit gleichem Profil, zu sehen ist. Da muss doch jemand mit Absicht dauernd reinsteigen und Spaß dabei empfinden. Ekelhaft, ich schüttle mich, verdränge den Gedanken und ziehe angeekelt weiter.

Das ganze Wandern wäre doch nichts ohne das Rasten und so lande ich freudig um 12:30 Uhr im Refugio Monte Muro (Maurerberg-Hütte). Ich bemerke, dass heute wieder einmal Sonntag ist, denn es sind wieder sehr viele Tagesausflügler (Rentner, Kinder und andere Amateurwanderer) unterwegs.

Ich ergattere in der Hütte trotzdem einen Platz und ruhe mich mit einem kühlen Getränk aus, bevor es bald wieder weitergeht.

Endlich, um 14:00 Uhr bin ich am Fuße des Peitlerkofels am Würzjoch und raste nun schon wieder. Wahnsinn, denke ich mir. Hier geht es zu wie am Jahrmarkt oder am Plärrer in Nürnberg.

Nahezu alle der hier oben anwesenden Wanderer sind anscheinend italienische Italiener (einschließlich der Rentnergruppen) und wandern lautstark, was

Blick auf den Peitlerkofel

das Zeug hält wild in alle Richtungen. Keiner spricht mehr deutsch und so Grüße ich nur noch mit „Salve"' oder „Buongiorno".

So schwer es mir fällt, den Trubel zu verlassen, aber ich muss weiter. Damit es nicht langweilig wird, geht es danach wieder steil nach oben zur Peitlerscharte und kurz vor 16:00 Uhr verlassen mich meine Kräfte. Ich muss anhalten und heftigst schnaufen. In meiner desolaten Lage treffe ich einen älteren Herren, der anscheinend noch mehr im „Arsch" ist wie ich. Er spricht mich auf Deutsch an und sagt: „Ich bin jetzt echt am Ende meiner Kräfte". Ich auch, antworte ich, denke aber im selben Moment, dass ich als Jüngerer ihn motivieren sollte und erwidere: „Da oben ist der Grat doch schon zu sehen. Das schaffen wir schon." Und mit diesen Worten laufe ich langsam weiter und hoffe, er folgt mir.

Es ist Sonntag, ich bin am Ende und meine Gedanken spielen Karussell. O Mann, wäre ich jetzt gern zu Hause auf meinem Sofa und würde mit meiner Familie gemütlich einen schönen Film ansehen. Endlich erreiche ich den Grat und bin noch mal mehr im Arsch, obwohl ich dachte, das ist nicht möglich

Blick von der Peitlerscharte

Sonnenuntergang an der Schlüterhütte

Blick von der Schlüterhütte auf die Geislergruppe

Meine Bekanntschaft von eben ist noch weiter unten, da er meinte, ich soll nicht auf ihn warten. Ich wollte, dass die Qual zu Ende geht, und bin dann weitergelaufen.

Ich hatte direkt nach dem Grat die Schlüter-Hütte erwartet, aber die Enttäuschung ist groß. Wie sagt man: „Leider ein Satz mit X". Ich sehe ein Schild und bin frustriert. Von hier aus sind es noch mal 30 Minuten bis zum ersehnten Etappenziel.

Ich weiß nicht mehr, wie ich es geschafft habe, aber ich komme um 17:00 Uhr an der mehr als vollen Schlüterhütte (Rifugio Genova) an. Ich habe mich so mit mir und meinem Willen beschäftigt, dass ich den älteren Herren dann irgendwie vergessen habe. Hoffentlich geht auch bei ihm alles gut.

Meine Nachfrage hinsichtlich Schlafgelegenheit enthüllt wieder mal die schreckliche Wahrheit, alles übervoll und mehr als besetzt. Mal gucken, was passiert, es wird wohl auf das Notlager im Gang herauslaufen, wenn das noch Platz bietet. Ich kaufe mir zwei Radler und eine Duschmarke für insgesamt 13,00 Euro und freue mich über das gut investierte Geld.

Da, ein Tisch im Freien in der Sonne und wieder entdecke ich ein paar bekannte Gesichter. Caro und Angie sind wohl anscheinend doch weitergelaufen. Ich entdecke auch Klaus, den ich schon kennengelernt hatte und das halb italienische Molekular-Pärchen. Auch zwei andere Damen, deren Namen ich noch nicht kenne und Ela, sitzen hier und quatschen angeregt.

Ich geselle mich gern dazu, denn wenn ich nicht wandern muss, kann ich natürlich wieder quatschen. Ich erfahre dabei, dass das Wetter schlechter werden soll, und so beschließe ich, die Etappe morgen zu verlängern und bis zum Grödner Joch zu wandern, um dem Wetter ein Schnippchen zu schlagen. Damit das auch wirklich funktioniert, reserviere ich dort ausnahmsweise ein Zimmer.

Leider ist trotz Erschöpfung wieder Arbeit angesagt, denn ich muss dringend das Zelt zum Trocknen in die letzten Sonnenstrahlen legen. Dann rufe ich meinen Vater an, um ihn von den Geislerspitzen (die er so sehr liebt) zu grüßen. Auf diese kann ich von hier aus direkt blicken, da die Schlüterhütte direkt an deren Fuße liegt.

Ich muss nun dringend duschen und so bereite ich meine Sachen dazu her. Ich freue mich sehr, meine Wanderstiefel gegen meine ultraleichten Flip-Flops zu tauschen. Diese wiegen fast nichts, haben keinen Zehentrenner und wurden für diese Reise langwierig gesucht und ausgewählt.

Jetzt freuen sich aber wohl auch die Kühe der Kreuzwiesenalm über meine bequemen Schuhe und ich ärgere mich intensiv. Ich habe die Treter wohl bei der letzten Übernachtung auf der Wiese vor dem Zelt einfach vergessen. So ein Mist, ich könnte kotzen. Hausschuhe sind auf jeder Hütte Pflicht. Für schlappe 3,00 Euro stattet mich das Personal dieser Hütte mit weißen, plüschigen und femininen Hotel-Notpantoffeln aus. Ich bin begeistert.

Ich muss dringend wieder ordentliche und leichte Hausschuhe bekommen, die bei den anderen Wanderern kein Schmunzeln hervorrufen. Die Frage ist nur wo? Eventuell komme ich ja morgen etwas früher beim Grödner Joch an und kann dann kurz mit dem Bus nach Wolkenstein fahren. Da sollte es so was doch geben, oder? Ich behalte den Plan lose im Hinterkopf und kümmere mich lieber um die wichtigen Dinge des heutigen Tages.

Zum Essen gibt es Speckknödelsuppe und Schlutzkrapfen und Wein vom Kalterer See. Ich kann nur sagen – köstlich. Vor lauter Glück vergesse ich auch für einige Zeit meine nicht vorhandenen Hüttenschuhe.

Für den folgenden, spektakulären Sonnenuntergang bin ich dann vor die Türe und habe mein Stativ (aus den beiden Trekking Stöcken) aufgebaut, um den Sonnenuntergang mehrfach und möglichst professionell abzulichten. Um 21:00 Uhr erfahre ich, dass es mit der Übernachtung dann doch funktioniert und kurz darauf richte ich das erste Mal ein echtes Notlager ein. Im zweiten Stock liegen im Flur zwischen den Zimmern überall Matratzen am Boden verteilt. Ich habe auch einen direkten Nachbarn und bin froh darüber, dass es der ältere Herr ist, der nachmittags am Berg fast kapituliert hätte. Er fragt mich, ob ich Gehörschutz dabeihabe und ich grinse. Er fragt tatsächlich mich. Klar sage ich und frage, ob er denn auch welche habe. Er sagt, er brauche das nicht, da er ohnehin schlecht hört, aber eben auch sehr schnarcht. Viel Spaß den anderen ohne Gehörschutz im Notlager mit uns beiden.

Heute habe ich 22 Kilometer und wieder mal viele Höhenmeter unter meine Stiefel genommen.

Schmerzen zeugen davon.

Ich denke an meinen Vater, der genau diese Gegend rund um die Geislerspitzen über alles liebt und schlafe irgendwann erschöpft ein.

Tag 30: 21,93 km, +1.260 m/ –871 m

Über Scharten zum Grödner Joch – Tag 31
Montag, 8. August

Das Notlager habe ich gut überstanden und gegen 7:00 Uhr ging ich in die Senkrechte. Leider habe ich aufgrund der Schmerzen in den Beinen nicht wirklich gut geschlafen und somit lässt der Antrieb heute noch zu wünschen übrig. Beim späteren Frühstücken sitzt an unserem Tisch auch ein Amerikaner mit seinen vier Kindern (drei Jungs und ein Mädchen im Teenageralter). Wir kommen ins Gespräch und er erzählt, dass er insgesamt zehn Kinder habe, aber nur mit seinen ältesten vier auf einer dreimonatigen Europatour sei. Auf dem Plan der Europatour stehe eben auch eine Woche Wandern in den wunderschönen Alpen. Die fünf kommen irgendwo aus der Nähe von Colorado und kennen sich anscheinend mit Bergen aus. Nach Ihren Namen brauche ich gar nicht erst zu fragen, denn ich bin sicher, es sind „Die Waltons".

Bei dem wolkenlosesten Sonnenhimmel, den es geben kann, laufe ich los. Es ist jetzt 8:15 Uhr und ich muss etwas Gas geben, denn heute darf ich zwei Scharten bis zum Grödner Joch überqueren.

Heute ist übrigens der 8. August und an diesem Tag treffen sich üblicherweise um 8:00 Uhr die Venedig-Wanderer am Marienplatz in München zum gemeinsamen Aufbruch (am 08.08. um 08:00 Uhr). Mit dabei war auch, solange es möglich war, Ludwig Graßler der mit seinen über 90 Jahren meist die erste Etappe mitgelaufen ist. Ludwig Graßler hat 1974 den Weg München-Venedig dokumentiert und ein Buch mit dem Titel „Zu Fuß über die Alpen" veröffentlicht. Der Ludwig trieb sich bis zu seinem Tode im Jahr 2019 immer wieder mal mit dem Fahrrad zwischen München und Bad Tölz an der Isar herum. Er hielt Ausschau nach Wanderern mit großem Rucksack, die „seinen" Weg laufen, um diese zu begrüßen und zu motivieren. Einige der Venedig-Geher, die ich kennenlernen durfte, haben ihn tatsächlich dort getroffen und sich mit ihm unterhalten.

Aufgrund meiner Umplanung muss ich heute circa 1,5 Etappen absolvieren, und so beschleunige ich meine Schritte. Das hat der Ludwig so nicht vorgesehen.

Durch meinen inzwischen gestählten Körper kann ich gleich noch einige Wanderer vor mir überholen. Nur die Amerikaner packe ich nicht, denn die sind immer noch schneller als alle anderen und laufen zu fünft, wie die sieben Zwerge, der Grüße nach hintereinander, schnell und wortlos unentwegt den Berg nach oben.

Fernsicht vom Sobutsch-Kamm

Jetzt sehe ich vor mir Martina, welche ich an einem der letzten Tage kennengelernt habe. Nach einem kurzen Plausch laufen wir zielstrebig und gemeinsam den steilen Berg nach oben, bis wir nach einer gewissen Zeit feststellen, dass wir tatsächlich den falschen Weg genommen haben. Natürlich bin ich komplett unschuldig, behalte das ganz gentlemanlike aber für mich. Der unfreiwillige Umweg hat uns Folgendes eingebracht: circa 100 Höhenmeter mehr, eine gute Aussicht, viele blühende Edelweiß und 30 Minuten Umweg. Vertrauen ist gut, Kontrolle ist besser, denke ich mir und speichere es ab.

Von Weitem sehe ich wieder die Amerikaner und bin erneut beeindruckt, wie schnell, ja fast militärisch, sie vorankommen.

Damit es nicht langweilig wird, knarzt seit Stunden schon mein rechter Schuh und ich hoffe, dass er nicht vor mir aufgibt und kaputtgeht. Meine Schuhe der Marke Salomon haben mir bisher sehr gute Dienste erwiesen, denn Blasen hatte ich nur zu Beginn der Tour.

Es wird anspruchsvoller, steiler und felsiger und Martina hat mich gebeten, bei den schwierigen Kraxeleien bei ihr zu bleiben. Zusammen

Unterhalb der Roa-Scharte

geht es zuerst über die Roa-Scharte, die wir um 10:45 Uhr erreichen und dann gleich noch mal höher über die Nives-Scharte. Der Weg ist eigentlich kein richtiger und sehr schmal, steil und immer wieder mit Stahlseilen oder Leitern gesichert.

Was aber echt der Hammer ist, dass an einem schmalen Abschnitt, welchen man auf jeden

Die Roa-Scharte

Fall passieren muss, mitten auf dem Pfad ein menschliches Wesen seine große Notdurft verrichtet hat. Dekoriert wurde das Ganze außen herum noch mit Tempos. Es stinkt bestialisch und ich ekle mich und schäme mich zugleich für diesen Menschen. Wie kann man nur so ein Schwein sein?

Der „Duft" bleibt hinter uns und die beiden Scharten haben wir mit gemeinsamer Kraft geschafft. Jetzt werde ich automatisch wieder etwas schneller als Martina und gehe dann nach kurzer Absprache voraus.

Ich bin wirklich flott unterwegs und überhole nach und nach viele Wanderer und so bin ich dann schon um 12:50 Uhr am Rifugio Puez und freue mich auf eine köstliche Brotzeit!

Seltsamerweise stelle ich erst nach der Brotzeit fest, dass meine Hose wieder rutscht. Es ist also an der Zeit heute das zweite, neue Loch im Gürtel einzuweihen. Das ist ein erhabener Moment für mich, denn ich werde anscheinend dünn!

Von der Pütz-Hütte geht es bei strahlendem Sonnenschein noch mal über eine weitere Bergkante und ich bemerke aufgrund meines Umfeldes, dass ich inzwischen im südlicheren Italien angekommen bin.

Das weiß ich deshalb, da der coole und braun gebrannte Italiener an sich sehr gern mit Shorts und freiem Oberkörper nebst extrem cooler Sonnenbrille wandert. Da kann ich stilmäßig leider nicht mithalten.

Es geht jetzt noch mal steil nach oben, und während ich mich auf den Weg konzentriere, werde ich von einem weiteren sonnengebräunten Italiener mit freiem Oberkörper überholt. Es war definitiv ein anderer als eben, denn dieser hier ist mit Sandalen unterwegs. Die spinnen die Römer, denke ich mir.

Endlich um 16:30 Uhr komme ich an der Grödner-Joch-Passhöhe an, und checke in einem der beiden Hotels ein, welches ich am Vortag gebucht hatte.

Hier oben, direkt an der Passstraße, gibt es noch ein Souvenirgeschäft, welches aber leider keine Bade-/Hausschuhe für mich hat.

Ich informiere mich über Einkaufsmöglichkeiten und verschwinde dann schnell auf mein Zimmer, wasche mich hurtig und stehe, in frischem Outfit, an der Straße, um den 17:00-Uhr-Bus nach Wolkenstein zu bekommen.

Wie ich wieder zurückkomme, weiß ich noch nicht, da das wohl der letzte Bus für heute ist. Während ich auf den Bus warte, sehe ich noch einen sehr seltsamen Radler im hautengen und sehr bunten Radrenndress. Mit einem Siebzigerjahre-Damenklapprad quält er sich den steilen Berg nach oben. Das kleine Klapprad ist über und über mit Wimpeln, Aufklebern und vielen verschiedenen Anbauteilen, wie Hupe, Fuchsschwanz oder auch Radio, versehen. Der Fahrer dieser Rennmaschine legt sich ständig auf die Fahrbahn, um sein Fortbewegungsmittel im Vordergrund vor den Bergen abzulichten. Während ich auf den Bus warte, beobachte ich das komische Treiben und frage mich, ob ich,

Die Passstraße am Grödner Joch

mit dem, was ich hier tue, eventuell genauso durchgeschossen bin wie dieser Aushilfs-Lance-Armstrong.

Der Bus kommt um kurz nach 17:00 Uhr und ich fahre mit ihm 30 bequeme Minuten hinab nach Wolkenstein in die turbulente Zivilisation.

In Wolkenstein geht es zu wie am Stachus. Ich glaube im Winter, während der Skisaison, ist hier auch nicht viel mehr los. Ich suche nach den richtigen Schuhen in verschiedenen Läden, aber finde natürlich nichts Passendes. Entweder sind die Dinger viel zu schwer oder viel zu hart und störrisch für den Rucksack. Ich laufe weiter durch den ellenlangen Ort bis zu einem Sportgeschäft ganz am unteren Ende des Ortes. Dort finde ich dann doch ein Paar Schuhe, die als Kompromiss durchgehen könnten. Die edlen Pantoffeln sind aber leider auch viel zu steif und lassen sich deshalb nicht ordentlich verstauen und bleiben erstmal hier. Ich quäle mich die knapp drei Kilometer durch den Ort wieder nach oben und besuche dabei jedes Schuh- oder Sportgeschäft auf meinem Weg. Bedauerlicherweise finde ich nichts Besseres und so muss ich wieder umkehren und komplett zurück nach unten in das Sportgeschäft am Ende des Ortes laufen. Ist bestimmt gesund, denn ich habe mich heute noch nicht so viel bewegt, denke ich mir.

Ich kaufe dann widerwillig doch die störrischen Badelatschen und aus lauter Frust gehe ich gegenüber in das „Ristorante" und bestelle mir eine Pizza und einen Schoppen Wein.

Gegen 19:30 Uhr muss ich sehen, wie ich zurückkomme, und ich beschließe, Anhalter zu spielen. Ich laufe zum Ortsausgang und halte schön den Daumen nach oben. Dabei drehe ich mich immer ordentlich um, grinse den Autofahrern freundlich aber auch ein wenig mitleidig entgegen und schon nach zehn Minuten erbarmt sich einer und hält tatsächlich an.

Er muss gar nicht zum Grödner Joch hoch, würde mich aber für zehn Euro hinauffahren. Na ja, das Angebot ist fair, deutlich günstiger als ein Taxi und so nehme ich es an. Der Typ erzählt mir beim Hochfahren die wildesten Storys. Er stammt aus Bozen, wohnt aber jetzt in Wolkenstein. Am liebsten guckt er fern, da aber nur RTL, Sat 1, VOX und DMAX. Das Fazit: Die Südtiroler Landschaft ist die schönste der ganzen Welt und die deutschen Fernsehsender die besten die es gibt.

Kurz vor 20:00 Uhr steige ich exakt an der Stelle aus dem Auto, an der ich den Bus bestiegen habe. Da Wolkenstein nicht zu meiner Venedigroute gehört, habe ich mich somit auf meinem eigentlichen Weg ausschließlich meiner Beine bedient.

Hier oben treffe ich einen Teil der bekannten Wanderkolleginnen und Kollegen und ich erkläre meine Busfahrt bezüglich der Schuhe.

Nach einem netten Zusammensitzen verschwinde ich bald in mein Bett.

Heute war es heftige 19 Kilometer (ohne die Wanderung durch das beschauliche Wolkenstein), aber mit genialer Fernsicht und einem ungewohnten Einkaufserlebnis.

Tag 31: 18,57 km, +1.010 m/–1.201 m

Der höchste Punkt der Reise – Tag 32
Dienstag, 9. August

Die Bettdecke klebt unangenehm an meiner Haut, denn es war leider viel zu warm in meinem Zimmer und um 7:00 Uhr bittet mich der Wecker unerbittlich aufzustehen. Hoch mit mir und so bin ich exakt um 7:30 Uhr beim Frühstücken. Dort erzählen mir drei meiner Wanderer-Kollegen, dass sie aufgrund der Schlechtwetterprognose heute nicht zum Piz-Boè aufsteigen werden, sondern mit dem Bus um den gefährlichen Berg herumfahren.

Alle anderen, die das Risiko eingehen und es wagen aufzusteigen, sind schon seit über einer Stunde unterwegs, um dem Wetter ein Schnippchen zu schlagen.

Klasse, ich bin mal wieder der Letzte mit dem größten Risiko. Aber das ist gut so, denn ich will mich nicht immer allen anderen anpassen und so fühle ich mich ein wenig wie ein Revolutionär.

Der heutige Aufstieg zum Piz-Boè wird der höchste Punkt der gesamten München-Venedig-Tour sein und liegt auf circa 3.000 Metern. Den Gipfel des Piz-Boè mit 3.160 Metern werde ich, wenn das Wetter es zulässt, auch noch erklimmen, selbst wenn es ein Umweg ist, Zeit kostet und sehr anstrengend ist. Ich bin zwar nicht wirklich der Gipfelstürmer, aber dem Piz-Boè würde ich schon gern mal einen Besuch abstatten. Schon allein, um etwas anzugeben. Da oben würde ich mich dann eventuell doch überwinden und mich in das Gipfelbuch eintragen.

Etwas darunter, auf knapp 3.000 Meter aber befindet sich das Rifugio Boè, in dem ich heute die Nacht verbringen möchte.

Natürlich habe ich nicht reserviert, gehe aber davon aus, dass ich einen Platz bekomme, da einige, die sich angemeldet haben, wegen des angeblich grausigen Wetters lieber mit dem Bus fahren und somit diese Hütte auslassen.

Ich bin ja schließlich ein Wanderer und kein Busfahrer. Ich möchte wissen, ob auch die Busfahrer später zu Hause erzählen, dass sie komplett von München nach Venedig gelaufen sind?

Bis auf meinen unfreiwilligen Ausflug nach Wolkenstein habe ich noch kein anderes Verkehrsmittel als meine „Haxen" verwendet und dabei auch keinen einzigen Meter an den Bus verschenkt.

So, genug über die „Bescheißer" lamentiert. Los gehts!

Als letzter im Hotel mache ich mich wieder mal allein auf und schon nach 30 Minuten fühle ich mich wie der einzige und einsamste Mann in den Bergen. Sowohl vor als auch hinter mir sehe ich keine Menschenseele in dieser kargen, vegetationslosen Steinlandschaft.

Es ist steil, sehr steil und ein Teil des Weges ist wieder mit Stahlseilen gesichert. Das muss wohl schon eine Art Klettersteig sein, da ich teilweise auf allen vieren zum nächsten Seil greife. Zu diesem Zeitpunkt weiß ich noch nicht, dass ich mich irre.

Um 10:00 Uhr treffe ich die ersten Menschen am Rifugio „Weissnixwieheißt" und ich gönne mir ein Radeler. Ja, so heißt das hier. Der Norditaliener kennt natürlich das bekannte Mischgetränk aus dem deutschsprachigen Raum, baut aber bei der Aussprache ein charmantes „e" hinter das „d".

Der Berg ruft und ich werde unruhig in den Beinen und so muss ich weiter meinem Ziel, dem Piz-Boè, entgegen.

Im Schneckentempo quäle ich mich stark keuchend weiter nach oben. Ich bin mehr als atemlos und wundere mich, dass meine Lunge nicht zerspringt.

Über die Megaanstrengungen schreibe ich am besten gar nichts mehr, denn das ist jeden Tag (außer an den wenigen Ruhetagen) genau das Gleiche. Ich quäle mich Tag für Tag und überwinde mich immer wieder aufs Neue, um die ständigen Anstrengungen zu meistern. Jedes Mal denke ich mir auch, schlimmer und anstrengender wird es nicht mehr kommen. Aber es kommt. Ich denke an Hannibal und seine Elefanten und wünsche mir, dass einer der Dickhäuter meinen Rucksack trüge.

Auf knapp 2.700 Meter überlege ich mir, ob ich hier ein Basislager errichte und ein paar Tage bleibe, um meinen Körper an die Höhenluft zu gewöhnen!

Oder soll ich es einfach so durchziehen und mir dann auf der Boè-Hütte ein Wiener Schnitzel und ein Spezi gönnen?

Die Gedanken an ein warmes Mittagessen treiben mich dann doch mehr an und so gebe ich Gas! Um 12:15 Uhr bin ich am Rifugio Boè und es ist arschkalt. Arschkalt heißt, es ist viel kälter als kalt. Schnitzel gibts leider keines hier und so esse ich ein kleines Gulasch und ein Getränk für den Schnäppchenpreis von 18,00 Euro.

Eigentlich wollte ich auf der Boè-Hütte bleiben, aber so richtig gefällt es mir hier nicht. Da ich noch Zeit habe und das Wetter wohl hält, ziehe ich weiter.

Kurz darauf komme ich an den offiziell höchsten Punkt der gesamten Tour und porträtiere mich ausgiebig selbst. Nur der Boè-Gipfel ist noch circa 150 Meter höher. Da aber das Wetter inzwischen doch sehr unsicher ist und der Gipfel nicht auf dem Weg liegt, verschone ich ihn mit meiner Anwesenheit.

Na also, zehn Minuten später regnet es und weitere fünf Minuten später regnet es stark, gefolgt von einer Art Weltuntergang. Zusätzlich zieht noch heftiger Nebel auf, sodass man wenigstens den Regen nicht mehr so sieht.

Inzwischen habe ich alle Regen-klamotten an, die ich in diesem Abschnitt meines Lebens besitze. Trotz Regenhose bin aber ich leider darunter pitschnass, da ich wohl zu langsam beim Anziehen war.

Schlimmer als der Regen ist jetzt eigentlich der Nebel, denn man kann den Weg nun nur noch erahnen, aber nicht mehr erkennen.

Auf dem Weg zum Piz-Boe

Ich bin auf einer Art Geröll-Hochebene ohne jegliche Vegetation. Ich sehe keinen Weg und denke mir, so muss es wohl auf dem Mond aussehen. Aber der Nebel und die Stangen im Abstand von circa 50 Metern bringen doch ein irdisches Gefühl zurück.

Wenn aber die Sicht bei circa 20 Metern endet, wird es auch für den versierten Trapper Ralph herausfordernd. Zusätzlich ist es sehr, sehr glitschig auf den nassen Steinen und mit dem Rucksackgewicht auf dem Rücken fällt das Balancieren zusätzlich schwer.

2.949 Meter, mein höchster Punkt der Reise

Neben dem Gipfel des Piz-Boè schleppe ich mich ziemlich deprimiert weiter in die nasse Ungewissheit vor mir. Jeder Schritt nervt und ich bin nicht sicher, ob ich auf dem richtigen Weg bin.

Kurz vor der Boè-Hütte – Blick nach unten

Kurz vor Erreichen der Frustrationsgrenze erscheint ein großes, schemenhaftes Etwas vor mir im Nebel. Ich komme näher und das Ganze entpuppt sich als Gebäude. Wow, ich habe es geschafft. Am frühen Nachmittag erreiche ich das Refugio Forcella Pordoi direkt an der Pordoi-Scharte auf 2.848 Meter.

Gemessen an den anderen ist das hier eine sehr kleine Hütte und so lande ich im Bettenlager mit 15, ausschließlich französischen Wandersleuten. Meine Zelt-Schnarch-Freunde von der Kreuzwiesenalm sind gottlob nicht dabei.

Genüsslich dusche ich mich, trinke etwas und lege mich dann aufs Bett zum entspannten Musikhören. Ich genieße Jim Croce und schlafe kurz darauf glücklich ein. Später wird es immer kälter und ich wache fröstelnd auf. Ich stelle fest, dass sich draußen ein überaus heftiges Gewitter anbahnt.

Als es losgeht, bin ich heilfroh, im Inneren der Hütte zu sein, denn über eine Stunde tobt und hagelt es, als würde die Welt untergehen. Gegen 18:30 Uhr legt sich das Unwetter, aber draußen liegt jede Menge Graupel am Boden.

Der Hunger meldet sich und so gehe ich in die Wirtsstube und setze mich an einen der vier Tische. Hier ist auch die 5er-Gruppe bestehend aus drei Mädels und zwei Jungs, die ich bisher nur vom Sehen kannte. Das soll sich jetzt ändern, und wie sich herausstellt, sind es Studenten aus Deutschland. Andere bekannte Gäste sind nicht hier, da diese, wegen der Stunde Vorsprung, wohl weiterkamen, als ich oder eben gar nicht erst hier oben sind.

Die Speisekarte für Halbpension ist übersichtlich und ich bestelle Polenta mit Käse und Wurst. Die Wurst stellt sich als Art Hamburger-Pattie alla Bofrost dar, schmeckt aber gut. Ich bin aber auch sicher, ich könnte gerade sogar Schuhsohlen essen.

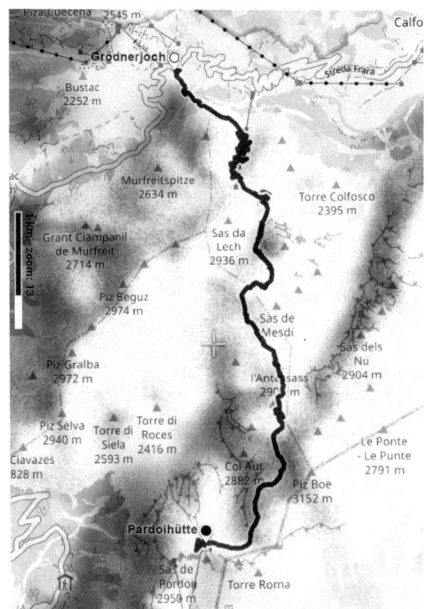

Jetzt geht das Gewitter doch wieder los und es hagelt, tobt und schneit ohne Unterlass. Ich lasse mich überraschen, was die nächsten Stunden mit mir vorhaben.

Heute war es ein heftiger Anstieg zum höchsten Punkt der Reise auf 2.949 Meter. Nebel und Regen auf der mondartigen Landschaft dämpften die Euphorie doch deutlich.

Knapp 15 Kilometer bin ich dem ersehnten Süden heute wieder nähergekommen. Dabei musste ich über 1.500 Meter nach oben und auch wieder einiges nach unten.

Ich bin nass und müde. Sehr, sehr müde.

Tag 32: 14,38 km, +1.580 m/–826 m

178

Gewaltmarsch nach Alleghe – Tag 33
Mittwoch, 10. August

O Mann, war das mal wieder eine Scheißnacht.

Leider habe ich hundsmiserabel geschlafen, da die Schmerzen in meinen Beinen allgegenwärtig waren und meine verstopften Nebenhöhlen mich am freien Atmen gehindert haben.

Mein Schnarchen würde dadurch wahrscheinlich noch lauter werden und ich wollte die anderen 14 französischen Mitschläfer natürlich möglichst wenig belästigen. Was wirft das denn für ein Licht auf den deutschen Wanderer?

So habe ich mich bemüht, nicht zu schnarchen, was einem geruhsamen Schlaf wohl nicht zuträglich war.

Um 6:45 Uhr klingelt endlich mein Wecker, ich stehe auf und blicke aus dem Fenster auf die sommerliche Alpenwelt. Was ist denn das, wo ist die Sonne? Ich traue meinen Augen kaum, denn da draußen liegen circa zehn Zentimeter Neuschnee und es schneit nach wie vor unentwegt. Lasst uns froh und munter sein, denke ich mir und freue mich über diesen schönen Hochsommertag in der Mitte des Augusts. Ich hatte eigentlich vor, heute richtig Vollgas zu geben und bis nach Alleghe durchzuwandern.

Um kurz nach 07:00 Uhr sitze ich als erster beim Frühstück und mache mir die wildesten Gedanken über den heutigen Tag und was mir wohl bevorsteht.

Bald kommen auch alle anderen Leidgenossen zum Frühstücken und ich erfahre, dass ausnahmslos alle noch circa 15 Minuten weiter zur Bergstation aufsteigen und von dort die Seilbahn nach unten ins Tal nehmen.

Mist, ist es denn wirklich zu gefährlich, um zu Fuß abzusteigen? Ich kann doch meine Prinzipien nicht ändern und heute anfangen, Seilbahn zu fahren! Das Ralph'sche Gesetz verbietet mir das vehement.

Ich frage den Wirt um Rat und er meint nur lapidar: „Das wird schon gehen. In den alten Zeiten gab es auch keine Seilbahn."

Mit einem sehr mulmigen Gefühl mache ich mich also bereit und bin tatsächlich der einzige Hüttengast, der heute die Seilbahn verschmäht und den Abstieg durch den Neuschnee wagt.

Ein ungutes Gefühl habe ich schon, aber während ich mich noch in der Wirtsstube fertigmache, sehe ich draußen durch das Fenster schemenhaft entweder den Yeti oder doch einen anderen Wanderer durch den Schnee stapfen. Nach kurzem Überlegen schließe ich den Yeti doch aus. Also, dann muss es ja irgendwie gehen und gleich darauf breche ich ebenfalls auf.

Pardoischarte im Neuschnee

Es ist richtig kalt, glatt, nass und der Weg nach unten ist vor lauter Schnee überhaupt nicht zu erkennen. Gott sei Dank gab es aber diese schemenhafte Gestalt, die 15 Minuten vor mir genau hier abgestiegen ist und seine Spuren im Schnee hinterlassen hat. Ich verlaufe mich auch fast gar nicht, denn ich sehe ja seine Spuren. Leider mache ich aber deshalb auch die gleichen Fehler wie er, denn ich muss einige Male umkehren oder außerhalb des Weges nach unten rutschen, um weiterzukommen.

Ach ja, heute habe ich offiziell das zweite und letzte Loch im Gürtel eingeweiht. Inzwischen fühle ich mich wie eine dünne, drahtige und gestählte, aber auch schmerzhafte Wandermaschine.

Leider sieht man mir den schlanken Wanderer gerade nicht an, da ich nahezu alles angezogen habe, was ich an Kleidung dabeihabe.

Es schneit weiterhin und ich kann die Spuren meines Vorläufers inzwischen leider nicht mehr erkennen. Und so stapfe und rutsche ich mehr schlecht als recht durch den steilen, schneebedeckten Geröllhang nach unten. Es geht nur sehr langsam voran, aber nach und nach verliere ich doch an Höhe.

Nach einer Stunde wird der Schnee zu Schneeregen und am Boden zu Schneematsch. Nach weiteren 45 Minuten ist das Weiß komplett verschwunden und es gibt nur noch Regen und glitschige Steine unter meinen Füßen.

Endlich komme ich im Regen unten an der Passhöhe der Straße an, laufe aber ohne Pause weiter, da ich ja schon mal wetterfest verpackt bin. Es kommt, wie es kommen muss, und so muss ich jetzt gleich wieder nach oben aufsteigen.

Während der nächsten Stunde lässt der Regen etwas nach, und um 10:15 Uhr erreiche ich das Rifugio „Viel dal Pan" wo ich mich bei einem Cappuccino aufwärme und für den Zuckerhaushalt noch eine Cola trinke.

Nun hat endlich auch der Regen aufgehört, es ist aber immer noch ziemlich kalt für Mitte August.

Während ich hier so sitze, sehe ich am Fenster nun auch die anderen Wanderer, die mit der Seilbahn gefahren sind, vorbeilaufen. Da war ich doch tatsächlich schneller und so grinse ich innerlich.

Langsam breche ich jetzt auch wieder auf und 30 Minuten später überhole ich die ausgeruhten Seilbahnfahrer, da ich ja inzwischen heftigst durchtrainiert bin, obwohl es sich absolut nicht so anfühlt.

Gegen 12:30 Uhr laufe ich am Lago di Fedaia entlang und finde an dessen Ende bei der Staumauer ein kleines Restaurant. Hier mache ich Mittag und erlebe die Spitze des Eisbergs hinsichtlich Radlerkosten. 5,60 Euro für ein 0,4-l-Radler ist schon echt frech. Zum Vergleich, meine Spaghetti aglio e olio kosten 6,50 Euro.

Ich lasse mir trotzdem beides schmecken und breche knapp eine Stunde später wieder auf, um heute noch das Städtchen Alleghe zu erreichen.

Heute erlebe ich neue Eindrücke auf meiner Wanderung, denn jetzt befinde ich mich mitten in einem Skigebiet der Dolomiten. Einige der Sessellifte sind tatsächlich in Betrieb, aber Menschen sehe ich keine.

Leider gibt es hier absolut keinen Wanderweg und so muss ich direkt auf der steilen Pisten-Abfahrt mühsam den Berg runter. Ein kleiner Trampelpfad ist dann später doch zu sehen, der wohl ausschließlich von den Venedig-Gehern getrampelt wurde.

Inzwischen laufe ich in der Schleppliftspur steil nach unten und denke an meine vergangenen Skiabenteuer in den verschneiten Alpen. Unweigerlich muss ich auch an heute Morgen denken, denn da hätten ein paar Ski den Abstieg deutlich erleichtert.

Stets und unaufhörlich geht es steil bergab, was auch gut ist, denn heute muss ich tatsächlich über 2.100 Höhenmeter nach unten absolvieren. Das ist schon ordentlich und geht mit meinem Gesamtgewicht stark in die schmerzhaften Beine.

Gleichgesinnte sehe ich momentan keine mehr und so streife ich wieder mal relativ einsam durch die abschüssige Gegend inmitten der Liftspuren.

Bei verschiedenen Gesprächen in den letzten Tagen habe ich erfahren, dass wohl schon einige der Venedig-Geher, die ich getroffen habe, inzwischen aufgegeben haben. Viele andere haben Teile mit dem Bus oder der Seilbahn absolviert, um schlechtem Wetter oder „gefährlichen" Teerstraßen auszuweichen.

Jemanden wie mich, der 100 % alles zu Fuß zurückgelegt hat, habe ich bisher nicht kennengelernt. Wow, ich fühle mich damit ziemlich supi und bin stolz auf mich!

Elender, großer Durst bzw. eigentlich Brand von den Spaghetti heute Mittag macht sich bemerkbar und somit nimmt mein Wasservorrat rapide ab.

Das Skigebiet ist sehr weitläufig, aber gegen 14:30 Uhr komme ich nach Malga Ciapela am Fuße der Marmolata. Hier wartet eine kleine Bar auf mich und ich verköstige eine süße Cola, um den Knoblauchgeschmack im Mund ein wenig zu bekämpfen, aber natürlich hilft es nichts.

Der Fedaia-Stausee

Mit Deutsch als Kommunikationsmittel ist es nun endgültig vorbei. Meine Damen und Herren, nun bin ich erst richtig in Italien. Kurz nach dieser Rast muss ich tatsächlich 2,00 Euro für den geteerten Wanderweg durch ein schönes, schmales Tal zahlen.

Andere Touristen zahlen noch mehr am Kassenhäuschen und fahren gleich mit einer schönen albernen Bimmel-Bahn durch das landschaftliche Kleinod. Ich befinde mich jetzt im Naturpark und der Schlucht der Serrai di Sottoguda.

Das Tal hat fast etwas von einer Klamm, denn rechts und links steigen die Felswände kerzengerade nach oben. Überall tritt Wasser aus den Bergen und rinnt lautstark und wunderschön die Felswände herab. Zusätzlich gibt es auch noch einige sehr hohe, pittoreske Wasserfälle.

So in dieser Art geht es auch weiter. Wasserfälle, Bach, Wasserfälle und nach 45 Minuten lande ich in dem kleinen Ort Sottoguda, welcher der Schlucht seinen Namen gibt.

Serrai di Sottoguda

Die deutschen Touristen habe diesen Ort wohl noch nicht gefunden, denn hier sind fast ausnahmslos italienische Sommerfrischler zu sehen. Der ganze Ort ist anscheinend sehr alt, aber sieht auch irgendwie so aus, als wäre einiges künstlich aufgebaut worden.

Selbstverständlich ist das nicht so und alles hier ist wirklich alt. In Sottoguda gibts die typischen alten Holzhäuser mit umlaufenden Balkonen zu bewundern. Der Ort ist eine Perle der Dolomiten und alles ist wunderschön dekoriert und an vielen Häusern und Balkonen sind lebensgroße Puppen zu bewundern, die eine besondere Atmosphäre verbreiten.

Natürlich sind auch Japaner hier und ich vermute, Sottoguda ist das Rothenburg der

Dolomiten, nur sind halt außer mir keine Deutschen zu sehen. Ich laufe, laufe, und laufe, sodass mir der Schnee von heute Morgen vorkommt, als wäre er gestern oder gar vorgestern gewesen.

Das, was jetzt stattfindet, ist endlich wieder mal so richtig wandern und eben nicht klettern. Es geht auf beschaulichen, ebenen Wegen so dahin und ich muss mich seit Langem nicht so auf jeden Schritt vor mir konzentrieren. Das ist momentan sehr angenehm und lässt auch den Gedanken freien Lauf.

Teils auf Waldwegen, teils auf Sträßchen, geht es entlang des Baches, der dann später den Lago di Alleghe speist, immer weiter hinunter ins Tal.

Von Stunde zu Stunde wird es immer wärmer und so werde ich immer dünner und mein Rucksack im Gegenzug wieder dicker. Inzwischen ist es wieder komplett Sommer und ich bin im T-Shirt unterwegs.

Im Gegensatz zu den letzten Tagen bin ich wieder in der Zivilisation angelangt und durchquere heute ein paar Ortschaften, um mich nicht mehr ganz so einsam zu fühlen.

Pünktlich um 16:10 Uhr lässt sich endlich auch wieder die Sonne blicken. Was für ein Kontrast zu heute Morgen. Da geht das Herz auf und beflügelt meine Schritte. Ich laufe jetzt voller Ehrfurcht auf das mächtige, mir noch unbekannte Felsmassiv zu. Ich lese nach und stelle fest, es ist der Monte Civetta, der sich oberhalb von Alleghe befindet. Es sieht einfach gigantisch aus, wow.

Die mächtige Civetta bei Alleghe

Ewig lang zieht sich der Schotterweg inzwischen schon entlang am Fluss bis zum ersehnten Ziel, dem Städtchen Alleghe. Ich hoffe, ich finde dort auch eine Unterkunft, denn reserviert habe ich natürlich wieder nicht.

Zehn Minuten vor Alleghe geht es noch mal über eine ziemlich lange und sehr wackelige Hängebrücke. Lustig, wie die mehr als übergewichtigen Damen, welche sich mit mir auf der Brücke befinden, ängstlich quietschend und ungelenkig langsam vorwärtsbewegen. Ich überlege, ob ich mich mit solchen Körpermaßen wohl geschickter anstellen würde, und komme zu dem Schluss: Eindeutig, ja.

Wie gerufen kommt Alleghe um kurz nach 17:00 Uhr in Sicht, denn ich bin echt am Ende meiner Kräfte. Inzwischen kommen mir immer mehr Spaziergänger und Touristen entgegen und schon habe ich Bedenken bezüglich einer Unterkunft. Hier macht anscheinend halb Italien Urlaub, Mist, denke ich mir und lande dann um 17:20 Uhr endlich in einem gut frequentierten Alleghe.

Kurz in der Innenstadt in die Tourist-Info „gefedert" und zehn Minuten später in ein Hotel für 50,00 Euro pro Nacht eingecheckt. Na also, hat doch alles funktioniert und so freue ich mich wie ein kleines Kind.

Wäsche gewaschen, geduscht und ausgeruht und zum Abendessen aufgebrochen. Jetzt, um 20:00 Uhr sitze ich in einer Eisdiele, Konditorei, Patisserie, Pizzeria, Ristorante, Weinstube und Cocktailbar. Ich frage mich, warum es so etwas bei uns nicht gibt, denn da muss man nicht den ganzen Abend die Restaurants und Bars wechseln.

Es gibt Pizza Romana und köstlichen Rotwein (0,5 l für 3,60 Euro). Die Pizza ist gut, der Wein ist sehr gut und das 0,5 l Wasser mit Kohlensäure für 1,60 Euro ist auch wunderbar. Ich bin hier wohl im Garten Eden für ausgehungerte und finanzschwache Wanderer. Weil alles so gut ist, gibts noch Espresso und Grappa als Dessert.

Inzwischen ist es nach 21:00 Uhr und viele Herrschaften im gesetzteren Alter laufen immer wieder in den Laden ein und bestellen Eisbecher, Torten und andere süße Köstlichkeiten. Es wird langsam echt voll hier. Das ist wohl so wie unser Stammtisch zu Hause, nur mit Süßspeisen und ohne Bier.

Ich habe wohl recht, denn die Herrschaften verkehren anscheinend öfter hier, da sich alle gegenseitig gleich mit Namen begrüßen. Sie sehen alle gesund und glücklich aus, und so tue ich es ihnen gleich und bestelle mir auch noch ein großes Tiramisu, welches köstlich mundet und einen gelungenen Abschluss zu meinem Schlemmer Mahl darstellt.

Selbst kurz vor 22:00 Uhr kommen noch italienische Naschkatzen und bestellen Süßes nebst Alkohol. Der Laden wird jetzt erst richtig voll.

So, Schluss jetzt hier, ich muss zwecks weiterer Regeneration dringend ruhen.

Eigentlich wollte ich noch in die Bar nebenan, aber ich bin einfach komplett erledigt und müde. Ich breche auf, denn nun steigt der italienische Geräuschpegel enorm und wird fast unangenehm.

Der ganze Abend hat mich inklusive des Trinkgeldes nur 25,00 Euro gekostet. Ich bin sehr satt, hatte köstliches Dessert und bin leicht betüdelt.

Also ein optimaler Zustand, frei nach Harald Juhnke: Leicht einen sitzen und keine Termine. Was will man mehr?

Ich habe meine ultraleichte Daunenjacke von Yeti an und das ist gut so, denn inzwischen ist es nun doch etwas frisch geworden in diesem Ort, der ja doch noch auf über 1.000 Metern liegt.

Auf dem Zimmer werde ich noch ein wenig lesen oder eine kleine Serie auf dem Smartphone schauen, denn morgen ist wieder mal nichts mit Wandern, und ich ruhe mich aus. Ich habe heute eigentlich fast zwei Etappen gemeistert und so habe ich mir das redlich verdient.

Außerdem habe ich mich einfach wieder mal nach einem Ort in der Zivilisation gesehnt, da mir die einsamen Berghütten mit 12er-Zimmer gerade im Moment zum Hals heraushängen. Zehnmal lieber schlafe ich da auch in meinem Zelt, was auf 2.900 Höhenmetern aber einfach nicht zu machen ist. Trotz des Weins nehme ich jetzt ausnahmsweise eine Schmerztablette, um mich nicht von meinen schmerzenden Beinen wecken zu lassen.

Keine Ahnung wie viele Kilometer ich bisher gelaufen bin, ich weiß nur, dass es viele waren, und schätze sie grob auf 600. Laut Karte habe ich bis heute auf jeden Fall circa dreiviertel der Alpen überquert. Bin ich stolz? Ja, ich bin verdammt Stolz!

Heute war es für mich „die" Mega-Etappe. Ich bin 30,25 Kilometer gelaufen, 618 Meter aufgestiegen und ganze 2.514 Meter abgestiegen.

Das war bisher meine längste Etappe und ohne meine Pausen bin ich somit heute 8,5 Stunden nur gelaufen, was ich auch deutlich spüre.

O Mann, bin ich fertig. Ich habe mir nun den morgigen Tag Pause in beschaulichen Alleghe mehr als verdient.

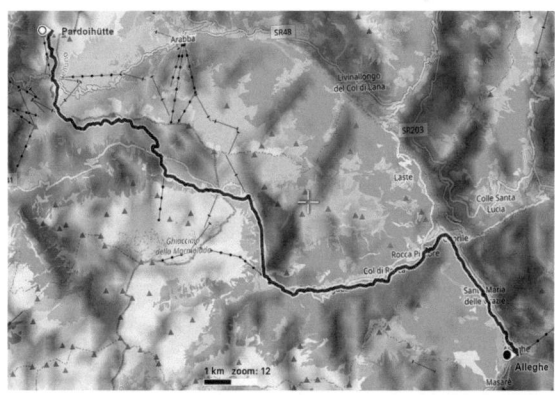

Tag 33: 30,25 km, +490 m/–2.386 m

Ein Tag in Alleghe – Tag 34
Donnerstag, 11. August

Das Städtchen Alleghe

Heute habe ich mal so richtig ausgeschlafen, und zwar bis 8:00 Uhr. Ausge-schlafen heißt dann für mich „so einigermaßen ausgeruht", da die Schmerzen immer noch meinen Schlaf beeinträchtigen.

Um 9:00 Uhr finde ich mich beim wirklich guten und umfangreichen Früh-stück im Hotel ein. Dort stelle ich auch die kurzhaarige, bebrillte und perfekt deutsch sprechende Bedienung zur Rede. Ich teile ihr mit, dass ich erkannt habe, dass deutsch sicherlich die erste Sprache in ihrem Leben war.

Sie lässt einen italienischen Redeschwall los und teilt mir dann auf Deutsch mit, dass sie in Alleghe geboren sei und mal Deutsch und Geschichte studiert habe. Glückwunsch, weit gekommen mit der akademischen Ausbildung, denke ich mir. Eventuell ist es hier aber nur ein Sprungbrett für die weitere Karriere in der Touristikbranche. Kann aber auch sein, dass sie einfach nur glücklich ist in diesem Job, was ich auch nachvollziehen könnte, mit so netten Gästen wie ich es gerade bin.

Bis 11:30 Uhr verbringe ich dann noch Zeit mit häuslichen Aufgaben auf meinem Zimmer. Diese beschränken sich hauptsächlich noch mal auf Wäschewaschen, lesen, ausruhen und sich mit der morgigen Tour beschäftigen.

Der Reiseführer rät die ersten 1.000 Höhenmeter von Alleghe aus mit der Seilbahn zu nehmen und dann zum Rifugio Tissi zu laufen. Der Aufstieg ist wohl nicht unproblematisch und zudem sehr steil. Weiterhin kann es zu Steinschlägen kommen. Aha, hmm, aber mein Gesetz verpflichtet mich doch zu laufen. Ich werde, bzw. muss es zu Fuß versuchen und mich der tödlichen Gefahr stellen.

Jetzt sitze ich in einem Café in Alleghe und trinke Cappuccino und danach einen erfrischenden Hugo, weil ich es mir wert bin. Die Sonne scheint vom Himmel, auch wenn es doch noch recht kühl ist. Eigentlich ist es tatsächlich gerade noch zu frisch zum draußen sitzen und so gehe ich erst mal zur Tourist-Information, um mein morgiges Vorhaben mit den Profis zu besprechen.

Die Tourist-Info bestätigt meinen Plan, morgen den Aufstieg zu wagen als durchaus machbar. Also, der Plan steht somit und ich gehe beruhigt auf mein Zimmer.

Nach den 30 Kilometern von gestern steht Ausruhen heute sehr hoch im Kurs und so schalte ich seit Langem mal wieder die Glotze ein. Die drei deutschen Fernsehprogramme, die ich empfange, sind RTL, RTL2 und VOX und bieten maximal seichte Unterhaltung. Jetzt gerade läuft „Das perfekte Dinner" und ich merke, wie sich mein Magen meldet und Nachschub fordert. Da der Abend naht, beschäftige ich mich mit der Planung des gleichen.

Ich beschließe heute das hoteleigene Restaurant zu versuchen, welches mir der Herr an der Rezeption schon gestern wärmstens empfohlen hat. Das habe ich ihm natürlich nicht geglaubt, weshalb ich gestern auswärts gegessen habe. Wahrscheinlich bin ich heute der einzige Gast und komme mir dann reichlich blöd vor an meinem Einzeltisch im Hotel-Restaurant.

Nun bin ich dann doch überrascht, denn das Restaurant ist fast komplett besetzt. Ein kleines Tischchen finde ich noch am Fenster und nehme geschwind Platz.

Hier treiben sich auch eine Menge italienische Halb-Pensionisten herum, für die in der Mitte ein Buffet aufgebaut ist. Ich esse natürlich à la carte und lasse mir gleich mal ein Medium-Rare-Rindersteak nebst Beilagen offerieren.

Das Rindersteak ist in Scheiben aufgeschnitten und perfekt gebraten und zergeht zu meiner Freude auf der Zunge. Ein Gläschen Rotwein rundet das Geschmackserlebnis perfekt ab und ich beobachte die „Kirchenfenster", die sich im Glas bilden. Ich ernte neidische Blicke von den Halb-Pensionisten, die so etwas Feines natürlich nicht bekommen.

Als Dessert gibts noch einen köstlichen Caffè corretto!

Wie im Krankenhaus werden jetzt an die Halbpensionsmenschen Papier-karten nebst Kugelschreiber verteilt, und es wird fleißig angekreuzt, was es morgen zum Essen geben soll. Das Rinderfilet ist ziemlich sicher kein Halb-Pensions-Bestandteil und steht somit auch nicht auf dieser Karte zur Auswahl.

Da es noch nicht zu spät ist, wechsle ich die Lokalität, ohne natürlich zu vergessen, ein opulentes Trinkgeld für die nette Italienerin zu hinterlassen. Ich habe vor, noch einen Absacker in der Wein-Bar am Marktplatz zu mir zu neh-men.

Auf dem Weg dorthin betrachte ich die kleine Dauer-Ausstellung von alten Schwarz-weiß-Aufnahmen von Alleghe, die teilweise schon über 120 Jahre alt sind. Die großformatigen Fotografien sind beeindruckend, echt cool und zei-gen die „gute alte Zeit" in diesem italienischen Städtchen.

In der Wein-Bar angekommen und an der Bar Platz genommen, beschließe ich, mich doch nicht an das Motto des Etablissements zu halten und alternativ einen erfrischenden Mojito zu bestellen. Dieser hat mich in der Getränkekarte einfach angelacht und liefert mir zusätzlich wertvolles Vitamin C.

Fünf Minuten später habe ich einen Strohhalm zwischen meinen Lippen und genieße das köstliche Getränk. Während ich so an der Bar sitze und mei-nen Cocktail schlürfe, kommt ein neuer Gast zur Tür herein. Ich muss zweimal hinsehen und ich bin mir dann fast sicher, dass es Jürgen Drews ist, der hier die Bar betritt. Er begrüßt dann in schnellem Italienisch lachend seine Freunde. Wahrscheinlich ist er komplett inkognito unterwegs und mimt nur den Italie-ner. Wenn er es tatsächlich sein sollte, dann muss er aber öfter in Alleghe sein, denn er hat wahnsinnig viele Freunde hier. Ist schon toll, mit was man sich nur alles beschäftigt, wenn man allein ist und Zeit hat.

Trotzdem verrinnt diese wie im Flug und um 22:15 Uhr verlasse ich die Bar, um mich auf den Weg zum Hotel zu machen. Heute habe ich wieder mal meine Daunenjacke an, denn es ist auch heute wieder trotz des italienischen Augusts ziemlich frisch in diesem Alleghe. In meiner 165-Gramm-Yeti-Ultraleicht-Ja-cke aber ist es kuschelig warm.

Goodbye mein lieber Ruhetag und gute Nacht. Morgen steht wieder eine anspruchsvolle Berg-Etappe an.

Der waghalsige Weg zur Tissi-Hütte – Tag 35
Freitag, 12. August

Mitten in Alleghe und direkt neben meinem Bett beendet der Wecker um 7:00 Uhr abrupt meinen Schlaf. Zwangsläufig beginnt somit der neue Tag und ich räume gemütlich meine paar (sieben) Sachen zusammen und finde mich um 7:45 Uhr beim Frühstücken zwischen den anderen Gästen ein. Nun bin ich doch sehr froh endlich weiterziehen zu können, da ich in diesem Zimmer allergische Reaktionen auf meinen Schleimhäuten verspüre. Mein Körper reagiert wohl auf den Staub des Zimmers der letzten Jahrzehnte mehr, als mir das lieb ist.

Nach dem endgültigen Zusammenpacken (sind dann doch mehr als sieben Sachen) und auschecken wird es 8:30 Uhr, bis ich mich auf den Weg mache.

Nach dem Gespräch mit der Tourist-Information im Zentrum von Alleghe habe ich gestern entschieden, den kompletten (angeblich waghalsigen) Aufstieg bis zum Refugium Tissi zu Fuß zu absolvieren. Der Empfehlung des Reiseführers werde ich mich also widersetzen und mein eigenes Ding durchziehen. Das Verwenden meiner Beine ist also weiterhin angesagt.

Nach zehn Minuten ist es mir deutlich zu warm und ich muss mich meiner Soft-Shell-Jacke entledigen. Grundsätzlich ist es aber noch kühl und bewölkt und ich hoffe auf eine Wetterbesserung, was sich dann hoffentlich unmittelbar auf die Stimmung auswirkt.

Ich bin mal wieder der Einzige, der sich für den beschwerlicheren Fußweg entschieden hat, und so bin ich einsam und allein auf dem steilen Pfad unterwegs. Fährtensuchermäßig halte ich Ausschau nach frischen Spuren anderer Wanderer, kann aber keine entdecken.

Nach knapp zwei Stunden kreuze ich den Weg, der von der Bergstation der Seilbahn kommt, und schon hat die Einsamkeit ein Ende. Viele Menschen strömen ausgeruht und vor allem nicht schwitzend an mir vorbei und verteilen sich auf die verschiedenen Wege.

Der Aufstieg kam mir zwar anspruchsvoll vor, aber auf keinem Fall waghalsig oder gefährlich. Eventuell liegt es aber auch an meiner inzwischen gewonnenen alpinen Erfahrung.

Deutlich weniger fit als alle anderen beiße ich nun die Zähne zusammen und lande gegen 12:30 Uhr im Rifugio Coldai. Was für ein Zufall, es ist genau Mittagszeit. Natürlich gönne ich mir eine Kleinigkeit zu essen und eine große Erfrischung.

Nach der Stärkung meines Körpers geht es geschwind weiter und ich passiere alsbald den See Lago Coldai. Ein Bad im See verschiebe ich auf unbestimmte Zeit, denn es ist „arschkalt" hier oben und während ich mich noch über die Kälte ärgere beginnt es zu regnen.

Ganz, ganz, ganz in der Ferne entdecke ich (oder erahne es) das Rifugio Tissi, oben an einer Felskante, welches mein heutiges Ziel sein soll. Um mein Ziel zu erreichen, muss ich aber leider wieder mal ordentlich absteigen, um dann selbstredend wieder zum eigentlichen Ziel aufzusteigen. Ein Auf und Ab, welches mir grundsätzlich mal widerstrebt, aber allgegenwärtig ist.

Es gibt zwei Varianten des Weges und der eine führt direkt unterhalb der gewaltigen Wand des Monte Civetta entlang. Das ist die steinschlaggefährdete Route über die Geröllfelder direkt an der Wand. Die zweite Variante ist die empfohlene Route weiter unten über Wiesen, die aber eben für das Auf und Ab sorgt. Dieses Mal entscheide ich mich für die ungefährlichere Variante und bereue es nach einiger Zeit. Weit oben sehe ich schemenhaft andere Wanderer unterhalb der Wand, die augenscheinlich schneller vorankommen. Jetzt ist es zu spät und ich muss es durchziehen und den letzten Aufstieg zur Hütte in Angriff nehmen. Andere Weggefährten sind schon da, aber um Punkt 15:30 Uhr komme auch ich an. Selbstverständlich denke ich mir, dass ich schon lange nicht mehr so kaputt war wie heute. Ich glaube aber inzwischen verschwimmen meine Erinnerungen und ich denke mir fast jeden Tag, dass es nicht schlimmer

Die Wand des Monte Civetta

kommen kann. Die Kondition nimmt zwar zu, aber irgendwie verschwindet doch Tag für Tag etwas mehr Energie aus meinem Körper. Auch die Schmerzen lassen wenig nach. Meine Beine bringen mich fast um, und zusätzlich machen mir, trotz „Rolls-Royce-Rucksack", nun auch noch meine Schultern und Schlüsselbeine sehr zu schaffen. Aber, genug gejammert, ich bin am Etappenziel und nun ist erst mal ausruhen angesagt.

Das Rifugio Tissi liegt genau gegenüber der Wand des gewaltigen Monte Civetta, aber von der anderen Seite gesehen fast direkt an der Kante einer steilen Felswand weit oberhalb des Städtchens Alleghe.

Fast wie zu erwarten, ist hier fast alles voll belegt und ich bekomme nur Platz im 16-Bettenlager, welches im kalten und recht niedrigen Keller liegt.

Um in das Nachtlager zu erreichen, muss man die Hütte verlassen und um das Haus herumgehen. Dass man in diesen Keller-Raum 16 Betten unterbringen kann, grenzt nahezu an ein Wunder. Der Raum ist gefühlt nur knapp größer als unsere Speisekammer zu Hause.

Da ich so extrem fertig mit mir und meinem Körper bin, habe ich mich erst mal mit kaltem Wasser gewaschen (warme Dusche kostet fünf Euro) und bin dann für zwei Stunden ins noch einsame Bettenlager gekrochen, um mich auszuruhen.

Kurz vor 18:00 Uhr schwinge ich meinen nun einigermaßen ausgeruhten Körper in die Wirtsstube und treffe dort ein Pärchen, welches ich schon mal gesehen habe. Das letzte Mal bin ich den beiden in Wolfratshausen begegnet, aber da wusste ich noch nicht, dass die beiden auch Venedig als Ziel haben. Ja, hier gibt es überall Bekannte und jetzt kommt noch Andrea mit an den Tisch, die ich kurz vor Pfunders kennengelernt habe.

Die Wirtsstube auf der „Tissi" ist rammelvoll und es sind auch einige „Amateurwanderer" darunter, mit denen man sich dann als „Profi" notgedrungen auch unterhält. Kurz nach 18:00 Uhr gibt es dann auch für alle das gemeinsame Abendessen, welches wirklich hervorragend schmeckt.

Als die komplette Meute gestärkt ist, mache ich mich auf den Weg, um die letzten 50 Meter über der Hütte, direkt an die Felskante, aufzusteigen. Oben angekommen lege ich mich auf die Erde, um über den Grat ehrfürchtig nach unten zu blicken. Ich bin beeindruckt und so zeugen zahlreiche Fotos von meiner riskanten Position, direkt am Abgrund. Es ist ein beeindruckendes, aber auch ein überaus seltsames Gefühl, wenn man an einer nahezu 90° abfallenden Kante steht oder liegt und mehrere Hundert Meter steil nach unten blickt. Von meiner hohen und erhabenen Position kann ich weit unten das Städtchen Alleghe und den gleichnamigen See erkennen.

Oberhalb der Tissi-Hütte

Klugscheißermodus an:
Der See entstand im Januar 1771 durch einen Erdrutsch am nahe gelegenen Monte Forca. Er hat mehrere Ortschaften unter sich begraben, wobei das heruntergebrochene Geröll den Wasserlauf des Flusses „Torrente Cordevole" schnell und stark aufstaute.

Innerhalb nur weniger Tage entstand der jetzige See mit einer Tiefe von 18 Metern und eine Länge von 1.500 Metern. Dabei wurden weitere Orte komplett überflutet. Der etwas höher gelegene Ort Alleghe blieb gottlob verschont und liegt nun direkt am Ufer des Sees, der dadurch nun den Namen „Lago d'Alleghe" trägt.
Klugscheißermodus aus.

Blick auf Alleghe (links der Monte Forca)

Genau da unten, in Alleghe war ich heute Morgen noch und bin somit einer der wenigen, der den kompletten heutigen Aufstieg absolviert hat. Im Sonnenuntergang wird die Wand des Monte Civetta in gleißend helles Licht getaucht. Die Situation bittet mich förmlich, diese mit meiner Kamera abzulichten. Gesagt, getan und später bin ich sicher, hervorragende Aufnahme im „Kasten" zu haben.

Jetzt sitze ich wieder in der Wirtsstube am Tisch zwischen Gleichgesinnten und wir tauschen uns über das Wandererleben aus. Inzwischen sind zwei weitere Herren mit am Tisch, die beide aus Texas stammen. Der eine ist zwar in Würzburg geboren, lebt aber seit 20 Jahren in den USA und ist mit seinem besten Kumpel hier, um die Dolomiten zu erwandern. Bisher waren sie immer nur in Colorado und den Rocky Mountains unterwegs. Klar, dass das ziemlich langweilig ist und man jetzt mal Europa sehen möchte.

Wir unterhalten uns alle recht nett und so komme ich erst gegen 23:00 Uhr ins Keller-Bett. Das ist aber ganz gut so, denn das Bett ist furchtbar und ich erlebe auch eine höchst beschissene Nacht.

Gönnerhaft verteile ich vor dem Einschlafen an umliegende Liegende noch Ohrenstöpsel, um mein eventuelles Schnarchen für sie erträglicher zu machen.

Jetzt ist das Bettenlager mit 16 Personen voll bestückt – na dann wirklich gute Nacht.

Heute waren es zwar nur 13 Kilometer, aber es war angeblich sehr, sehr gefährlich und ich bin dann doch über 1.500 Meter aufgestiegen und dann auch wieder knapp 300 Meter abgestiegen. Also habe ich heute circa 1.800 Höhenmeter überwunden.

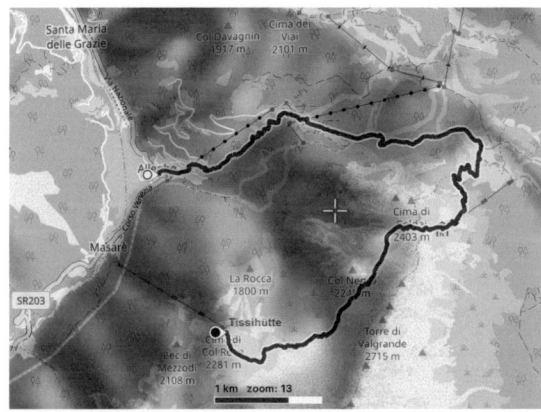

Tag 35: 12,92 km, +1.532 m/–267 m

Sonnenuntergang über der Palagruppe

Monte Civetta kurz nach Sonnenuntergang von der Tissi-Hüte aus

Schmerzhafter Weg zum „Passo Duran" – Tag 36
Samstag, 13. August

In dem mit 16 Personen voll besetzten Keller-Lager habe ich nur zeitweise und somit mehr schlecht als recht geschlafen. Leider wurde ich immer wieder von dem „Deppen" unter mir im Stockbett geweckt, da ich wohl geschnarcht habe. War ja zu erwarten, denn das war wieder mal derjenige, der die neuen Ohrenstöpsel von mir abgelehnt hat, und mich jetzt nicht schlafen lässt. Ständig kickt und stemmt er mit den Beinen von unten an meine Matratze, wenn das Atmen bei mir lauter wird. Irgendwie habe ich die Nacht dann aber doch überstanden und bin, nach dem Frühstück, zeitig gegen 08:20 Uhr leicht übermüdet losgelaufen, um neue Bergabenteuer zu erleben.

Auf meinem heutigen Weg begegnen mir immer wieder die verschiedensten Menschen aus verschiedensten Ländern, die hier die wunderschönen Dolomiten erkunden. Dabei fällt mir Folgendes auf: Grundsätzlich sind wohl Wanderer einfach die netteren und besseren Menschen. Außer man ist Wanderer und Holländer zugleich – Vorurteil hallo – grins! Zwei Stunden später aber bietet mir eine holländische Familie während einer Rast eine Erdnuss an, und ich muss meine Meinung wohl wieder revidieren.

Ich wandere jetzt schon über zwei Stunden durch die grandiose Berglandschaft, bei strahlend blauem Himmel und im Schatten des mächtigen Monte Civetta. Gegen Mittag bietet sich eine kleine Waldlichtung für eine etwas längere Rast zur Stärkung an. Kurz darauf gesellen sich drei Herren aus Eichstätt zu mir und wir quatschen über unser Wanderhobby, das ja meines eigentlich nur temporär ist. Die sympathischen Jungs im Rentenalter kennen auch das Dorf „Altdorf" und die Wirtschaft mit dem netten Wirt, in der ich vor einem gefühlten halben Leben in der Nähe von Eichstätt übernachtet habe.

Auf den Tag genau sind es heute fünf Wochen, als ich von meiner geliebten Familie und aus meiner Heimat aufgebrochen bin, um in die Ferne zu ziehen. Mein Gefühl dabei kann ich schlecht beschreiben. Einerseits bin ich stolz über das bisher Geleistete und freue mich über meine Tour und das bis dahin Erlebte, andererseits würde ich auch gern zu Hause bei meiner Familie sein, die ich sehr vermisse.

Beim späteren Weiterwandern habe ich den Berg entdeckt, an dem anscheinend die Berg-Holländer „geformt" werden. Ich treffe die Familie wieder, die mir die Erdnuss angeboten hat, und ich muss meine Meinung über diese Herrschaften wiederum revidieren.

Berg-Holländer formen geht anscheinend so: Man nehme eine Familie wie diese mit ihrem circa fünfjährigen Sohn, informiere sich in keiner Weise über die Schwierigkeit eines Wanderwegs beziehungsweise Klettersteigs und schon gar nicht über die Länge, und laufe einfach drauflos. Der Weg wird immer steiler und gefährlicher und nimmt kein Ende.

Beim Umrunden des Monte Civetta

Nach circa drei Stunden plärrt der Kleine wie am Spieß, weil er über den Abgründen Todesangst verspürt und auch keine Kraft mehr hat, um sich festzuhalten. Die Felstritte sind circa 70 Zentimeter hoch und reichen ihm somit bis zur Brust. Der Vater redet mit ihm ein ernstes Wort und macht ihm klar, dass er da jetzt durchmuss, denn wenn er mal groß ist, wird er jeden Sommer in den Bergen wandern und jeden Winter in den Bergen Ski fahren, so wie fast alle Einwohner des flachen Landes. Also, Zähne zusammenbeißen und durch.

Ich überhole das Trauerspiel, ohne so recht zu wissen, ob oder wie ich helfen könnte. Ich bewege mich weiterhin langsam, aber stetig bergauf und konsequent gen Süden.

Noch 30 Minuten später kann ich das Plärren des Kleinen durch das Tal hinter mir hören und bin immer noch fassungslos.

Gegen 11:00 Uhr erreiche ich eine kleine Hütte, die zum Glück gut mit Bier und Lemon Soda bestückt ist, und so gönne ich mir zwei kühle, wohlschmeckende und stark überteuerte „Radeler" auf Italienisch.

Der Monte Civetta im Rücken

Irgendwo muss hier in der Nähe ein Wanderparkplatz sein, denn hier sitzen mehrere Menschen mit recht kleinen Tagesrucksäcken.

Auch als ich wieder aufbreche, kommen mir immer wieder Wander-Menschen entgegen, die mich freundlich mit „Salve" oder „Buongiorno" grüßen. Jetzt ergreife ich die

Initiative und grüße die Nächsten, in nahezu perfektem Italienisch, zuerst.

Je nachdem, ob es jüngere oder etwas gesetztere Personen sind, grüße ich mit „Salve" oder eben mit „Buongiorno". Komisch ist nur, dass mich keiner in gleicher Art zurückgrüßt. Sage ich „Salve", bekomme ich „Buongiorno" zu hören und umgekehrt. Die Italiener sind schon komisch.

Nun versuche ich schon von Weitem auszumachen, ob mir „Salve-Menschen" oder „Buongiorno-Menschen" entgegenkommen.

Ich habe nun also meine beiden Schubladen, in denen ich schon von Weitem die Menschen stecke und gleichzeitig ein neues Ratespiel zum Zeitvertreib.

Es funktioniert zunehmend besser, aber den Dreh habe ich noch nicht raus. Während ich mir noch die überaus wichtigen Gedanken zur korrekten Begrüßung mache, vergeht die Zeit wie im Flug.

Abrupt lande ich wieder im Hier und Jetzt, als ich einen Blick auf die Smartphonekarte werfe und feststelle, dass ich viel zu weit abgestiegen bin und wohl meinen Abzweig übersehen habe.

Selbstredend bin ich lautstark traurig, kehre um und mach mich daran, die knapp 20 Minuten wieder erneut aufzusteigen.

Jetzt funktioniert das mit dem „Salve" und „Buongiorno" hervorragend, da mir die gleichen Menschen entgegenkommen, die ich vorhin noch grinsend überholt habe.

Endlich erreiche ich den unscheinbaren Abzweig und betrete somit wieder unbekanntes Terrain. Nun geht es erneut sehr steil durch ein bewaldetes Gebiet nach oben. Der Wald spendet mir zwar wichtigen Schatten, zehrt aber im Gegenzug massiv an meinen Kräften.

Irgendwann am Nachmittag verlasse ich endlich das Waldgebiet und ich überquere eine große, felsige Ebene mit vielen, teils mannshohen Latschenkiefern. Der Weg führt wie ein Hohlweg durch die angenehm duftenden Berggewächse, aber eben auch über Stock und Stein.

Heißer und heißer wird es hier, denn der helle Fels des Hohlweges reflektiert unerbittlich die heißen Sonnenstrahlen vom Boden zurück. Ich komme mir vor wie in einem Hohlspiegel. Zusätzlich brennt die schattenlose Sonne von oben auf meinen schmerzenden und geschundenen Leib.

Ich höre Grillen zirpen und komme mir vor, als wäre ich auf einem Weg zum Strand irgendwo in der Toskana. Dass ich doch sehr weit von einem Strand entfernt bin, signalisieren mir die Bergsteiger, die ich am Ende des „Hohlspiegels" an einer steilen Felswand treffe. Junge, drahtige Menschen sitzen in Erwartung des Adrenalinkicks am Fuße der nahezu senkrechten Felswand. Sicherlich, ich könnte das inzwischen auch, aber ich habe noch keinen Helm und mir ist außerdem viel zu warm und so ziehe ich weiter.

Inzwischen plagen mich wieder die starken Schulterschmerzen und ich unternehme mehrere erfolglose Versuche und das Tragesystem des Rucksacks zu optimieren.

Ich beiße mich mit schmerzverzerrtem Gesicht durch und komme kurz nach 15:30 Uhr am Rifugio Caristiato an und mache Rast auf der sonnendurchfluteten und gut besuchten Terrasse. Die vergangenen Kilometer haben mir wieder mal ordentlich zugesetzt und die erlösende Hütte hätte keine Minute später kommen dürfen. Das folgende Ablegen des Rucksacks ist für mich nun der schönste und bewegendste Moment des ganzen Tages. Nicht einmal das darauffolgende Radler kann dieses Gefühl toppen.

Ich strecke meine Glieder in die Sonne und erhole mich für eine halbe Stunde auf dieser wunderschönen Terrasse. Leider muss ich heute aber noch weiter bis zu meinem Etappenziel, dem Rifugio San Sebastiano am Passo Duran. Um sich dort eine Klettersteigausrüstung für die schwierigste Etappe über die Schiara auszuleihen, ist es Bedingung auch auf dieser Hütte zu übernachten. Der Wirt verleiht so eine Ausrüstung verständlicherweise eben nur an seine Gäste. Irgendwann später auf der Tour kann man diese dann wieder abgeben. Diese Erkenntnis habe ich durch das „Zwischen den Zeilen" lesen des Reiseführers und vom Hörensagen von anderen Wanderern gewonnen.

Bedauerlicherweise geht irgendwann auch die schönste Pause zu Ende, und so mache mich auf den Weg zur letzten Etappe des heutigen Tages.

Es geht viel bergab, aber auch teilweise wieder nach oben. Ich bin inzwischen unterhalb der Baumgrenze und durchquere immer wieder uralten und mystisch anmutenden Baumbestand. Endlich habe ich die letzte 45-Minuten-Wanderung hinter mir und sehe das Rifugio San Sebastiano am Duran-Pass direkt unter mir.

Fünf Minuten später stehe ich vor dem Wirt Benjamino, der mir in hervorragendem Deutsch lächelnd mitteilt, dass seine Zimmer alle ausgebucht sind. Es gäbe aber noch einen Platz im Bettenlager. Klasse, denke ich mir, mal was Neues.

Ich erläutere ihm meine Schnarchgeschichte und er hat wohl eine Idee. Aber erst mal gibt es wieder ein Radler zwecks Durstlöschung. Nur dass hier kein falscher Eindruck entsteht, ich fülle meinen Flüssigkeitshaushalt nicht nur mit Radler auf, sondern überwiegend mit Wasser aus meinem Trinksystem. Wenn man dann so über den Tag verteilt, zwei bis drei Liter Wasser durch seinen Körper gefiltert hat, sehnt man sich immer mehr nach etwas mit Geschmack und erfrischender Kohlensäure. In meinem Fall ist das eben köstliches, kühles und nicht allzu süßes Radler. Mit meinem Getränk genieße ich dann auf der Terrasse die letzten Sonnenstrahlen des Tages. Das machen auch mehrere Koreaner am gegenüberliegenden Hügel, zum Leidwesen der anderen Gäste, extrem lautstark und enthemmt.

Als die Sonne dann hinter den Bergen verschwindet, trete ich wieder vor Benjamino und er bittet mich freundlich, ihm zu folgen.

Es geht durch das Bettenlager in das angrenzende Badezimmer und ich bin verwirrt. Aber im Badezimmer gibt es noch ein kleine, ca. eineinhalb Meter hohe Türe, die in einen zwei mal zwei Meter „kleinen" Verschlag mit Dachschräge führt. Aufgrund der Dachschräge ist es nicht möglich, aufrecht zu stehen, aber es befinden sich zwei schmale Klappliegen in dieser „Höhle".

Perfekt für mich, denke ich mir, bin begeistert und ziehe sogleich in mein Rifugio ein. Zur Entspannung verwende ich gleich eine Liege und genieße das Waagerecht-Sein.

Befremdlich ist nur, dass ich jetzt höre, wie Menschen aus dem Bettenlager die Toilette benutzen und wohl nichts von mir und meiner Anwesenheit hinter dem dünnen Holztürchen wissen. Die Benutzer haben während Ihrer Anwesenheit ihre Türe sicherlich versperrt, aber da bin ja immer noch ich hinter der kleinen, anderen Türe, der den Schlüssel von innen stecken hat.

Jedes Mal, wenn ich meinen Verschlag verlasse, hoffe ich, nicht auf einen Menschen zu treffen, der gerade seine Notdurft verrichtet.

Jetzt bin ich aber erst mal an der Reihe und verwende alle Keramikeinbauten des Badezimmers ausgiebig. Im Bettenlager nebenan ist man anscheinend verwirrt, da die Badezimmertüre nun verschlossen ist, aber keiner reinging.

Später sitze ich in der Wirtsstube mit den gesetzten Herren aus Eichstätt, die bis nach Belluno laufen wollen, gemütlich zusammen. Das ist jetzt eine sehr lustige Runde und so muss ich mehrfach mit ihnen anstoßen.

Nun ist es aber an der Zeit sich um die Klettersteigausrüstung zu kümmern und ich suche den Wirt Benjamino. Ich finde ihn und er nickt auf meine Anfrage hin und holt Mietvertrag und die entsprechende Ausrüstung bestehend aus Gurten, Karabiner und Helm. Auf seine Frage hinsichtlich Erfahrung mit solchem Gerät nicke ich selbstsicher und gebe mich als erfahren aus. Ich war schließlich früher oft beim Höhlenklettern. Dann lege ich in seinem Beisein den Gurt komplett verkehrt herum an und bin erst mal stolz. Er schüttelt den Kopf, hilft mir aber meinen Fehler zu korrigieren. Jetzt passt dann doch alles und ich lasse mich stolz fotografieren.

Nach meiner Rückfrage erfahre ich, dass Angie und Caro gestern da waren und jeweils auch eine Klettersteigausrüstung geliehen haben. Ich bin beeindruckt von den beiden.

Später in der Wirtsstube bekomme ich noch die Einsicht, dass ich von allen Gästen heute Abend wohl der Einzige bin, der über den Klettersteig der Schiara will und entsprechend dazu eine Ausrüstung geliehen hat. Das erzeugt dann doch wieder ein mulmiges Gefühl in meinem Bauch. Aber vor dem Hintergrund, dass ich vor Jahren mal einigermaßen aktiver Höhlenkletterer war, wird das schon klappen.

Zu Hause hat mir meine Frau zum Geburtstag einen Bildband „Traumpfad München-Venedig" vom Bruckmann Verlag geschenkt und genau dieser liegt jetzt in der Wirtsstube bei Benjamino für die Gäste aus. Ich beginne darin zu blättern und stelle fest, dass ich das alles im Buch jetzt mit anderen Augen sehe. Viele der Bilder und Motive habe ich in den letzten Wochen live gesehen und verbinde nun Erinnerungen und starke Gefühle damit. Auch unser Wirt Benjamino ist grinsend abgebildet und während ich weiterblättere, bin ich immer mehr ergriffen und bekomme auch noch feuchte Augen.

Später sitze ich wieder mit den lustigen Herren aus Eichstätt am Tisch und führe nette Gespräche, gerade so als würden wir uns schon ewig kennen.

Nach zwei Schoppen Rotwein habe ich dann mal Lust auf eine ungesunde Zigarette und begebe mich vor die Türe, um entspannt zu rauchen.

Dort treffe ich auf einen älteren Herrn mit Smartphone der mich sogleich in ein Gespräch verwickelt. Noch während des Gespräches bin ich schwer beeindruckt. Mein Gegenüber ist 81 Jahre alt, stammt aus der Oberpfalz und läuft mit seiner Tochter und dem Schwiegersohn von München nach Venedig. Er würde gern auch den Klettersteig machen, aber seine Tochter lässt ihn nicht. Ach ja, letztes Jahr war er noch allein mit dem Fahrrad in Südtirol, so wie eben jedes Jahr. Und wieder kommt die Erkenntnis, Bewegung und frische Luft hält anscheinend jung.

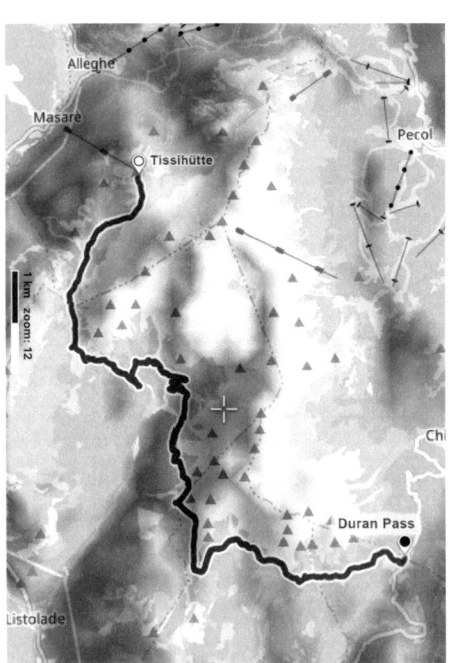

Nach 19,2 Kilometer und über 8 Stunden Gehzeit mit 5 Stunden Abstieg und 3 Stunden Aufstieg und zwei Schoppen Rotwein, bin ich aber nun doch ziemlich erledigt und liege um 22:15 Uhr in meinem persönlichen „Verschlag" und schlafe unmittelbar ein. Selbst die Toilettenspülung die ich ab und zu höre konnte das nicht verhindern.

Tag 36: 19,14 km, +835 m/–1470 m

Gipfel-Schokolade hilft – Tag 37
Sonntag, 14. August

In meinem Verschlag Marke „Eichhörnchenbau" habe ich zu meiner Freude einigermaßen gut geschlafen und so sitze ich alsbald beim Frühstück, bevor ich mich dann später, top gestärkt, wieder auf den Weg Richtung Süden mache.

Bis zum heutigen Tagesziel, dem „Rifugio Plan de Fontana" liegt wieder eine ziemlich lange Etappe mit vielen Höhenmetern und circa acht Stunden Gehzeit vor mir. Und, damit es nicht langweilig wird, folgt tags darauf dann der schwierigste und anspruchsvollste Teil meiner Reise. Das Überqueren des Monte Schiara über den gefürchteten Klettersteig.

Leider ist ab heute mein Rucksack nun auch noch um zwei Kilogramm schwerer, da ich jetzt Gurt, Helm und Karabiner mit mir herumschleppen muss. Ohne diese Hilfsmittel wäre aber die Klettersteigetappe undenkbar.

Ich frühstücke also noch gemütlich, verabschiede mich herzlichst von den Eichstättern und bekomme gerade noch mit, wie der 81-jährige Oberpfälzer mit seiner Tochter heftig diskutiert, da er jetzt auch ein Klettersteig-Set ausleihen möchte, um mich über die Schiara zu begleiten. Er sei schließlich schon mal hier und so solle man die Möglichkeit auch nutzen.

Es wird fleißig weiterdiskutiert und er ist natürlich eisern dafür und seine Tochter strikt dagegen und stellt ihn auch gleich mal als alten, leichtsinnigen Zausel hin, der von allen guten Geistern verlassen ist.

Das Gespräch wird anstrengend und ich gönne mir das Ende nicht mehr und so breche ich frohen Mutes auf, um meinen persönlichen Weg zu gehen. Es ist exakt 08:30 Uhr, als ich mich von Benjamino verabschiede und mich mit meinem nun 20 Kilogramm schweren Rucksack auf den Weg mache. Heute ist Sonn- bzw. Feiertag und auf der Passhöhe vor dem Rifugio befindet sich eine kleine Kirche, in der jetzt gleich ein Gottesdienst stattfindet. Außerdem werden gerade unzählige Marktstände aufgebaut. Hier wird wohl in Kürze einiges los sein, was ich gottlob aber nicht mehr erleben werde.

Die nächsten zwei bis drei Kilometer geht es nun auf der Passstraße entlang. Nach den Beschreibungen im Reiseführer könnte man wieder mal meinen, dass geteerte Straßen aus 1.000 Grad flüssigem Asphalt bestehen, sodass diese auf keinen Fall betreten werden sollten. Ich weiß nicht, was die Autoren des Reiseführers für ein Problem mit Asphaltstraßen haben, ich habe auf jeden Fall keines. Im Gegenteil, ich genieße den ein oder anderen Abschnitt auf Straßen und sehe das als willkommene und abwechslungsreiche Erholung und Gegenpol zu den doofen Geröllfeldern an.

Da ich nach 45 Minuten anscheinend genügend Erholung hatte, beschließt der Weg jetzt wieder in den bergigen und steilen Wald zu führen. Na, dann die Schuhe noch mal etwas fester schnüren und hochgeht's mal wieder über Stock und Stein.

Kurz darauf ist eine Gruppe aus Stuttgart hinter mir, die sich leider auch sehr lautstark bemerkbar macht. Ich bin aufmerksam und lasse sie vorbeiziehen. Minute um Minute wird es leiser vor mir und nach 15 Minuten bin ich wieder im stillen Einklang mit der Natur. Zwischen den ganzen Hügeln im dichten Wald fühle ich mich fast wie der Mann in den Bergen (Grizzly-Adams) aus der gleichnamigen Fernsehserie aus den 80ern, gottlob aber ohne Grizzly. Ich bin nun fast eins mit der Natur und ertappe mich dabei, darüber nachzudenken, wie es denn wäre, wirklich allein hier zu leben. Also keine Berghütten mit Matratzenlager und keine Berg-Holländer, nur die pure Natur, eine einsame Blockhütte und ich. Na gut, eventuell noch ein MacBook und ein iPhone und vielleicht einen Sat-Receiver und Flat-TV. Okay, dann aber doch auch noch meine Familie. Die Frage ist nur, wie kommt mein Sohn in die Schule und wo geht meine Frau einkaufen.

Ich verwerfe meine Gedanken und konzertiere mich verstärkt auf den steinigen Weg, der jetzt wieder aus dem dichten Wald herausführt. Ich latsche jetzt erneut durch Latschen(-Kiefern) und über Geröll und entdecke vor mir dann doch wieder einige Menschen.

Schnell hole ich die kleine Gruppe ein und stelle fest, dass es Bekannte sind. Es sind die Oberpfälzer mit dem 81-jährigen Opa, die mich irgendwie überholt haben, ohne dass ich es gemerkt habe. Der sportliche Opa will nach wie vor unbedingt über den Klettersteig und tut dies auch immer noch lautstark kund. Es gab wohl diesbezüglich schon den ganzen Vormittag familiäre Diskussionen und Unstimmigkeiten zwischen den Generationen.

Als ich vorbeikomme, werde ich freundschaftlich begrüßt und man bittet mich, an dem hitzigen Gespräch teilzunehmen. Eine weitere Meinung wird benötigt, tendenziell die der Tochter, um dem Opa das Vorhaben auszureden. Ich bin schließlich eindeutig als Klettersteig-Profi zu erkennen, da an meinem Rucksack die entsprechende Ausrüstung baumelt.

Im Laufe des Gespräches werden Telefonnummern ausgetauscht, und ich verspreche, mich während oder nach dem Klettersteig telefonisch zu melden. Ich soll dann der Gruppe mitteilen bzw. einzuschätzen, ob die Route über die Schiara auch ohne Ausrüstung und mit 81 Jahren möglich wäre. Der Opa hat seine ca. 60-jähren Kinder anscheinend fest im Griff.

Jetzt habe ich Durst vom Reden und erfrische meinen Körper über mein Trinksystem, während ich weiter den steinigen Weg nach oben folge. Ich komme über eine kleine Wiese mit einer alten Alm (Malga Moschesin) mit Feuerstelle im Inneren, die anscheinend als Notunterkunft dient und wohl auch ab und zu genutzt wird.

Der Charakter der Hütte hat aber eher etwas bedrückend Höhlenartiges an sich und ich muss nicht länger hierbleiben. Am Brunnen davor erfrische ich mich und mein Kopftuch und fülle meine Trinkwasserreserven auf.

Es hilft alles nichts, aber ich muss weiter, sonst schaffe ich mein Tagespensum nicht. Bis zu meinem Ziel, dem Rifugio Plan de Fontana werde ich keinerlei Zivilisation in Form von Hütten oder Rasthäusern besuchen können, weil einfach keine da sind.

Gemächlich und konstant geht es immer weiter nach oben und auf ca. 2.000 Höhenmeter erreiche ich eine duftende Bergwiese mit genialem Ausblick über die Belluneser Dolomiten.

Um meinen inzwischen über 20 Kilogramm schweren Rucksack etwas zu erleichtern, beschließe ich, an diesem exponierten Platz zu kochen und so einen Teil meine Nahrungsvorräte vom Rucksack in meinen schwachen Körper zu verlagern. Auch etwa 20 Gramm Spiritus verbrenne ich und gebe somit CO_2 in die Atmosphäre ab. Es gibt köstliches Reisfleisch a la Stroganoff und frisches Quellwasser. Da ich gerade noch so schön sitze, bleibe ich auch noch etwas und genieße die Aussicht bei einer ungesunden Gipfelzigarette.

Ein Pärchen, welches oberhalb von mir Rast macht, beobachtet mich schon eine Zeit lang und sind erstaunt, was ich so alles aus meinem Rucksack zaubere. Als ich aber dann die Zigarette anzünde, wenden Sie sich angeekelt ab.

Nachdem meine ultraleichten Küchenutensilien gereinigt und verstaut sind, geht es wohl oder übel weiter. Der Weg führt mich über grüne Wiesen in Richtung einer Felswand, in der ich von Weitem eine Höhle entdecke. Auch wenn es mich sehr reizt, beschließe ich doch von einer Erforschung Abstand zu nehmen und weiter Richtung Süden zu wandern.

Heute ist Sonntag und gegenüber den letzten beiden Sonntagen ist fast nichts los in diesen Bergen. Das liegt wohl daran, dass ich mich inzwischen in Gegenden herumtreibe, in denen geteerte Straßen und Wanderparkplätze im Tal oder auf Passhöhen Mangelware sind.

Tatsächlich bin ich jetzt außerhalb des Treibens von Schulklassen und Tagesausflüglern und kann somit in Ruhe weitermarschieren. Die paar unbeirrten Wanderer, die ich sehe, haben wohl meist das gleiche Ziel wie ich: die erlösende Lagunenstadt Venedig.

Aktuell bewege ich mich wieder in einem Hohlweg durch viele Latschen bei immenser Luftfeuchtigkeit und Windstille. Ich quäle mich einmal mehr, bin

Blick während der Mittagsrast

klatschnass geschwitzt, durstig und ziemlich kraftlos. Auch wenn es bisher immer so geklungen hat, dass ich am Ende meiner Kräfte bin, gibt es doch immer noch eine Steigerung, die ich nicht für möglich gehalten hätte. Ich war die letzten Wochen tatsächlich noch nie so kraftlos und durstig wie heute. Das gibt mir zu denken. Ist mein Körper nun doch kurz vor dem Ende seiner Leistungsfähigkeit?

Ich höre in mich hinein und entdecke vordergründig den Durst, der sich nach genauer, innerer Beobachtung als extremer Brand darstellt. Rückwirkend betrachtet, rührt er wohl von meinem sehr würzigen Reisfleisch a la Stroganoff her und ist leider mit Wasser ohne Geschmack und ohne Kohlensäure nicht richtig zu löschen. Jetzt müsste das berühmte Radler her, welches aber weit und breit nicht zu finden ist!

Als ich mich kurz ausruhe, werde ich von drei jungen Wanderern freundlich und forsch überholt. Das sind zwei junge Typen und ein Mädel im Alter zwischen 25 und 30, und ich spüre, was sie denken. „Der alte Sack hat sich wohl etwas zu viel vorgenommen und jetzt kackt er ab".

Das geht gar nicht und so starte ich mental das System noch mal neu und mache den Vorstellungen der jungen Menschen einen Strich durch die Rechnung. Mit forschem Schritt folge ich ihnen und verringere den Abstand nun

Blick auf den Monte Schiara (kurz vor dem Rifugio Plan de Fontana)

immer weiter. An einer kleinen Kehre haben wir kurz Sicht- und Sprechkontakt und sie muntern mich auf, indem sie mir auf dem Gipfel eine Gipfelrast-Schokolade in Aussicht stellen.

Die nächsten 30 Minuten sind gefühlt für mich die kräftezehrendsten der letzten Wochen. Ich bin dermaßen am Ende, als ich auf dem Höhengrad ankomme, dass ich mich völlig erschöpft neben der Dreier-Gruppe in die Wiese fallen lasse. Mit fast letzter Kraft lege ich den Rucksack ab und bekomme prompt eine Rippe der versprochenen Schokolade angeboten.

Rifugio Plan de Fontana

Nach einer schöpferischen Verschnaufpause kommen wir ins Gespräch. Das Dreierteam von Venedig-Gehern hat sich erst auf der Wanderung kurz nach München kennengelernt und beschlossen, den Weg in die Lagunenstadt zusammen zu nehmen. Ursprünglich waren alle drei, so wie ich, allein unterwegs.

Alle stellen sich brav vor und als ich dran bin und meinen Namen und Startpunkt nenne, bekomme ich Folgendes zu hören: „Ach du bist das, von dir haben wir schon gehört". Ist schon irre, wie es sich unter den Venedig-Gehern herumspricht, dass da einer unterwegs ist, der nicht am Marienplatz in München gestartet ist, sondern eben deutlich weiter nördlich in Mittelfranken. Hurra, ich bin berühmt und werde sicherlich mal eine Legende!

Faszinierend finde ich auch die Kommunikation und wie sich Nachrichten wie in den alten Zeiten hier verbreiten. Über WhatsApp hat das bestimmt niemand gepostet. Wieder einmal werde ich ausgefragt und nach 15 Minuten Geplapper brechen die drei wieder auf. Ich bleibe noch ein paar Minuten sitzen und bereite mich mental auf die letzte Etappe vor. Der steile Abstieg um 600 Höhenmetern zum Rifugio Pian de Fontana, welches die letzte Berg-Hütte vor der Schiara mit ihrem Klettersteig ist.

In den nächsten eineinhalb Stunden nehme ich das mit Sicherheit steilste Stück Abstieg der letzten Tage unter meine Stiefel und komme gegen 17:30 Uhr erschöpft, aber glücklich am Tagesziel an.

Das Rifugio Pian de Fontana wirkt echt gemütlich, cool und etwas weniger touristisch als andere Hütten. Hier kommt kein Auto her und zur Versorgung gibt es nur eine kleine, offene Lastenseilbahn.

Mal abwarten, wie die Nacht wird, denn die Lager sind alle in separaten und sehr spartanischen Hütten. Hier treffe ich dann auch Martina, die Eichstätter Herren und einige andere wieder, die ich in den letzten Wochen kennenlernen durfte. Hier sind zum ersten Mal fast nur deutsche Wanderer vertreten und circa 90 % dieser Menschen sind Venedig-Geher. Jemand anderen verschlägt es hierher (außerhalb der bekannten Wanderrouten) wohl eher selten.

So, jetzt ist erst mal Duschen angesagt (leider kalt und trotzdem 3,00 Euro). Danach werden die feuchten Wanderklamotten auf der Wiese bei den letzten Sonnenstrahlen getrocknet und sind somit „frisch" für den nächsten Tag.

Später erleben wir einen gemütlichen und kulinarisch köstlichen Abend und als ich zahlen will, hat die Wirtin keine Lust und meint, dass morgen auch noch ein Tag sei.

Inzwischen habe ich mich auch mit dem Wetterbericht beschäftigt und erfahren, dass morgen Nachmittag ein Gewitter anrollen soll. Da ich genau da im Klettersteig sein wollte, gibt es für mich jetzt zwei Möglichkeiten.

Entweder steige ich mit allen anderen ab und nehme (wegen der geteerten Fernstraße im Tal) den Bus nach Belluno oder ich breche sehr früh, also deutlich vor meiner Zeit, auf und wandere die ersten drei Stunden schnell und flott, um dann gegen 10:00 Uhr am Fuß des Klettersteigs zu stehen. So sollte ich dem

Gewitter ein Schnippchen schlagen können um die Schiara doch kletternd zu überqueren.

Natürlich entscheide ich mich für die Variante 2 und bin damit heute der einzige Übernachtungsgast, der am nächsten Tag den Klettersteig bezwingen will. Ich konnte ja gar nicht anders entscheiden, denn sonst hätte ich die Kletterausrüstung vollkommen umsonst herumgetragen. Mental und körperlich versuche ich mich darauf vorzubereiten, also begebe ich mich nervös gegen 21:00 Uhr ins Bett, um für den morgigen Tag ausgeruht zu sein.

Meine Klamotten sind mitnichten auch nur ansatzweise trocken und so hänge ich diese noch über meine Bettpfosten. Jetzt versuche ich zu schlafen, was mir aber sehr schwerfällt, da ich zum einen sehr nervös wegen meines morgigen Abenteuers bin und zum anderen von der rauen Holzdecke immer wieder Tiere in Form von krabbelnden Insekten in mein Bett herabregnen.

Erschöpft kümmere ich mich irgendwann aber nicht mehr um Asseln, Ohrhöhler und andere Käfer und schlafe ein.

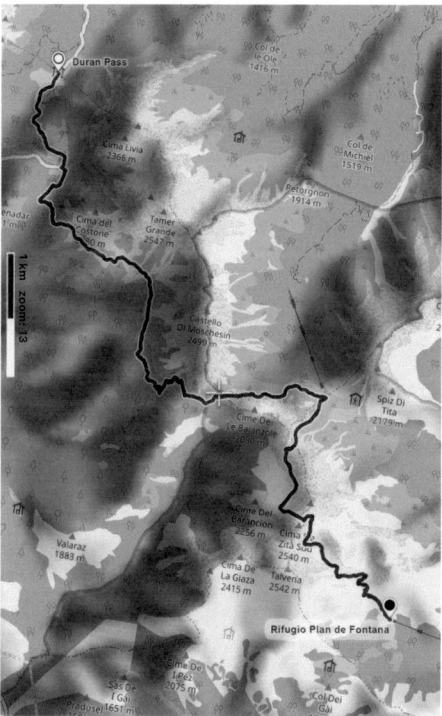

Mit 17,3 Kilometer und 1.200 Metern rauf und fast das Gleiche wieder runter war das heute doch auch erneut sehr anstrengend und fordernd, aber zum Glück gab es Gipfel-Schokolade.

Tag 37: 17,3 km, +1.224 m/–1.181 m

Als mutiger Bergsteiger über die Schiara – Tag 38

Montag, 15. August

Klettersteig Gia del Marmol – mit Blick auf Belluno

Heute Morgen weckt mich mein Wecker früher als an allen vergangenen Tagen meiner Reise. Um 06:00 Uhr bin ich notgedrungen wach, kleide mich leise an und packe meine ultraleichten Habseligkeiten zusammen. Jetzt bin ich mal derjenige, der als Erster im Bettenlager kramt. Ich bin aber sicher, ich kann das leiser als andere, die ich schon erlebt habe, als ich noch schlafen wollte. Die meisten Mitwanderer liegen also noch in ihren Betten, da diese ja durch den Abstieg zur Busstation nach Belluno einen deutlich entspannteren Tag vor sich haben.

Mir steht heute die gefährlichste und auch mental anstrengendste Etappe bevor und ich habe ein wenig Angst.

Noch in der Tür der Hütte stehend, sehe ich mein Ziel auf der anderen Talseite. Die Schiara bzw. der Monte Schiara, der mit seinen 2.665 Metern die letzte große Hürde vor Belluno darstellt. Bis dato gibt es keinen Wanderweg über diesen Berg, sondern nur ebendiesen Klettersteig (Via Ferrata Gia del

Marmol) der nur mit Ausrüstung, Mut, Trittsicherheit und leichtem Gepäck zu meistern ist. Das meiste davon habe ich, also geht es los.

Wie schon erwähnt, hängt mein Aufbruch in den frühen Morgenstunden mit dem für Nachmittag prognostiziertem Gewitter zusammen. Man sagte mir, Klettersteig und Gewitter zur gleichen Zeit sollte man unbedingt vermeiden. Klingt nachvollziehbar und so versuche ich mich daran zu halten.

Eine kurze Tasse Kaffee und ein Stück Brot und schon mache ich mich als Erster am heutigen Morgen auf den Weg. Zuerst aber gilt es mal wieder abzusteigen, um dann auf der anderen Seite des Taleinschnittes notgedrungen wieder an Höhe zu gewinnen. Aufgrund des engen Zeitfensters laufe ich in schmerzender Marschgeschwindigkeit über matschige Wanderwege. Marschgeschwindigkeit bedeutet tatsächlich schnelles bis sehr schnelles Wandern und für mich auf jeden Fall deutlich schneller als bisher.

Mit meiner maximal möglichen Geschwindigkeit steige ich also ab und circa eine Stunde später wieder auf. Um spätestens innerhalb der prognostizierten drei Stunden am Fuße des Klettersteigs zu sein, muss ich mich eben beeilen. Ich flitze mehr, als ich laufe, denn das Gewitter sitzt mir sozusagen im Nacken.

Ich wandere so schnell wie noch nie und habe dann auch vor lauter Schnelligkeit eine Abzweigung verpasst. Mist, nun muss ich wieder zurück und absteigen und dann den richtigen Weg wieder hoch.

Ich schimpfe lauthals und vehement über mich und den zusätzlichen Kraftakt und vor allem über die verlorenen 30 Minuten. Genau heute ist der Zeitverlust schlimmer als bei den vergangenen Irrwegen. Hoffentlich hört niemand meine peinlichen Ausrufe in den frühen Morgenstunden.

Irgendwann ist das Missgeschick verdaut und ich widme mich wieder vollkommen dem Weg, der mich über sehr matschige Pfade durch bewaldete Hänge führt. Es ist leider so matschig, dass inzwischen auch meine Socken was davon haben.

Eine weitere Stunde später kämpfe ich mich immer noch geschwind über Felsen und steile Wiesen weiter nach oben und bin verwundert, dass ich das mit dieser Geschwindigkeit leisten kann. Einen Weg kann ich inzwischen nur noch erahnen und so sind die markierten Felsen wieder mal sehr wichtig für mich.

Durch die hohen Wiesen im Morgentau sind inzwischen auch meine Hosenbeine komplett durchnässt. Das Ganze harmoniert nun wenigstens mit meinen Socken. Der Weg durch das hohe Gras lässt aber auch erkennen, dass ich heute sicher der Erste bin, den es zum Gipfel der Schiara zieht. Hinter mir zeugt eine deutliche Schneise in der Wiese von meiner flotten Wanderung und es ist die einzige Schneise weit und breit.

Gegen 10:30 Uhr erreiche ich eine felsige Plattform am Fuße des gewaltigen Bergmassivs. Es ist also so weit, und ich beschließe, mich hier „bergfertig" zu machen. Nervös krame ich in meinem Rucksack und lege dann meine Klettersteigausrüstung an. Diese besteht aus Sitz-/Schultergurt, dem eigentlichen Klettersteigset mit Karabinern und natürlich dem Helm.

Ich denke mir: Besser alles früher anlegen als später und dann womöglich unsicher im Berg hantieren.

Jetzt fühle ich mich wie ein richtiger Bergsteiger, aber mit zu viel Gewicht am Rücken und mulmigen Gefühl in der Magengegend, da ich immer noch nicht genau weiß, was mich nun erwartet. Am Startpunkt des eigentlichen Klettersteigs bin ich nach wie vor noch nicht angekommen und mein jetziger Weg ist mehr eine grobe Route über große Felsen und ich muss mich ständig neu orientieren. Schon jetzt bin wieder ziemlich ausgepowert und krabble zum Teil auf allen vieren über irgendwelche Felsen. Nach wie vor kann ich vor oder hinter mir keinerlei menschliche Aktivität wahrnehmen und das allein sein fühlt sich hier auch tatsächlich so an.

Endlich stehe ich am Fuße des Klettersteigs. Ich erkenne es an einer Leiter an der senkrechten Felswand (90 Grad) und an einem entsprechenden Hinweisschild „Via Ferrata Pierro Rossi" (Gia del Marmol).

Ein zweites Hinweisschild stößt auf mein Interesse und ich lese von einem Verbot für bestimmte Klettersteigsets und damit verbunden eine Rückrufaktion der Hersteller. Klasse, wo ist mein Typenschild? Ich finde es und sehe, dass alles in Ordnung ist mit meiner Ausrüstung. Aber, wenn ich eines dieser Modelle gehabt hätte, was hätte ich in dem Fall tun können, außer umzukehren? Eventuell einen Schnell-Umtausch über Amazon Prime? Hmm, wahrscheinlich hätte ich alles doppelt überprüft und mich doppelt festgehalten und wäre los. Tolle Idee, das Schild hier oben anzubringen. Also, auf noch oben und das erst mal über die Leiter. Ich muss mich jetzt aktiv mit meinen Karabinern beschäftigen und die nächste Stunde hake ich mich ständig an Stahlseilen neben mir ein und wieder aus. Da man zwei Leinen hat, an deren Enden je ein Karabiner befestigt ist, und immer einer der beiden eingehakt sein muss (logisch), geht es etwas langsamer voran. Ständig sorgen Befestigungsstege der am Boden oder Wänden befestigten Stahlseile für fröhliches ein- und aushaken.

Gegen Mittag erreiche ich aber den höchsten Punkt der Schiara und denke mir: Ist ja gar nicht so schlimm, Ralph. Es war steil und unwegsam, aber alles in allem nicht so sehr herausfordernd, wie ich dachte. Ich muss jetzt ja nun nur wieder runter.

Ab jetzt geht es also permanent bergab und dieser Teil des Klettersteiges ist dann doch deutlich länger und anspruchsvoller als der Teil beim Aufstieg. Das wusste ich zu diesem Zeitpunkt aber noch nicht. Es kommt, wie es kommt, und nach nur weiteren 10 Minuten überdenke ich meine „Ist-ja-gar-nicht-so-schlimm-Gedanken" und komme zu „Scheiße-leck-mich-am-Arsch-ich-mach-mir-in-die-Hose-Gedanken". Was ich die nächsten Stunden erlebe, ist sicherlich einer der anstrengendsten, beängstigendsten und schwindelerregendsten Momente meines bisherigen Lebens.

Mein doch sehr schwerer Rucksack macht mir sehr zu schaffen und sorgt für das ein oder anderen unangenehme Gefühl. Wenn du auf einem nur zentimeterbreiten Sims stehst und dich mit den Händen an einem Stahlseil in Brusthöhe festklammerst und du in deutlicher Rückenlage durch den Rucksack nach hinten gezogen wirst, ist das echt unangenehm. Die deutliche Steigerung ist dann

Entlanghangeln an den Stahlseilen

aber, wenn man noch kurz nach unten sieht und feststellt, dass man in einer Wand in circa 100 Metern Höhe hängt.

Man ertappt sich dabei zu überlegen, was passiert, wenn man sich nicht mehr halten kann oder einen Fehlgriff tut. Ja, man fällt, aber aufgrund des Doppelkarabiners nur circa zwei bis drei Meter. Ich möchte mir aber auch nicht vorstellen, wie es mir geht, wenn ich beim Fallen an die Felswand klatsche. Interessant wäre auch zu wissen, wie der überlebende, aber aufgeschürfte und blutende Ralph mit 18 Kilogramm Rucksack, der circa drei Meter unterhalb

des Stahlseils und zwei Meter unter dem Sims, mit Schmerzen (durch den Fall und das Klatschen an den Felsen), in der Wand hängt und seine weitere Zukunft plant. An den Seilen hochziehen ist die nahe liegende Möglichkeit, aber wahrscheinlich mit dem zusätzlichen Gewicht am Rücken nicht zu realisieren. Ich denke darüber nach und stelle fest, dass der Klettergurt über

Extremer Nervenkitzel für mich

dem Geschirr des Rucksacks befestigt ist. Also das Aufgeben des Rucksacks ist wohl auch nicht das Richtige.

Die zweite Möglichkeit wäre unmotiviertes Rumhängen und warten, bis irgendjemand kommt. Wie wahrscheinlich das bei dem drohenden Gewitter ist, kann sich jeder selbst ausmalen.

Diese Gedanken gefallen mir gar nicht und ich versuche sie zu verdrängen, um mich voll und ganz auf das „Hier und Jetzt", also auf das Klettern zu konzentrieren.

Definitiv habe ich aber den Moment erreicht, bei dem ich darüber nachdenke, ob ich den Klettersteig auch gemacht hätte, wenn ich gewusst hätte, was mich hier erwartet.

Ja, ist halt mein erster Klettersteig und womöglich denkt man später mal anders darüber.

Mit voller Hose oder mindestens mit maximalem Respekt und immer kraftlosen Händen geht es in schwindelerregenden Höhen weiter und ich sehne mir ein verletzungsfreies Ende dieser Tortur herbei. Tatsächlich schwindet die Kraft zusehends und ich muss an völlig ungeeigneten Stellen mehrfach rasten, um zu regenerieren. Nach weiteren zwei Stunden bin ich sicher, das Ende des Abstiegs erreicht zu haben und schlittere auf einem Geröllhaufen weiter nach unten.

Genau jetzt entdecke ich vor mir Menschen, die mir entgegenkommen. Auch sie sehen zu mir hoch und just in diesem Moment stolpere ich und fliege. Ja, wo fliege ich wohl hin? Auf dem scharfen Geröll nach unten und vorwärts durch den Rucksack beschleunigt, knalle ich, abgestützt von meinen nackten Armen, voll auf die Fresse.

Schnell, aber mit Schmerzen, richte ich mich wieder auf, um ein professionelles Bild gegenüber den anderen Wanderern abzugeben.

Wir kommen kurz ins Gespräch und ich erfahre, dass die drei von der Hütte, die heute mein Ziel sein soll, bis hierher schon drei Stunden gebraucht haben und gleich da hinten die nächsten Stahlseile auf mich warten. Mist, ich dachte, ich habe die Angst und den Schrecken hinter mir, aber nein, ich muss wohl weiter kletter-steigen.

Während wir uns verabschieden, werde ich von den dreien noch auf meinen blutenden Unterarm und das ebenfalls blutende rechte Knie aufmerksam gemacht. Man bietet mir Verbandsmaterial an, welches ich aber dankend ablehne. Mist, mein ganzes versuchtes, professionelles Auftreten ließ dann doch aufgrund meiner blutenden Wunden sehr zu wünschen übrig. Mit meinem eigenen Material versorge ich die Wunden notdürftig und, nun deutlich vorsichtiger, steige ich weiter ab. Ich sehne mich nach dem Ende dieser Kraxelei, muss aber die Zähne noch eine ganze Weile zusammenbeißen.

Dieser sehr aufreibende und fordernde Weg über die Schiara ist für mich so etwas wie der Abschluss der gesamten Dolomitenüberquerung und zeigt mir somit, dass ich mich meinem Ziel Venedig deutlich nähere.

Zwischen Belluno und der Ebene vor der Adria liegt nur noch ein einziger Berg mit „nur" circa 1.600 Metern Höhe. Aufgrund meiner inzwischen trainierten Skills, werde ich diesen letzten Hügel schnell und effektiv überqueren.

Über dem Abgrund

Da ging es runter

Endlich komme ich an dem Schild vorbei, welches für mich das Ende des „Via Ferrata Marmol" kennzeichnet. Ich halte kurz inne und atme tief und erleichtert durch und freue mich am Leben zu sein. Oder zumindest nicht im Seil zu hängen und auf die rettenden Kletterer zu warten, die ich vorhin traf. Die letzten Minuten bis zur lang ersehnten Hütte sind ein Leichtes und so komme ich gegen 15:30 Uhr überglücklich im „Rifugio Seven Summits Alpina" an. Am Himmel ziehen inzwischen überaus dunkle Wolken zusammen.

Sofort lege ich meinen Rucksack vor der Hütte ab und nehme erschöpft auf einer Bank Platz. Bis auf drei Spaziergänger und einen Wanderer, der gerade seine Klamotten trocknet, bin ich wohl der einzige Gast hier. Das ist mal eine sehr willkommene Abwechslung zu den ansonsten maßlos überfüllten Berghütten. Den „Standard-Wanderer" verschlägt es wohl weniger hier her. Auf jeden Fall wohl nicht von Norden über die Schiara kommend.

Ich habe versprochen, alle Venedig-Geher mit denen ich über diese Überquerung gesprochen habe, anzurufen, wenn das Werk vollbracht ist. Ich greife zum Telefon und gebe erleichtert meinen Statusbericht bei verschiedenen Telefonaten ab. Den Oberpfälzern mit dem 81-jährigen Sport-Opa teile ich meine Einschätzung mit, die ich hier sicherlich nicht ausführen muss.

Wieder einmal habe ich ein extremes Bedürfnis nach meinem Lieblingsgetränk und so grinse ich schon von Weitem den auf mich zukommenden, jungen Hüttenwirt an.

Dieser begrüßt mich gleich mit Namen „Hello, you are Ralph?" Ich bin perplex und ein wenig stolz, dass es sich bis hierher herumgesprochen hat, dass ich, der Typ aus Nürnberg, über den gefährlichen Klettersteig kommt. Anscheinend bin ich doch schon ein wenig prominent.

Ich bestätige das mit „Yes, I am Ralph" und der Wirt macht mich nun darauf aufmerksam, dass ich in der letzten Hütte (Plan de Fontana) meine Zeche geprellt habe. Die Hüttenwirtin hat dann hier angerufen, um die Schulden eintreiben zu lassen. Peinlich berührt und mit rotem Kopf zahle ich die Zeche vom letzten Tag und genieße dann wortlos mein Radler, welches ich gleich darauf serviert bekomme. So viel also zu meiner Prominenz.

Peinlich ist mir das schon, aber am Abend zuvor wollten die Wirtin nicht abkassieren und am Morgen war es einfach zu früh für mich, um an so etwas Banales wie Geld zu denken. Als ich dann nach einer Übernachtung hier im „Seven Summits Alpina" frage, hält der Hüttenwirt gleich fordernd die Hand auf und grinst. Ich bekomme trotz meines schlechten Rufes in Bezug auf meine Zahlungsmoral ein Zimmer und es ist eine Wohltat mal nicht in ein überfülltes Bettenlager einzuziehen. Als Sahnehaube bekomme ich sogar ein 6er-Zimmer für mich allein. Nach dem Duschen wasche ich wieder mal Wäsche und ruhe danach entspannt auf dem Bett, um diesen außergewöhnlichen und gefährlichen Tag für mich zu verarbeiten.

Ich bin immer noch fassungslos, was ich heute absolviert habe und irgendwie kommt es mir wie in einem Traum vor. Nur die Schmerzen, zusätzlich nun auch in den Händen, holen mich in die Realität zurück. Bei den anspruchsvollsten Stellen war voller Körpereinsatz auch mit beiden Händen gefragt, sodass es davon aus Sicherheitsgründen leider keine Bilder gibt. Kurz darüber nachgedacht habe ich aber schon, aber es dann doch verworfen.

Der Hunger treibt mich später in die kleine, gemütliche Wirtsstube, in der außer mir nur ein weiterer Wandersmann zugegen ist, den ich als Italiener identifiziere. Also, quasi ein Landsmann von mir, denke ich grinsend. Er ist versunken in ein Buch und ich überlege kurz, ob ich an seinen Tisch Platz nehmen soll, um Freundschaft zu schließen. In letzter Sekunde entdecke ich gerade noch, dass er einen pinkfarbenen Gürtel trägt. Ohne zu zögern, setze ich mich an einen anderen der drei Tische. Sicher täusche ich mich und der Gürtel ist einfach aus den 80ern. Eventuell aber auch nicht und dann würde ja meine Annäherung vielleicht missverstanden werden. Ehrlicherweise habe ich gerade aber auch gar keine Lust zu reden.

Während ich mir sicher bin, dass ich mir ein Bier verdient habe und dieses auch gleich bestelle, zieht draußen das angekündigte, dunkle und heftige Gewitter auf, vor dem ich schon den ganzen Tag geflüchtet bin. Es regnet wolkenbruchartig und der gefährliche Starkwind pfeift lautstark um die Hütte. Es ist jetzt kurz nach 17:00 Uhr und ich bin heilfroh, in der beheizten Stube des „Rifugio Seven Summits Alpina" zu sitzen und nicht gegen die unerbittliche nasse, kalte und windige Natur kämpfen zu müssen.

In der kleinen Stube vor dem brennenden Kaminofen ist es echt gemütlich und kurz darauf wird mein original italienisches Hütten-Essen mit Spaghetti Ragout (also Bolognese) als Vorspeise und gegrillten Käse mit Bratkartoffeln als Hauptgericht serviert. Die Essensmenge bei Halbpension macht auf dieser Reise das erste Mal wirklich Sinn für mich, denn ich habe immer einen Bärenhunger und die Portionen sind sehr großzügig.

Auch ein Dessert gibt es noch und während ich genussvoll löffle, lässt das Gewitter etwas nach. Knapp 20 Minuten später geht die Türe auf und die drei Kletterer von heute Nachmittag kommen erschöpft herein. Diese drei waren für mich die einzigen Menschen, die ich heute unterwegs getroffen habe.

Ich erfahre jetzt, dass die Truppe aus Lübeck kommt und aus Vater mit Tochter und Sohn im Teenager-Alter besteht. Er ist selbstständiger Landschaftsgärtner und macht einmal im Jahr mit den „Kids" eine Kletter- und Wandertour.

Heute sind sie von hier gestartet und haben den Klettersteig zweimal (also vor und zurück) gemacht. Beim Rückweg wurden Sie vom Gewitter überrascht und musste in einer Felsspalte abwettern. Danach war natürlich alles nass und glitschig und so musste man noch viel vorsichtiger sein. Ich bin dem lieben Gott dankbar, dass ich das im Trockenen absolvieren durfte.

Bei den Erzählungen kommt aber auch deutlich rüber, dass alle drei erfahrene Kletterer sind und heute wohl deutlich weniger Blutdruck hatten als ich. Auch mich loben sie aber, diesen Steig mit 18 Kilogramm auf dem Rücken gemacht zu haben. Das macht mich noch ein bisschen mehr stolz und es sieht auch so aus, als ob sie es ehrlich meinen.

Mit dem jungen Italiener, der hier bedient, gehe ich jetzt eine rauchen und erfahre, dass er aus Belluno stammt, davor in Australien und an der Müritz war und nun für drei Monate ohne Unterbrechung mit seiner Freundin hier oben ist und arbeitet. Seine Kumpels gehen halt jetzt ohne ihn auf die Piste.

Während ich überlege, ob das mein Ding wäre, beobachte ich unzählige schwarze Salamander oder Molche, die bei dem schlammigen, nassen Boden aus ihren Verstecken kommen und anscheinend kopulieren oder es wenigstens versuchen.

Ich wünsche ihnen viel Glück und Erfolg und rauche gemütlich zu Ende. Das Essen war ausgezeichnet und ich gönne mir noch ein zweites Bier, während ich mein Gespräch mit den Lübeckern fortsetze. Lange geht das aber nicht mehr gut, denn ich bin mehr als fertig und so verschwinde ich gegen 21:45 Uhr in mein 6-Bett-Zimmer mit Einzelbelegung, wo ich erschöpft und zufrieden einschlafe.

Gute Nacht. Heute war es ein besonderer Tag. Ich schließe ab, mit nur circa elf Kilometern und 1.168 Metern Aufstieg und 1.319 Metern Abstieg, die ich aber nie wieder in meinem Leben vergessen werde.

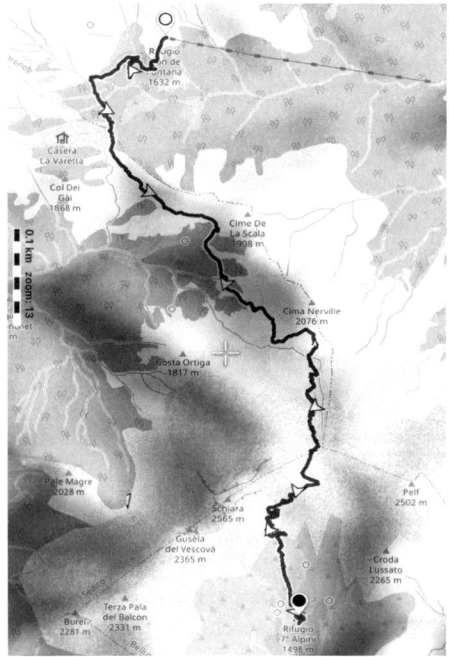

Tag 38: 10,93 km, + 1.168 m/–1.319 m

Mit den Alpen im Rücken nach Belluno – Tag 39
Dienstag, 16. August

Rifugio 7 Summits Alpina und dahinter meinen Weg über die Schiara

Der Wecker und die Sonne wecken mich gegen 07:00 Uhr nahezu gleichzeitig in meinem geräumigen und lichtdurchfluteten Zimmer. In aller Ruhe komme ich in die Senkrechte und mache mich fertig zum Frühstücken. Der neue Tag kann kommen und jetzt kann mich wirklich nichts mehr aufhalten, mein Ziel zu erreichen.

Da sitze ich nun, 30 Minuten später, bei Kaffee, Brot und Butter und blicke aus dem Fenster einem sonnigen und wunderschönen Tag entgegen.

Die Sonne hat ihren Kampf nun definitiv gewonnen und das gestrige, heftige Gewitter ordentlich in den Arsch getreten und verdrängt. Heute steht mir endlich wieder mal eine gemütliche Etappe auf leichten Wanderwegen bis nach Belluno bevor. Der Weg wird nicht sehr steil sein und auch stetig nach unten führen. Adria, ich komme, wenn auch nur langsam!

Ich gönne mir noch eine weitere Tasse Kaffee und lasse diesen Tag ganz gemütlich angehen. Als ich vor der Hütte mit dem Rucksack auf dem Rücken auf die Uhr sehe, ist es Punkt 09.00 Uhr. Die Sonne brennt jetzt schon ordentlich und ich merke beim unerlässlichen Eincremen, dass meine kleine

Tube jetzt leer wird. Ich kann die freien Stellen meines ausgemergelten Körpers nur notdürftig mit der glitschigen Sonnenabwehr behandeln. Ich rede mir ein, dass ich schon so wettergegerbt und gebräunt bin, dass Sonnencreme ohnehin nicht nötig wäre, und laufe fröhlich pfeifend los. Der Weg führt mich über idyllische Wege durch ein schattig bewaldetes Tal immerzu bergab.

Heute merke ich zum ersten Mal, dass sich an meinen Füßen etwas verändert hat. Inzwischen spüre ich den ein oder anderen kleinen Stein durch meine Schuhe, da ich wohl die Sohle auf den letzten 700 Kilometern ziemlich abgefahren und somit recht dünn gelaufen habe. Vorteil, mit diesen dünn besohlten Wanderschuhen, fühle ich mich gleich viel erdverbundener.

Ich muss mich heute nicht beeilen, und so laufe ich eher schlendernd am quirligen Bach „Ardo" mit den vielen herrlich blau leuchtenden Gumpen (Steinbecken) entlang. Auf meinem idyllischen Weg nach unten begegnen mir bisher keine Menschen, die meine einsame Ruhe stören. Die Sonne wirft ihre hellen Strahlen durch das Blätterdach der Bäume auf meinen Weg und zeichnet vor mir hellweiße, tanzende Schatten auf den Boden. Auch im glasklaren Fluss spiegeln sich die Sonnenstrahlen und wirken, wie 1.000 funkelnde Edelsteine, die im Flussbett liegen und nur darauf warten, geborgen zu werden.

Die Sonne hat aber auch die Kraft, die Luft um mich herum, in kürzester Zeit stark zu erwärmen. Im Klartext, es wird ziemlich schnell ziemlich heiß hier!

Als mir nach weiteren 30 Minuten der Schweiß in Strömen über mein Gesicht rinnt, betrachte ich den Fluss mit diesen herrlichen Gumpen mit anderen Augen. Und so beschließe ich, an einer geeigneten Stelle meinen erhitzten Körper in einer der runden „Badewannen" abzukühlen.

Nur wenig später finde ich auch eine geeignete Stelle mit optimalem Zugang zum Fluss und einem schönen blauen, verstecken Gumpen hinter einem Felsen. Da ich hier ja einsam und allein unterwegs bin und heute noch keinen einzigen Menschen gesehen habe, entkleide ich mich vollständig und begebe mich vorsichtig und zugleich zügig in das glasklare und eiskalte Wasser.

Gemütlicher Weg nach Belluno

Als ich leicht fröstelnd in meiner Badewanne sitze, höre ich in diesem Moment Stimmen von vorn. Ich sitze wie Adam bis zu den Schultern in diesem Gumpen und nun kommt ein Mann mit einem circa zehnjährigen Mädchen des Weges. Klasse, denn diese begeben sich schnurstracks in Richtung Fluss und somit genau in meine Richtung. Ich verharre angespannt in meiner kalten, glasklaren „Wanne" und während ich noch überlege, wie ich dieser Peinlichkeit entrinnen kann, kommen zwei wandernde Damen um die Kurve und begeben sich ebenfalls zum Fluss, um sich zu erfrischen.

Ich bin begeistert, denn die letzte Stunde ist mir kein einziger Mensch begegnet und jetzt, da ich, wie Gott mich erschuf, in meiner klaren Flussbadewanne liege, kommt gefühlt die halbe Menschheit des Weges. Eine Herrenwandergruppe wäre ja noch akzeptabel gewesen, aber ein Kind und zwei Damen. Glückwunsch, Ralph. Nur, weil ich keine nasse Badehose an meinen Rucksack binden wollte.

Ich bin aber nicht panisch, da mein Bade-Gumpen ein wenig verdeckt hinter einem Felsen liegt. Man hat mich zwar entdeckt, aber man unternimmt keine Anstrengungen, meinen Unterleib durch das klare Wasser zu begutachten. Auf jeden Fall hoffe ich das und stelle mir die Frage, wie es jetzt weitergeht.

Es wird sehr schnell sehr kalt und ich muss mein Erfrischungsbad bestimmt schnell beenden, wenn ich mich nicht unterkühlen will. Das Wasser ist tatsächlich eiskalt und das Schwitzen von vorhin ist mehr als vergessen.

Einer der vielen Gumpen

Die fremden Menschen verharren und das Kind sucht eifrig bunte, tolle Kieselsteine. Das kindliche Engagement macht mir hinsichtlich Zeit und Kälte etwas Angst und so beschließe ich mein Bad jetzt zu beenden. Die Kunst besteht nun darin, elegant meiner Badewanne zu entsteigen, geschickt mein viel zu kleines Handtuch zu greifen und währenddessen dafür zu sorgen, dass keiner der Anwesenden meine gänzliche Nacktheit entdeckt.

Ich glaube, oder hoffe, dass mir das so einigermaßen gelungen ist, und nach dieser Akrobatik laufe ich fünf Minuten später grüßend und lächelnd an besagten Menschen vorbei und biege sehr viel schneller als nötig um die nächste Kurve.

Ich versuche, das Erlebnis zu verdrängen und mich durch zügiges Laufen wieder aufzuwärmen. Schritt für Schritt verringert sich dadurch mein Abstand zum heutigen Tagesziel. Belluno, Belluno geistert es durch meinen Kopf und ich kann das „Dolce Vita" schon fast riechen. Ich freue mich auf diese Stadt, die ich schon von verschiedenen Motorradtouren her kenne.

Leider ist die Erfrischung meines Bades nun doch schneller dahin, als mir lieb ist und zusätzlich steigt in der gleißenden Sonne, meinem Widerwillen zum Trotze, der Weg doch wieder nach oben an.

Es gibt bedauerlicherweise noch ein zweites „Leider" und das bezieht sich auf meine schmerzenden Knie und so lege ich eine Behandlungspause ein. Schon in Alleghe hatte ich Schmerzen im Knie und habe mir dort etwas Italienisches dagegen gekauft. Die furchtbar stinkende Salbe aus der Apotheke kühlt und hilft ganz bestimmt gegen die Schmerzen. Ich denke mir, wenn etwas so stinkt, dann muss es auf jeden Fall helfen.

Langsam lichten sich die Bäume und das Tal weitet sich vor mir. In der Ferne erkenne ich die ersten Häuser als Vorboten der nahen Zivilisation. Der Wanderweg wird jetzt zu einem kleinen asphaltierten Sträßchen und das erste Mal seit Wochen ziehe ich wieder meine „Asphaltreifen" auf meine Stöcke.

Wie bestellt, entdecke ich ein kleines Ristorante und ich sehe auf die Uhr. Da diese mir „High Noon", also Mittag, anzeigt und ich mein Knie schonen möchte, betrete ich hungrig und als einziger Gast die gemütliche Terrasse mit wunderschöner Aussicht. Die Bedienung kommt und selbstsicher bestelle ich auf Italienisch Tagliatelle mit Gemüse, Mineralwasser und ¼ Liter Weißwein. Ich werde immer besser und sicherer in meiner neuen Zweitsprache und bin auch ein wenig stolz auf mich. Nun kommen doch noch andere Gäste und der Tisch neben mir wird von einem italienischen Pärchen belegt. Meine anfängliche Skepsis gegenüber dem Restaurant verschwindet sogleich.

Das Essen schmeckt vorzüglich und knapp eine Stunde später mache ich mich erneut auf den Weg, der ohne mein beharrliches Zutun ja nicht weniger wird.

Die nächsten paar Stunden sind nun wieder „Berg-ab" geprägt und führen mich durch kleine Ortschaften und noch kleinere Dörfer weiter zu meinem Tagesziel. Die Sonne brennt nach wie vor unerbittlich vom Himmel und so trifft es sich gut, dass ich gegen 15:30 Uhr den Ortseingang von Belluno erreiche. Hier genau befindet sich rein zufällig eine Eisdiele, die mich mit einer eiskalten Coca-Cola rettet.

Wow, bin ich stolz! Ich bin in Belluno angekommen und habe die Alpen zu Fuß bezwungen. Nur noch ein lächerliches Bergmassiv von knapp 1.600 Metern Höhe liegt zwischen mir und dem lang ersehnten Mittelmeer.

Ich bin glücklich und sehr stolz auf mich und beschließe spontan einen weiteren Tag in Belluno zu verbringen. Von einem der höchsten Güter habe ich genug, nämlich von der Zeit. Zuerst muss ich mir aber noch eine Bleibe suchen, die mir das ermöglicht.

Ich sehe mich um und versuche mich zu orientieren und weiß jetzt: Die Hauptstraße 100 Meter hoch und rechts ist eine Pension, in der ich zweimal im Rahmen von Motorradtouren übernachtet habe. Einmal davon sogar einen Tag länger, da mein Kumpel Harry aufgrund seines Blinddarms ein paar schöne Stunden in der Notaufnahme im hiesigen Hospital verbracht hat.

Laut Google ist aber nur 50 Meter weiter Richtung Innenstadt ein B&B (Bed & Breakfast) eingezeichnet und ich versuche es erst dort. Das Ganze hier ist sehr familiär und für 30,00 Euro bekomme ich ein Einzelzimmer in der Wohnung der Vermieter, die von diesen selbst und zwei Hunden bewohnt wird. Jetzt heißt es Duschen und Wäsche machen, was im Badezimmer am Ende des Flures fast als Ritual abläuft.

Im Garten hänge ich die Wäsche auf, gönne mir für 1,00 Euro eine Dose Bier aus dem Kühlschrank und lege mich auf einen der Liegestühle. Nach etwa zehn Minuten kommen die beiden Vermieter nebst den Hunden in den Garten und verwickeln mich in ein Gespräch. Die Hausherrin spricht gut Deutsch, denn sie hat einige Jahre in Deutschland gelebt und in einer Eisdiele gearbeitet. Inzwischen sitze ich mit den beiden am Tisch und wir unterhalten uns über die aktuelle Flüchtlingswelle, welche auch Italien und vor allem Belluno ziemlich stark trifft. Während wir so quatschen, beobachte ich einen der beiden Hunde, der seine große Notdurft auf meiner Liege, auf der ich eben noch lag, verrichtet.

Nun wird die Scheiße auch von den Hausherren entdeckt. Sofort wird der Mischlingsrüde lautstark auf Italienisch beschimpft und die Liege schnell oberflächlich gereinigt. Gerade war ich da noch drauf gelegen, und ich frage mich, wie oft der Köter das vorher schon gemacht hat? Nach einer Stunde Small Talk über Gott und die Welt begebe ich mich auf mein Zimmer, um bis 19:30 Uhr zu regenerieren.

Erst jetzt fühle ich mich ausgeruht und fit genug, um die Stadt zu erobern. Trotz meiner Ortskenntnis gelingt es mir, mich zu verlaufen und die große Piazza von Belluno nur über einen langen Umweg zu erreichen. Ich schlendere durch die Gassen und beim Top-Ristorante, welches ich von den Motorradtouren kenne, sitzen doch tatsächlich Caro, Angie und Jessica an einem Tisch unter der Markise. Ich dachte, die sind schon längst über alle Berge und so freue ich mich umso mehr, die drei zu sehen. Wir begrüßen uns lautstark wie alte Bekannte und auch die Damen freuen sich sichtlich. Natürlich soll ich mich zu Ihnen an den Tisch setzen, was ich auch gern mache.

Caro und Tochter Angie haben tatsächlich auch den Klettersteig über die Schiara absolviert und sind somit die Einzigen die ich auf der Tour kennengelernt habe, die diese Etappe auch so durchgezogen haben. Ich bin beeindruckt, zolle höchsten Respekt und wir tauschen gegenseitig unsere bleibenden und auch ängstlichen Erlebnisse aus.

Das Essen und der Wein, diesmal ein Frizzante, sind köstlich und bald schon habe ich vom vielen Anstoßen einen kleinen Schwips. Jetzt beschließe ich zu rauchen, was aber auf der Terrasse nicht erlaubt ist. Also muss ich auf die Straße direkt daneben und ich nehme eine Abkürzung über die Absperrkordel zur Terrasse. Was dann passiert, ist ungefähr so abgelaufen: Ich steige über die Kordel, bleibe aber mit dem Fuß hängen und komme ins Straucheln. Dann stoße ich gegen unseren Tisch, schütte den Wein um, nur um anschließend, wieder in die andere Richtung, äußerst ungeschickt und kopfüber auf den Gehweg zu stürzen. Mannomann ist mir das peinlich. Jetzt liege ich wie ein Maikäfer auf dem Rücken direkt auf der Straße vor den drei Damen, die mich nun wegen meiner Ungeschicklichkeit ganz sicher für immer in Erinnerung behalten. Man hilft mir schnell und ich höre Sprüche wie „Das kann ja jedem mal passieren", was aber leider nicht verhindert, dass ich mir exzellent dämlich vorkomme. Damit man meinen roten Kopf nicht sieht, rauche ich nun verstohlen im Halbdunkeln der Häuser und hoffe, dass schnell Gras über die Sache wächst. Keiner spricht später mehr davon, aber irgendwie fühle ich mich von den anderen Gästen ein wenig beobachtet. Trotzdem ist es ein schöner Abend, denn wir sitzen noch bis nach 22:00 Uhr gemütlich zusammen und verabschieden uns dann final und überschwänglich voneinander. Die drei laufen morgen weiter, ich habe einen Tag Pause vor mir und so werden wir uns wohl nicht wiedersehen.

Ich schlendere jetzt noch auf die große Piazza, wo ich bei meinem letzten Besucht in Belluno schon mal längere Zeit allein saß, als mein Motorradkumpel im Krankenhaus lag. Bis auf einen Baukran sieht es hier auch noch genauso aus wie vor Jahren. In einer gemütlichen Bar bestelle ich mir noch etwas und versinke in meine Gedanken. Ich grüble so über alles nach, was hinter mir liegt und was mich wohl noch erwarten mag.

Es ist schon ein komisches Gefühl. Als ich damals mit dem Motorrad hier war, fühlte ich mich wirklich wie in einer anderen Welt und so richtig weit weg von zu Hause. Jetzt sitze ich in der gleichen Bar wie damals, bin aber zu Fuß hier. Das ist echt verrückt! Mein Blick schweift durch die gut gefüllte Bar und ich stelle wieder mal fest, dass ich der Einzige bin, der allein an einem Tisch sitzt. Gerade in Italien ist das schon sehr auffällig. Was die anderen Gäste wohl wieder über mich denken? Eventuell bemerken Sie mich aber auch gar nicht, da sie mit lautstarken, italienischen und gleichzeitig geführten Gesprächen, beschäftigt sind.

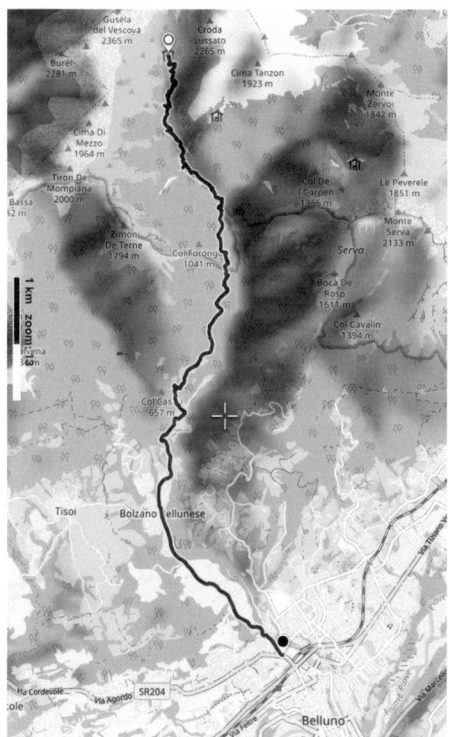

Ich werde es nie erfahren, denn ich gehe nun zurück in meine Unterkunft und prüfe nochmals die Qualität der Matratze.

Heute waren es nur knapp 15 Kilometer bei 400 Meter Aufstieg und 1500 Meter Abstieg und damit langsam aber sicher weniger als die letzten Tage.

Ich habe die Sonne und das gemächliche Absteigen genossen und mich, wenn auch nur anfänglich, im kühlen Wasser erfrischend wohlgefühlt.

Da kann man ja nur gut schlafen.

Tag 39: 14,41 km, +406 m/-1.489 m

Belluno, mein Körper und ich – Tag 40

Mittwoch, 17. August

Selbstredend ist heute mal Ausschlafen angesagt, und so klingelt der Wecker in meinem kleinen Zimmer, welches fast nur aus „Bett" besteht, erst um 08:30 Uhr. Ich wache auf, blinzle und stelle verschlafen fest, dass ich eigentlich ganz gut geruht habe. Körperliche Erschöpfung ist doch ein gutes Schlafmittel. Viel schöner finde ich es gerade auch komplett allein im Doppelbett zu liegen, als eng neben mehreren fremden, und evtl. auch riechenden Menschen die Nacht zu verbringen.

Das Einzige, was meine Nachtruhe doch ab und zu gestört hat, waren die beiden Hunde des Hauses, die anscheinend auch Schlafprobleme haben und das allen anderen Bewohnern haben wissen lassen.

Über den Flur bewege ich mich schlaftrunken ins Bad und kleide mich danach an, um pünktlich um 09:00 Uhr bei der netten Familie in der Küche am Frühstückstisch zu sitzen.

Das Frühstück ist, inkl. selbst gebackenem Kuchen, sehr reichlich und köstlich, sodass ich mich danach doch noch mal auf meinem Bett von der Völlerei ausruhen muss, um zu verdauen.

Während des Frühstücks habe ich mit der Dame des Hauses auch über meine Tour gesprochen und sie hat für mich dann sogar telefoniert um eine optimale Strecke, ohne Umwege, zu meinem nächsten Etappenziel zu finden. Dieses wird das „Agriturismo Le Noci" sein, welches etwas abweichend von der klassischen Route liegt, aber für mich das Ende der Klettersteigausrüstung bedeutet. Dort werde und muss ich diesen zusätzlichen Ballast wieder abgeben, um dann auch meine Kaution wiederzubekommen.

Nach weiteren 20 Minuten hat sich mein Bauch wieder etwas entspannt und das Frühstück ist wenigstens vorverdaut. Jetzt bin ich bereit. Belluno, ich komme!

Die Sonne scheint und es herrscht geschäftiges Treiben auf den Straßen dieses netten Städtchens und so gönne ich mir in einem gemütlichen Straßencafé erst mal einen Cappuccino, den ich langsam genieße und dabei entspannt die Menschen um mich herum beobachte. Ich ertappe mich dabei, nach eventuellen Wanderkollegen Ausschau zu halten, was aber gerade nicht von Erfolg gekrönt ist.

Als ich den Cappuccino bezahle, fällt mir auf, dass es nötig wird, meine Bargeldvorräte wieder aufzustocken, was mir während des darauffolgenden Spaziergangs in einer Bankfiliale fehlerfrei gelingt.

Ja, ich gehe tatsächlich während meiner großen Wanderung zur Entspannung spazieren. Bei diesem Spaziergang komme ich in Bahnhofsnähe an einem McDonalds-Restaurant vorbei, und ich kann nicht widerstehen, nun einen deutlichen Kontrast zu meinem bisherigen Speiseplan zu bilden.

Es schmeckt köstlich, aber nach dem Essen fühle ich mich aufgebläht und unwohl. Mein Verdauungstrakt ist so etwas wie Fast Food wohl nicht mehr gewohnt.

Am nächsten Supermarkt kaufe ich vorsichtshalber Toilettenpapier für die weitere Reise und Schokolade für den weiteren Nachmittag. Da mein Körper sich immer noch mit dem ungesunden Essen beschäftigt, mache ich mich auf den Rückweg und liege gegen 13:30 Uhr wieder auf meinem Bett.

Die nächsten Stunden verbringe ich lesend und ausruhend in meinem kleinen Zimmer. Als das Verdauen etwas nachlässt, bekommt die Schokolade ihre große Stunde und ich verdaue von Neuen. In meiner Ruhephase kommen auch diese Aufzeichnungen nicht zu kurz und ich füttere alles mit den Ereignissen von gestern und heute.

Schokolade macht durstig und so bewege ich mich gegen 17:00 Uhr in den Garten an die frische Luft, wobei ich mich vorher noch mit Dosenbier aus dem Kühlschrank bewaffne.

Nach dem ersten verführerischen Zischen durch das Öffnen des köstlichen Bieres tauchen einige Personen im Garten auf. Ich denke kurz nach und erinnere mich an einen Abend auf der Olperer-Hütte im fernen Österreich, denn da war ich mit diesen beiden Herrschaften (Mutter mit Sohn) am Tisch gesessen und wir hatten UNO gespielt. Das Ganze ist gefühlt Monate her und ich habe die beiden seitdem nicht wiedergesehen. Wir unterhalten uns kurz über unser inzwischen Erlebtes und beobachten zusammen den Himmel, der immer dunkler wird. Kurz darauf zieht ein Gewitter über uns hinweg und es beginnt heftig zu regnen.

Das ist jetzt genau der richtige Moment, um meinen „Ruhetag" weitere Nahrung zu geben. Ich verabschiede, mich aufs Zimmer und haue mich nochmals bis 19:00 Uhr aufs Ohr.

Ich hoffe, dass ich heute durch das viele Ausruhen, trotzdem genügend Hunger für das Abendessen habe, denn das nette Ristorante von gestern wird heute Abend wieder mit meiner Anwesenheit belohnt.

Es mach irre Spaß, sich mal ohne Rucksack fortzubewegen, und so laufe ich nach dem Gewitter leichtfüßig und hungrig durch die Straßen in Richtung des Ristorantes „La Buca". Und da das ganze Leben dann doch aus Zufällen besteht, hör ich wieder mal meinen Namen rufen. Ich dreh mich um und sehe auf der anderen Straßenseite das „Molekularbiologie-Pärchen", welches ich an der

Grenze zu Italien am Pfitscherjoch-Haus kennengelernt habe. Ich hätte nicht gedacht, die beiden tatsächlich wiederzutreffen, da sie ja einiges an Vorsprung hatten. Auch sie haben die Schiara nicht über den Klettersteig bezwungen und nun ist ihre Reise hier zu Ende. Sie machen jetzt noch Kurzurlaub bei der italienischen Familie der Dame und dann steht der Heimweg an. Da das bei mir nicht der Fall ist und ich noch ordentlich weitermuss, und somit die bevorstehende Nahrung als Stärkung benötige, verabschieden wir uns herzlich und wünschen uns noch ein schönes Leben.

Um 19:30 Uhr sitze ich wieder im gleichen Restaurant wie am Vorabend und stärke mich für den morgigen Tag mit italienischen Köstlichkeiten. Andere Restaurants sind hier aber auch echt Mangelware, während fast jedes zweite Haus aber ein Café beherbergt.

Hier in Belluno sind wirklich kaum deutsche Touristen unterwegs, aber für die wenigen, die ich sehe, schäme ich mich etwas. Was der ein oder andere als geeignete Abendgarderobe für ein Restaurant ansieht, ist erschreckend. Dagegen fühle ich mich top gestylt, obwohl ich eigentlich nur zwei Sätze Wanderklamotten dabeihabe.

Na ja, ich bin allein und beobachte halt wieder Menschen. Das eine Pärchen neben mir z. B. hat noch kein Wort miteinander geredet, aber ich bin sicher, dass es Landsleute von mir sind. Das sind auch keine Pauschaltouristen,

Piazza dei Martiri in Belluno bei Nacht

226

sondern ziemlich drahtige Sportler mit Sehschwäche. Anders kann ich mir die Farbkombinationen der beiden Outfits nicht erklären.

Nun reden sie doch, und ich höre einen österreichischen Dialekt. Knapp vorbei ist auch daneben. Inzwischen ist auch die Bedienung ziemlich genervt, da die Sonderwünsche der beiden ziemlich kompliziert sind. Man bemüht sich auch in keiner Weise auch nur ein wenig Italienisch zu sprechen und ist nur am Motzen. O Mann, ich verstehe nicht, wie man sich in einem fremden Land so verhalten kann.

Wenn ich im Ausland bin, beobachte ich die einheimischen Menschen um mich herum und versuche, wenigstens mich einigermaßen anzupassen. Auch wenn es nur beim Versuch bleibt, ist es wenigstens ein Versuch.

Gottlob werde ich irgendwann durch mein Essen abgelenkt und so genieße ich in aller Ruhe, was Italien mir zu bieten hat.

Da es gestern hervorragend funktioniert hat, beschließe ich später meinen Abend wieder in der Bar an der großen Plaza abzuschließen.

Um 21:45 Uhr bin ich dann wieder auf meinem Zimmer, um meine schmerzhaften Körperstellen noch etwas zu behandeln. Ich reibe mir noch die Stink-Schmerz-Salbe auf die entsprechenden Körperpartien und bette mich dann, um noch etwas zu lesen.

Für einen Pausentag habe ich dann doch knapp sieben Kilometer und über 10.000 Schritte zurückgelegt. Ob mir das später zu Hause auch noch gelingt?

Der unverhoffte Gewaltmarsch – Tag 41

Donnerstag, 18. August

Der Schlaf heute Nacht war leider etwas unruhiger, aber nach dem stärkenden Frühstück im familiären Umfeld ging es zeitig um 8:20 Uhr los. Zuvor stand noch eine ausgedehnte Verabschiedung mit den lieb gewonnen Menschen auf dem Programm.

Selbstverständlich strahlt die Morgensonne am blauen Himmel erwartungsvoll dem neuen Tag entgegen. Mit zügigen Schritten durchquere ich die Innenstadt und bin kurz darauf schon dabei, Belluno zu verlassen.

Ich muss mich heute auch wieder richtig ranhalten, denn es steht mir ein Marsch von über acht Stunden bevor und noch ein letztes Mal muss ich in die Berge. Wie schon beschrieben liegt Belluno in einer Art Talkessel, der auf der einen Seite von den Dolomiten begrenzt wird und auf der anderen, südlichen Seite, von der Nevegal-Hochebene. Das ist dann der letzte Berg zwischen mir und dem ersehnten Mittelmeer, der Adria.

Gegen 09:00 komme ich durch eine kleine, alte Allee und weiß, dass zu Hause nun die ersten Geschäfte ihre Pforten öffnen. Unter anderem auch der Blumenhändler meines Vertrauens. Ich rufe meinen Bekannten im Blumenladen an und geben einen Status meiner Situation ab und bestelle für meinen morgigen Hochzeitstag etwas Nettes für meine Ines. Wer jetzt denkt, jemand musste mich daran erinnern, der ist schief gewickelt. Ich denke momentan öfter, als es eventuell gerade sinnvoll ist, an zu Hause und meine Familie.

Jetzt wird das Sträßchen immer schmäler, aber auch optisch immer netter. Der Weg führt mich durch kleine schöne Dörfer und verträumte Bauernhöfe über grüne italienische Hügel und sonnige Berge.

Das sind jetzt also die allerletzten Ausläufer der Dolomiten und gleichzeitig mein Abschied von den großen Strapazen.

Die Karte zeigt mir, dass ich gegen Mittag in dem Örtchen Valmorel sein sollte, und ich stelle mich schon jetzt freudig auf eine gepflegte Mittagspause ein. Ich wandere so dahin und wundere mich schon sehr, wie ausgestorben hier alles wirkt. Ich bin auf dem schmalen Asphaltsträßchen bergauf unterwegs, welches anscheinend auch die Hauptstraße nach Valmorel ist.

Kurz vor dem Örtchen Tassei in Richtung Valmorel

In den nächsten drei Stunden bis zur Mittagsrast begegnen mir ganze fünf Autos und zwei Rennräder, sonst bin ich komplett allein auf weiter Flur. Hier ticken die Uhren wohl deutlich anders.

Leider macht sich nun meine Schulter wieder stärker bemerkbar, und so bin ich ständig dabei, meinen kompletten Hausstand in Form meines Rucksackes zu justieren. Letztendlich bringt das aber keine wirkliche Erleichterung, leider. Ich zeige wohl echte Verschleißerscheinungen.

Endlich, mit schmerzendem und hungerndem Körper komme ich um 11:45 Uhr klitschnass verschwitzt in Valmorel an. Der kleine, nahezu unbelebt wirkende, Ort liegt auf 800 Metern Höhe und das einzige Wirtshaus (La Osteria) hat genau einen Tisch mit vier Stühlen, von denen ich sofort erschöpft zwei in Beschlag nehme.

Und schon steht der lächelnde, aber fremdsprachlich komplett unbegabte Wirt vor mir und will die Bestellung aufnehmen. Ich bestelle Bier und Lemon Soda getrennt, da er noch nie etwas von „Radler" gehört hat. Bedauerlicherweise erfahre ich auch, dass heute noch kein „Pane" geliefert wurde und es somit nichts zu essen gibt. Glücklicherweise gibt es die „Radler" Zutaten und bei der zweiten Order erkläre ich dem neugierigen Herrn, wie man es mixt.

Der zweite Gang Radler wird dann durch Ritter Sport Nugat und eine Voltaren Schmerztablette ergänzt und ich bin sicher, das reicht aktuell zum glücklich sein.

Und so sitze hier entspannt rum, raste und stinke vor mich hin. Ich spüre meinen Körper, vor allem die Füße und die Schultern, heute mehr denn je, was mir den bisherigen Tag als extrem harte Tortur erscheinen lässt. Das Ganze wird dann auch nicht besser, wenn man über seine Situation nachdenkt und einem bewusst wird, dass man nicht einfach aufhören kann zu laufen oder den Rucksack einfach zurücklassen kann. Hier zu scheitern wäre, abgesehen von den gastronomischen Möglichkeiten in diesem Ort, wie eine schallende Backpfeife.

„Versagen" ist ja nicht das Hinfallen, sondern das Liegenbleiben. Also gebe ich mir einen mentalen Arschtritt, verdaue die Schokolade etwas schneller und raffe mich auf.

Auf 1.100 Meter muss ich heute noch hoch und bei gutem Wetter könnte ich eventuelle das Meer, sprich die Adriaküste, sehen. Wow, das motiviert. Mein Ziel ist zum Greifen nah und ich stelle mir genau diesen Blick vor und sogleich lässt es mich die Schmerzen ein wenig vergessen.

Während ich meinen Körper und auch den Geist reisefertig mache, kommt der überfällige Lieferwagen mit der Brotlieferung. Na ja, Pech gehabt. Schokolade war aber auch mal gut.

Am Ende der Ortschaft geht es nach einigen Hundert Metern links ab in den Wald und dann auch bald über weitläufige Wiesen, vorbei an bewirtschafteten Höfen mit Ausschank für Wanderer (Agriturismo) stetig Richtung Süden.

Gegen 14:30 Uhr habe ich endlich den allerletzten hohen Punkt meiner gesamten Reise erreicht. Ich stehe auf dem 1.133 Meter hohen „Monte Frontal" und vor mir, in Richtung Süden, erstreckt sich unter mir eine imposante Ebene bis zum Horizont.

Wenn es nicht so diesig wäre, könnte ich sicherlich von hier aus die blaue Adria sehen. Es ist ein erhabener und glücklich machender Anblick, auch wenn ich das erlösende Mittelmeer am Horizont nur erahnen kann.

Ich stehe bestimmt zehn Minuten unbewegt und ergriffen auf dem letzten Bergrücken meiner Reise und blicke starr auf die Ebene unter mir, die mich noch von meinem erlösenden Ziel trennt. Jetzt beschließe ich zu rauchen, sozusagen so eine Art Vor-Sieger-Zigarette.

Ab jetzt geht es nur noch bergab. Juhu, so einfach kann man einen Menschen glücklich machen!

Ganz da vorn muss das Meer sein

Leider sind es aber heute noch mindestens dreieinhalb Stunden bis zum Tagesziel, bei dem ich auch endlich mein zwei Kilogramm schweres Klettergeschirr abgeben kann. Ehrlicherweise bin ich aber jetzt schon richtig erschöpft und frage mich ernsthaft, wie ich den Rest des heutigen Tages denn noch schaffen soll. Zu diesem Zeitpunkt wusste ich auch noch nicht, was mich tatsächlich erwarten würde.

Während ich so daher laufe und mich Stück für Stück bergab bewege, denke ich intensiv über meinen Körperstatus nach und bekomme so leider nicht mit, dass ich gerade dabei bin mich ordentlich zu verlaufen. Mist, nach über 20 Minuten offenbart mir ein Blick auf die Karte die schreckliche Wahrheit. Entweder steige ich wieder auf, um die Abzweigung auf einen Wanderweg zu erreichen, oder folge der geteerten Straße mit den vielen Serpentinen weiter nach unten. Aufgrund der vielen Serpentinen könnte ich auf eine Abkürzung hoffen, die ich zu Fuß nehmen kann. So denke ich mir das auf jeden Fall.

Da ich vor über 30 Minuten mental mit dem Aufsteigen abgeschlossen habe, kommt die Option mit dem Aufstieg natürlich nicht infrage und so folge ich weiter der Straße. Die Karte sagt ja auch aus, dass der Straßenlauf mich auch grob zu diesem See „Lago irgendwas" bringt und das liegt dann genau auf dem Weg.

Trotz Schmerzen bin ich aber froh und singe ein schreckliches Lied, das irgendwie so geht: „Ich bin über die Alpen, oh yeah, oh yeah. Über die Alpen zum Meer – oh yeah, oh yeah!" Es hört sich selbst für mich echt furchtbar an, aber irgendwie ist es gerade doch das schönste Lied auf der ganzen Welt.

Der Abstieg über die Asphaltserpentinen zieht sich gewaltig und nach mehreren, erfolglosen Versuchen das ganze abzukürzen, gebe ich auf und folge einfach der kurvigen Straße weiter. Mehr als erschöpft lande ich irgendwann in dem kleinen Ort am See und irre planlos umher. Die Beschreibung, die ich von diesem Ort habe, passt so gar nicht zu den tatsächlichen Gegebenheiten, wie ich sie gerade vorfinde.

Haben die hier so viel umgebaut, wo ist die Kirche geblieben und wo ist die Straße, die ich suche? Nach genauerem Studieren der Karte rufe ich lauthals: „Scheiße", denn ich bin komplett falsch in diesem Ort und an diesem See. Ich bin jetzt am „Lago Santa Maria" und hätte zum „Lago di Lago" gemusst. Wie kann man einen Lago auch nur Lago nennen? Das hat mich wohl verwirrt und für das zweite Verlaufen am heutigen Tage gesorgt.

Das ging jetzt mal gehörig schief und ich studiere die Karte nun ganz genau. Ich könnte flennen. Ich habe mir durch diesen blöden „Lago" zusätzliche acht Kilometer eingehandelt und einen ordentlichen Schwenker in die falsche Richtung gemacht.

Zusätzlich zum Flennen könnte ich auch kotzen, denn es ist inzwischen kurz vor 17:00 Uhr und ich muss mit mehr als flotter Marschgeschwindigkeit und mit nahezu überall Schmerzen noch mindestens zwei Stunden bis „Arfanta" laufen.

Zu guter Letzt muss ich dann auch noch schimpfend weitere ungeplante Steigungen bewältigen und mein Körper wird zusehends schwächer und schmerzhafter.

Wenn ich in der Vergangenheit dachte, es sei extrem, dann wusste ich noch nichts vom heutigen Tag. Ich laufe gefühlt nun noch deutlich mehr auf dem Zahnfleisch als an jedem anderen Tag. Ich will endlich am Tagesziel sein, damit die Qualen ein Ende haben, denke ich mir innerlich heulend und so laufe ich noch schneller, als ich eigentlich könnte.

Endlich erreiche ich im absoluten „Notstrommodus" aber letztendlich dann doch glücklich kurz vor 19:00 Uhr mein Tagesziel. Was in der Zwischenzeit mit mir und meinen Gedanken passiert ist, verdränge ich jetzt lieber mal, denn jetzt bin ich ja da. Durch mein Missgeschick habe ich heute fast eine Marathon-Distanz von circa 40 Kilometern absolviert. Nebenbei habe ich aber auch noch die 2.500 Höhenmeter mit 20 Kilogramm auf dem Rücken genommen.

Toskanisches Feeling in der Prosecco-Gegend bei Arfanta

Das Agriturismo „Le Noci" liegt mit toskanischem Ambiente sehr idyllisch mitten in der Prosecco-Gegend in der Nähe von Arfanta und ich hoffe, dass ich den Aufenthalt nach einer Erholungsphase auch genießen kann.

„Le Noci" ist ein genial gelegenes Weingut inmitten von Weinbergen, welches zusätzlich Zimmer anbietet und in Kooperation mit San Sebastiano bezüglich der Klettersteigausrüstung steht. Endlich bin ich da und gebe hier gleich das geliehene Set wieder ab und bin ab jetzt mit zwei Kilogramm leichterem Gepäck unterwegs.

Als Gegenzug für das Ausleihen muss man aktuell 25,00 Euro berappen und sowohl hier als auch an der Ausleihstation „San Sebastiano" übernachten, sonst ist das Ganze nicht möglich. Ich würde es genauso machen und halte es für fair.

Ich bin so kraftlos und megadurstig, dass ich mich im Garten auf die nächstbeste Bank setze und gleich mal Prosecco mit viel Wasser als Belohnung bestelle. Ich trinke sozusagen dünne, homöopathische Prosecco-Schorle. Radler gibt es hier bestimmt nicht, da lohnt nicht mal das Fragen.

Der nette Wirt schaut mich mitleidig an und erklärt mir, dass ich langsam trinken müsse, sonst drehe es mir den Magen um. Ich winke lächelnd ab, aber trotzdem bekomme ich 15 Minuten später Weißbrot und Frischkäse serviert, um meinen Magen zu retten.

Wow, sind die alle nett hier. Auch der Garten ist mehr als schön und langsam kehren meine Lebensgeister zurück und ich kann die schöne Umgebung auch genießen.

Der Wirt (Winzer, Landwirt, Schankwirt und Koch in einem) teilt mir nun auf Englisch mit, dass heute Abend eine Party mit Barfußpfad stattfindet und ich das gern mal ausprobieren kann.

Ich bin nicht sicher, was das bedeutet und ob ich das möchte, aber bedanke mich höflichst. Meine Füße sind mein wichtigstes Werkzeug und dieses muss ich schließlich schonen.

Nachdem der Durst gestillt ist, werde ich nun mein Zimmer beziehen, um meine Wäsche zu waschen. Vorher vereinbare ich noch eine Uhrzeit zum Abendessen.

Pünktlich zur abgesprochenen Zeit sitze ich im Speisezimmer und komme mir vor wie ein Arsch. Die haben an einem sehr großen, runden Tisch für mich allein gedeckt!

Alle anderen noch größeren Tische sind komplett eingedeckt, aber keiner sitzt bisher da. Das scheint für die Party zu sein, aber noch sind alle im Garten. Die letzte Stunde habe ich von meinem Fenster im ersten Stock über dem Garten beobachtet und festgestellt, dass immer wieder Autos am Parkplatz ankamen und der Garten sich mehr und mehr gefüllt hat. Jetzt kann ich auch den Wirt verstehen, der mich freundlich, aber mit Nachdruck gebeten hat, meine Unterhosen, die ich nach dem Waschen von außen an den Fensterladen über dem Garten aufgehängt habe, abzunehmen.

Wenn ich schon gänzlich allein im Speisesaal sitze, tröste ich mich wenigstens mit einem Prosecco. Der Trost funktioniert, denn die stellen hier gleich mal eine ganze Flasche auf den Tisch. Ein einzelnes Glas macht wohl keinen Sinn, denn der Liter Prosecco in der Wirtsstube kostet nur faire 5,00 Euro. Ich weiß nicht, ob ich die schaffe. Einen Preis pro Glas habe ich auf der Karte auf jeden Fall nicht entdecken können.

So, so, die haben also heute ein Fest und auch Live-Musik ist inzwischen da. Das wird bestimmt lustig an meinem 6-Personen-Einzeltisch.

Ansonsten sind eben noch drei große, lange Tafeln da, die komplett mit je 10 bis 15 Gedecken versehen sind. An dem einzigen, separaten Tisch ist ein einziges, einsames Gedeck und da sitze eben ich. Schnell werden die Getränke serviert und kurz darauf schon köstliche Tagliatelle mit Basilikum. Nach den Tagliatelle werde ich zügig nach meinen Wünschen in puncto Fleisch und

Gargrad für das Hauptgericht gefragt. Der Chef des Hauses grillt es für mich persönlich direkt neben der Türe.

Ich bin immer noch allein im Speisesaal und verstehe jetzt langsam. Heute ist Party, aber ich bin eigentlich nicht eingeladen. Die wollen mich schnell mästen, damit ich auf mein Zimmer gehe und alle in Ruhe, ohne diesen Fremdling, feiern können.

Das Essen mit Pasta als Vorspeise und verschieden, indirekt gegrillten Fleischstücken mit Tomatensalat, war übrigens sehr wohlschmeckend. Auch Espresso und Grappa sind vorzüglich. Der Grappa wird mit halb getrockneten Prosecco-Trauben als Einlage serviert. Kann ich nur empfehlen.

Der Plan der Veranstalter ging also auf und während meiner gesamten Mahlzeit bin ich allein im großen Speisesaal geblieben und störte somit auch die anderen Gäste nicht.

Nach dem Essen betrete ich den Garten, in dem extra für heute Abend viele große Seidentücher aufgehängt wurden, die sich eindrucksvoll beleuchtet im lauen Wind bewegen. Außerdem wurde der besagte Barfußpfad angelegt.

Noch mehr verstehe ich jetzt, dass ich gedrängt wurde, meine Wäsche vom Fenster abzuhängen. Meine verwaschene Unterwäsche passte wohl optisch nicht so gut in das Partykonzept. Der Musiker ist jetzt auch da und trommelt sehr spirituell, als ginge es um sein Leben. Jeder, der den Barfußpfad absolviert, bekommt von einem barfüßigen Mädchen einen Blumenkranz umgehängt.

Der Wirt will nun, dass auch ich laufe, aber ich spüre doch meine Füße kaum, nur den pochenden Schmerz, und so verzichte ich dankend.

Die Party hat etwas sehr Yogisches mit veganem Touch. Wohl auch deswegen musste ich mein Fleisch vorher essen. Nach wie vor sitzen alle noch verträumt und kopfbewegend im Garten und lauschen dem spirituellen Trommeln.

Wo bin ich hier nur gelandet? Keiner redet, alle sind einfach nur ergriffen.

Wenn ich die Teilnehmer der Party so ansehe, dann glaube ich auch nicht, dass die das gleiche fleischige Essen bekommen wie ich.

Ach ja, bestellt hatte ich nichts. Eine Speisekarte gab es auch nicht und man bekommt einfach etwas und das war gut so.

Ich trinke meinen Rest Prosecco hurtig aus und stehle mich dann gleich aufs Zimmer. Ich denke, das ist den anderen Gästen nicht unrecht, denn schon allein mein Outfit stört sicher die Chakren der Yogis.

Um 21:45 Uhr bin ich durch mit dem Tag und liege endgültig im Bett. Erst jetzt bewegen sich die Gäste aus dem Garten langsam in die Wirtsstube zum Essen, wie ich am Geräuschpegel erkenne. Nun wird doch quirlig geredet, wie ich lautstark durch die Decke vernehme. Gefühlt sind es alle gleichzeitig, die im Speisesaal direkt unter mir das Wort ergreifen. Der trommelnde Musiker macht auch weiter, jetzt aber eben im Speisesaal unter mir und die alte Holzdecke dämmt nahezu nichts. Ich lenke mich ab durch eine Erkundung des Raumes mit meinen Blicken.

Das Zimmer muss wohl dem abwesenden Sohn des Hauses gehören, den ich auf ein Alter von circa 13 Jahren schätze, denn Luke Skywalker und Han Solo grinsen mich von einem Poster über meinem Bett an und ein Kunststoff T-Rex im Regal will mir Angst machen.

Vom Jungendschreibtisch neben mir greife ich mir meine Ohrenstöpsel und schlafe bald vollkommen erschöpft ein.

Rückblicken zu heute fehlen mir die Worte. Alles in allem bin ich knapp 40 Kilometer gelaufen und bin nun fast wieder auf der gleichen Meeresspiegel-Höhe wie in Belluno heute Morgen. Dazwischen musste ich aber noch circa 2.400 Höhenmeter absolvieren. Vor meinem Auge sehe ich einen Marathonläufer, der unablässig den Berg hoch- und runterrennt und einen 20-Kilo-Rucksack auf dem Rücken hat. Einen Unterschied gibt es aber doch. Ich bin erst gegen Ende leicht gerannt und mir fehlen gute drei Kilometer.

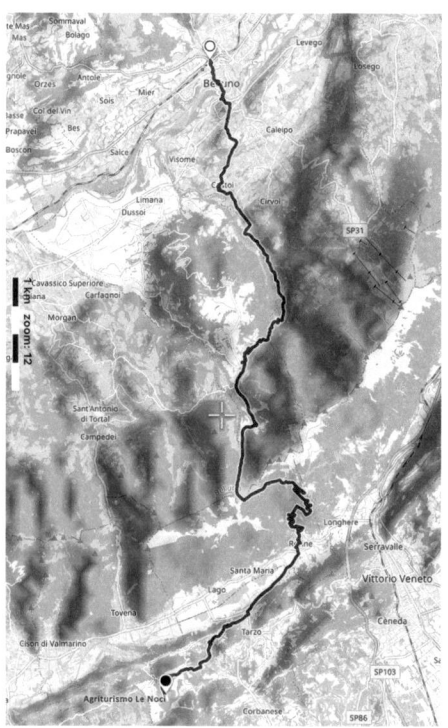

Tag 41: 38,86 km, +1.174 m/–1.265 m

Einsam durch die Prosecco-Gegend – Tag 42
Freitag, 19. August –

Heute Morgen lass ich es, ohne schlechtes Gewissen, deutlich ruhiger angehen und gehe erst um kurz nach acht zum Frühstücken. Mir tut nach wie vor von Kopf bis Fuß noch alles weh und ich bewege mich, wie wenn ich auf rohen Eiern laufen würde. Die gestrigen Kilometer fordern eben ihren Tribut.

An einem schattigen Tisch vor dem Haus mache ich es mir gemütlich mit Omelette, Brötchen und Kaffee. Dabei unterhalte ich mich mit dem jungen Pärchen aus Deutschland, welches ich gestern Abend gar nicht wahrgenommen habe. Die beiden haben das gleiche Ziel wie ich und wir quatschen angeregt über unsere Erlebnisse. Nach dem hervorragenden Frühstück gehe ich zurück auf mein Star-Wars-Zimmer und packe mal wieder routiniert meine Habseligkeiten zusammen. Diesmal, gottlob ohne das Zusatzgewicht der Kletterausrüstung.

Erst gegen 10:00 Uhr verabschiede ich mich dankbar von allen Anwesenden und von diesem schönen Ort und winke gleich darauf auch noch einmal zurück. Es ist warm und leicht bewölkt und damit noch nicht ganz so heiß wie am Vortag. Allerdings ist die Luftfeuchtigkeit zwischen den Weinbergen so hoch, dass ich wieder an brasilianischen Regenwald denken muss. Das Schwitzen stellt sich also schneller ein, als mir lieb ist.

Stetig geht es über Wald und Flur Berg auf und ab. Ich bin noch immer nicht in der Ebene angelangt, sondern in den letzten hügeligen, aber sehr schönen und grünen Ausläufern der Berge. Leider befindet sich die Feuchtigkeit nicht nur in der Luft, sondern mehr als mir lieb ist, auch am und im Boden meines Pfades. Es ist sogar mehr als nur feucht, aber nicht unbedingt schlammig. Der Boden unter meinen Füßen hat eher die Konsistenz von klebrigem Ton, den man zum Töpfern nimmt. Das ist neu für mich und wie klebrig das ist, merke ich gleich in der Praxis. Bei jedem Schritt werden meine Schuhe immer schwerer und schwerer und nach kurzer Zeit fühle ich mich wie Herman Munster aus der alten Fernsehserie mit seinen extrem klobigen Stiefeln.

Ich habe auch den Eindruck, dass ich zusehends immer größer werde, da sich immer neuer Ton auf die bisherigen Schichten klebt und somit der Himmel immer näherkommt, wenn auch nur ganz wenig. So macht das Laufen keinen Spaß und so suche ich einen Stock im Wald, um mit fluchenden Verrenkungen meine Schuhe notdürftig zu reinigen und vom lehmigen Gewicht zu befreien. Wie man sich vorstellen kann, ist dies aber keine einmalige Aktion und muss einige Male wiederholt werden.

Der Lehm wird etwas weniger und inzwischen führt mich der Weg über grüne Hügel und über saftige Wiesen, durch idyllische kleine Täler, vorbei an Feldern und rebenbehangenen Weinbergen mitten durch die italienische „Prosecco"-Gegend.

Die Landschaft ist wunderschön und erinnert mich an die Toskana. Auf jeden Fall wirkt es hier sehr italienisch und deswegen darf es dann auch sehr warm sein. Im Geiste checke ich mich und meinen Körper durch und freue mich noch mal, dass mein Rucksack endlich, durch das fehlende Klettersteig-Set, wieder spürbar leichter ist.

Über Felder und Wiesen hinter Arfanta

Irgendwann lande ich dann doch wieder auf breiteren Feldwegen oder schmalen Landsträßchen und meine Stiefel wachsen endlich gar nicht mehr. Gemütlich geht es nun entlang eines Flüsschens, bis ich bald auf eine herrliche, alte Mühle treffe. Die in einen Felsen gebaute Mühle ist wunderschön renoviert und kann auch besichtigt werden. An dem kleinen See direkt vor der Mühle treffe ich die drei Mädels, die ich das letzte Mal vor mehreren Tagen und vielen Kilometern gesehen hatte.

Anfänglich waren die drei noch mit zwei Jungs unterwegs, die aber anscheinend abgebrochen haben.

Wir begrüßen uns überschwänglich, quatschen kurz über unsere Erlebnisse und verabschieden uns dann auch gleich wieder. Ich will weiter und auch dieser Abschied wird wohl für immer sein.

Langsam wandelt sich die Landschaft und die Hügel werden immer weniger, aber der Mensch auch immer mehr. Die Zivilisation lässt also grüßen. Jetzt gerade laufe ich durch den Ort „Refrintolo" der mir einiges abverlangt. Mehr als jedes zweite Haus hat ein Schild am Zaun, welches auf einen größeren Hund hinweist, vor denen ich massiv Respekt habe. Als Kind landete ich aufgrund

Molinetto della Croda aus dem 17. Jh.

eines Schäferhundes im Krankenhaus und habe seitdem eine andere Einstellung zu Hunden. Nahezu alle diese Tiere sind am heutigen Tag im Garten oder im Hof vor den Häusern. Auch sind alle eher von der Kategorie „Wachhund" und kläffen mich ausnahmslos laut und ungestüm an. Sie hören auch nicht auf, als ich die Straßenseite wechsle und ganz ruhig weitergehe. Menschen sehe ich keine. Das Gekläffe macht mir etwas Angst und nervt echt gewaltig. Der Schäferhund meiner Kindheit hatte damals auch den Zaun überwunden und mir dann nachgesetzt. Noch fast 30 Minuten geht das so, bis ich endlich den Ort hinter mir lasse und gottlob wieder Ruhe einkehrt.

Es ist Freitagvormittag, die Wohnhäuser werden weniger, denn ich laufe inzwischen durch ein „hübsches" Industriegebiet. Ich bin aber verwundert, denn irgendwie sind alle hier ansässigen Firmengebäude geschlossen oder es hat wenigstens den Anschein. Ich sehe keinen einzigen, geschäftigen Menschen und es herrscht überall Totenstille. Habe ich mich im Tag geirrt, oder liegt in Italien das Wochenende anders als bei uns zu Hause? Eventuell ist aber auch Feiertag oder die Italiener machen es im Gegenzug zu uns Deutschen einfach richtig und entspannen am Freitag. Leider ist es aber auch genauso totenstill bei meiner Suche nach einer Einkehrmöglichkeit. Hier gibts einfach gar nichts, keine Osteria, kein Ristorante, kein Nichts.

Die Situation ist trostlos und wird auch nach 30 Minuten nicht besser. Links befinden sich riesige Weinfelder und Weinberge und rechts, auf der anderen Straßenseite, verschiedene, überaus verlassene Fabrikgebäude. Es ist absolut nicht zu erkennen, ob die bei Betrieb hier Prosecco, Wandfarbe oder Unterwäsche herstellen.

In der Ferne sehe ich den nächsten Ort und beschleunige frohen Mutes meine Schritte. Hoffentlich finde ich dort etwas Nettes zum Rasten.

Um 12:30 Uhr passiere ich das Ortsschild von „Barbisano", nehme einen Schluck Wasser und merke umso mehr, dass ich etwas Spritziges brauche, um den tieferliegenden Durst zu bekämpfen.

Der Ort ist dann doch sehr weitläufig und ich marschiere nun schon seit fast 30 Minuten durch die ausgestorbenen Straßen, vorbei an vielen Wohnhäusern.

Endlich, ein Mensch, Hurra. In einem Garten sehe ich eine ältere Dame und frage nach einer Trattoria oder Osteria. Selbstredend werde ich verstanden und die Dame schickt mich lächelnd circa 500 Meter weiter, da sollte es etwas geben.

An der beschriebenen Ecke angekommen sehe ich aber nur mehrere Schirme in einem Garten, der irgendwie privat aussieht, und so ziehe ich frustriert weiter. Endlich, nach ein paar Minuten, finde ich jetzt doch eine kleine Bar mit zwei billigen Plastiktischen nebst Standard-Stapelstuhl auf dem

Gehsteig. Es sieht nicht sehr einladend aus, aber ich setze den Rucksack auf einen Stuhl und mich auf den anderen gegenüber.

Natürlich gibts hier kein Radler und so steht nach kurzer Zeit Prosecco und Mineralwasser auf meinem Tisch. Ich genieße wieder köstlich, kühle und prickelnde, homöopathische Prosecco-Schorle. Homöopathisch bedeutet: eine kleine Menge Prosecco und eine große Menge spritziges Wasser. Jeder Schluck ist göttlich und lässt mich innerlich grinsen. Kurz darauf gesellt sich noch ein Panini mit Käse zu mir an den Tisch. Die Welt ist wieder schön.

Bestellt habe ich alles bei dem gesetzteren Wirt. Das frisch zubereitete Panini bringt die Chefin des Hauses, die mich gleich neugierig ausfragt. Das typische „Woher, wohin, wie lange?" folgt. Man ist sichtlich beeindruckt und sieht hier im Ort wohl nicht so oft Fremde. Als ich noch erzähle, dass ich ein Zelt dabeihabe, wird noch der 15-jährige Sohn geholt, der mich umgehend kennenlernen muss. Einer, der ein Zelt hat, ist hier wohl etwas ganz Besonderes. Wir diskutieren ausgedehnt und später bittet er mich noch ihm zu folgen, um die selbst gebaute Boccia-Bahn hinter dem Haus zu begutachten. Man ist sichtlich stolz auf die Boccia-Bahn, aber anscheinend auch, dass diese Familie mich kennenlernen durfte. Hey Leute, ich bin doch ein ganz normaler Mensch, so wie Ihr (denke ich jedenfalls). Hier gibts auf jeden Fall kein Wort Deutsch oder Englisch und ich muss mich mit meinen italienischen Wortfetzen, unterstützt durch Hände und Füße, durchschlagen. Ich verabschiede mich später freundlich, drehe mich um und ziehe weiter. Ich glaube, man winkt mir noch lange nach.

Es ist zwar richtig heiß, aber eventuell verbringe ich die heutige Nacht wieder mal im Zelt. Sicherheitshalber habe ich mir vom Wirt noch etwas Rotwein in meine kleine Faltflasche füllen lassen, die ich dann vor meinem Zelt genießen kann. Mal sehen, was sich ergibt, denn nach dem gestrigen Gewaltmarsch sind mir die heutigen 30 Kilometer bis zur ursprünglich geplanten Unterkunft definitiv zu weit.

Ich verlasse diesen Ort und durchquere bald wieder den nächsten, bis ich am späteren Nachmittag über Feldwege wieder durch Wald und über Wiesen laufe. Hier wäre es nett, einen versteckten Zeltplatz zu finden, aber leider ist links und rechts des Weges alles mit Stacheldraht eingegrenzt. Kilometerweit sehe ich super Ecken zum Übernachten, aber ich sehe leider auch überall Schilder, die auf regen Jagdbetrieb hinweisen und ebendiesen Stacheldraht. Das ist hier im „Niemandsland" leider etwas frustrierend.

In der Ferne erkenne ich schon wieder Zeichen der Zivilisation und noch immer habe ich kein Plätzchen für mein Nachtlager gefunden. Als der Stacheldraht sich lichtet, kraxle ich über eine Stunde durch den sehr hügeligen Wald.

Das Ergebnis ist ein total verschwitzter und zerschundener Körper und kein Lagerplatz. Einen weiteren Versuch starte ich dann doch noch und biege 100 Meter weiter in den Wald ab. Na, wer sagts denn! Etwa 50 Meter oberhalb des Fahrwegs ist eine kleine versteckte Lichtung im Gehölz. Gleich nach der Lichtung hinter Büschen öffnet sich der Wald ein wenig und ich blicke auf ein Weinfeld. In diesem Urwald ist kein Waldbauer aktiv und so beschließe ich, mein Not-Biwak hier zu errichten.

Ich warte noch etwas und hoffe, dass mich keiner der Menschen, die ich nirgends sehen kann, entdeckt und baue dann gegen 17:00 Uhr mein kleines Camp auf. Mein Not-Biwak besteht heute wieder mal aus Zelt, Vordach, Sitzmatratze und Wäscheleine und ist streng genommen nun doch kein Not-Biwak mehr. Ich muss aber meine durchgeschwitzten Klamotten dringend zum Trocknen aufhängen. Das Einzige, was mir hier fehlt, ist Wasser zum Waschen. Die eineinhalb Liter, die ich noch in meinem Trinksystem habe, brauche ich zum Kochen und eben auch zum Trinken.

Als ich mit dem Camp fertig bin, versinkt mein rechter Schuh schmatzend in einem Schlammloch und so stelle ich fest, dass ich doch kein komplett trockenes Fleckchen gefunden habe. Beim genauen Umsehen stelle ich dann weiterhin fest, dass ich kurz davor schon mindestens auf drei Nacktschnecken getreten bin. Zuletzt stelle ich mit leichtem Ekel fest, dass die Lichtung nicht mir, sondern den Nacktschnecken gehört. Egal, wo ich hinsehe, der ganze Boden ist von Nacktschnecken belagert. Ich bleibe trotzdem und ziehe erst mal meine Schlappen an, um meine Stiefel mit Gras von den Schnecken-Kadavern zu reinigen.

Gegen 18:30 Uhr mache ich mich dann ganz nackig und wasche mich doch mit circa 0,2 Liter meines Trinkwasservorrates. Danach gibt es frische Klamotten und gleich fühle ich mich fast wie neugeboren.

Zur Abendessenszeit werfe ich dann meinen Trangia-Kocher an, um das gefriergetrocknete Abendessen zuzubereiten. Dazu gibt es dann auch den Wein, den ich mir mittags bei meinen neuen Freunden habe abfüllen lassen.

Da ich noch etwas Wasser habe, koche ich mir zusätzlich noch Tee, den ich dann für später oder morgen aufhebe.

Jetzt kehrt Ruhe ein auf meiner kleinen Lichtung und so sitze ich gemütlich vor meinem Zelt, höre Musik und lese mein Roman E-Book weiter.

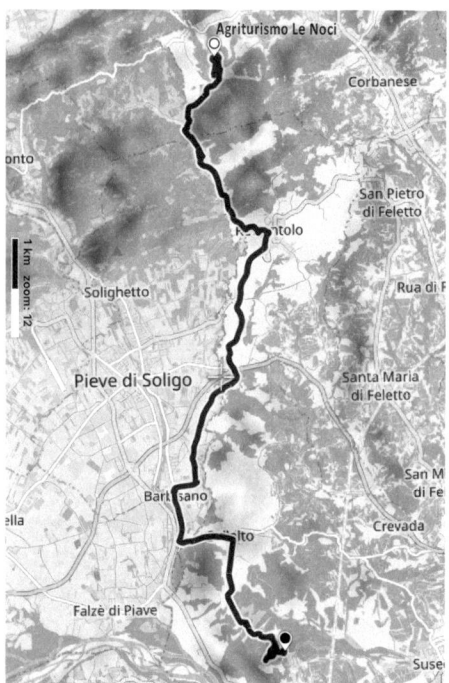

Leider gibt es zusätzlich zu den Nacktschnecken noch sehr viel weiteres Ungeziefer. Viele Moskitos und relativ große Heuschrecken stören unter anderem mein gemütliches Dasein unter meinem kleinen Vordach. So manch ein possierliches Tierchen verirrt sich auf mir oder auch später in meinem Zelt. Erschöpft lasse ich sie irgendwann gewähren.

Kurz vor 22:00 Uhr fallen mir die Augen zu und ich lege mich in meine gemütliche „Koje". Noch versuche ich etwas zu lesen, schlafe dann aber bald vor Erschöpfung selig ein. Heute waren es fast 20 Kilometer und das erste Mal seit Langem musste ich weniger als 400 Höhenmeter bezwingen.

Tag 42: 19,45 km, +318 m/–387 m

Schattenlos durch Treviso – Tag 43
Samstag, 20. August

Natürlich habe ich mir den Wecker in meiner gemütlichen Zeltunterkunft gestellt, um zeitig loszukommen. Ich habe mein ersehntes Ziel ja fast vor Augen und so werde ich sanft um 7:20 Uhr geweckt. Leider war der Schlaf nicht so erholsam, wie ich mir das gewünscht hätte, da es leider viel zu warm im Zelt war und einer meiner Gäste, eine fünf Zentimeter große Heuschrecke, eine gewisse Unruhe im Schlafgemach verbreitet hat, und statt an der Zeltwand am liebsten auf mir sitzen mochte. Im Gewirr von Klamotten und Schlafsack ließ sich bedauerlicherweise das grüne Tierchen im Schein der Taschenlampe auch nicht von mir fangen. Na ja, dann sich eben mit der Situation anfreunden und miteinander die Nacht verbringen. Nichtsdestotrotz bin ich einigermaßen erholt und den Rest wird der Kaffee erledigen, den ich gerade aufsetzte.

Nach meinem Outdoor-Frühstück geht es ans Abbauen des Camps, sodass ich gegen 09:30 Uhr wieder aufbrechen kann.

Heute ist es auf den Tag genau sechs Wochen her, als ich an einem Samstagnachmittag zu Hause durch mein Gartentor gegangen bin, um das Wanderabenteuer meines Lebens zu beginnen.

Blick in die Ebene. Die Berge waren gestern.

Das Ende meiner Reise ist nun absehbar und ich freue mich sehr auf Venedig und den Markusplatz als finales Ziel. Vor allem aber freue ich mich auf das Wiedersehen mit meiner Familie, die ich mehr und mehr vermisse.

Der Weg führt mich langsam weiter in etwas besiedeltere Gegenden und ich halte Ausschau nach Ressourcen der flüssigen Art. Ich muss dringend meine Wasservorräte auffüllen, da durch Waschen, Trinken, Kochen, Tee und Kaffee nahezu alles aufgebraucht wurde.

Manchmal funktioniert das „Wünsch dir was" doch ausgezeichnet, denn kurze Zeit später finde ich einen Brunnen mit erfrischendem Trinkwasser. Das Auffüllen mit meinem selbst gebauten Adapter ist inzwischen mehr als Routine und funktioniert inzwischen hervorragend. Zu Hause werde ich feststellen, dass es so ein Teil inzwischen auch zu kaufen gibt.

Wahrscheinlich hat der Typ zu Beginn meiner Reise, bei dem ich im Badezimmer das erste Mal nachgefüllt habe, seine Chance erkannt und schnell ein Patent für dieses innovative Nachfüllsystem angemeldet und wird jetzt reich.

Eine weitere Stunde später laufe ich in der Nähe eines Flusses durch die, mit vielen Büschen und Bäumen gesäumte, Ebenen und ärgere mich über meinen letzten Übernachtungsplatz. Hier wären deutlich schönere, nacktschnecken-freie und versteckte Zeltplätze und das auch noch in der Nähe des Wassers. Schade, schon vorbei. Wer hätte das, außer einem ortsansässigen Italiener, auch ahnen können.

Der Weg wird nun immer schmäler und das Gras und Gestrüpp immer höher.

Ich bahne mir schwitzend eine Spur durch den Bewuchs und die vielen Hundert Heuschrecken und realisiere noch mal für mich, dass die Berge nun endgültig Geschichte sind. Ich kann es kaum glauben, der Weg bleibt waagerecht.

20 Minuten später kann ich es auch nicht glauben, als ich ein weiteres Gebiet durchquere, das Hunderte, ach was sage ich, Tausende geniale Übernachtungsplätze bieten würde. Schade, aber wenigstens esse ich köstliche und süße Brombeeren vom Wegesrand.

Inzwischen ist es wieder sehr, sehr heiß und ich laufe schattenlos entlang einem, nun fast komplett ausgetrockneten, Flussbett. Wenigstens habe ich leichten „Laufwind", der etwas kühlt und mich sogar zusätzlich von hinten leicht anschiebt.

Wahnsinn, auf was man alles achtet, wenn die Zeit keinerlei Rolle spielt.

Neben dem Fluss Piave durch Gestrüpp

Weiterhin bemerke ich, dass sich meine Schuhe weiter verändert haben. Die Sohlen dieser bewährten Wanderschuhe sind inzwischen so dünn, dass ich jeden Kieselstein auf dem schmalen Feldweg spüre. Ich hoffe, die treuen Treter halten die letzten vier Tage bis zu meinem Ziel noch durch. Schon über 30 Minuten wandere ich auf diesem schmalen Trampelpfad zwischen Gebüsch, Wiesensträuchern und Schilf dahin und es geht unweigerlich auf Mittag zu. Immer mehr nehme ich wahr, wie der Mensch zusehends die natürliche Landschaft verdrängt, und so sehe ich mich etwas später zwischen Fabriken und Feldern meiner Wege ziehen. Weit und breit entdecke ich aber keine richtige Ortschaft und somit kein Café und vor allem keine Osteria zur wichtigen Nahrungsaufnahme. Gegen Mittag mache ich dann Pause in der Natur und koche mir was Schönes aus meinem köstlichen, gefriergetrockneten Nahrungsvorrat.

Ich mache Chili con Carne, welches aber nicht so besonders schmeckt. Es ist zwar scharf, aber ansonsten wenig gewürzt. Ich gucke auf die Verpackung und stelle fest, dass es aus England kommt. Kein Wunder, ich kenne außer Gin oder Whiskey nur weniges von der Insel, was Nicht-Engländern wirklich schmeckt.

Zum Glück muss ich nicht so viel essen, denn beim Wasseraufgießen habe ich leider den Beutel umgekippt und jetzt ist etwas des getrockneten Zeugs schön am Boden verteilt.

Während ich mich mit dem Rest stärke, beobachte ich die Ameisen, die alles schön sauber machen und die gefriergetrockneten Bestandteile meiner Nahrung in Ihre Löcher schleppen. Sind wahrscheinlich englische Ameisen. Sollen die sich doch mit dem Zeug den Magen verderben.

Brücke Ponte della Priula

Fazit, die Päckchen der Firma Travellunch munden mir deutlich besser. Trotzdem bin ich gestärkt und so geht es nach dem Essen weiter in der sengenden und unerbittlichen, italienischen Hitze. 15 Kilometer sind es noch bis San Bartolomeo, welches mein heutiges Ziel sein soll.

Eine Ewigkeit zieht sich der Weg in der prallen Sonne dahin. Bestimmt 90 % des bisherigen Tages hatte ich keinerlei Schatten und transpiriere auch entsprechend stark.

Meist bin ich komplett allein und kann meinen Gedanken somit freien Lauf lassen. Aber jetzt gerade beobachte ich eine Jugendgruppe, bestehend aus circa 25 Personen im Alter von 13–15 Jahren, die entweder Geocachen oder Schnitzeljagd machen, oder gar Pokémons jagen. Eigentlich egal, Hauptsache die jungen Leute sind draußen an der Luft und haben Spaß. Ich freue mich für die Kids und ziehe weiter. Immer leiser werden die Geräusche der Gruppe hinter mir und bald bin ich wieder der einsame Wanderer in der italienischen Natur. Ich laufe inzwischen auf einem Kiesweg durch Wiesen und Wälder und wundere mich, dass ich so gar keine Radfahrer sehe. Dieser Weg und diese Gegend wären prädestiniert, um alles mit dem Drahtesel zu erkunden. Den Italienern ist es aber wohl heute einfach zu warm.

Während ich noch darüber nachdenke, zieht ein dunkler Schatten über mich und ich rufe laut „Juhu". Endlich eine Wolke, unter der ich mich ein wenig von der unerbittlichen Sonne erholen kann.

Die Natur macht inzwischen wieder einer Ortschaft Platz und ich beschließe an einem Bushäuschen zu rasten. Gegenüber ist ein Supermarkt und ich gönne mir ein eiskaltes Gatorade. Ich kann schwer beschreiben, welches Glücksgefühl durch so ein kaltes Getränk nach diesen Entbehrungen ausgelöst wird. Deswegen nenne ich es einfach „unbeschreiblich".

Die letzten vier Kilometer für heute stehen mir jetzt bevor. Der Weg führt mich durch leicht besiedeltes Areal und ich passiere eine Baumschule nach der anderen. Nachdem die Prosecco-Gegend jetzt hinter mir liegt, machen die Italiener hier anscheinend in Bäumen.

Da es inzwischen gar nicht mehr so einladend im Hinblick auf Camping aussieht, steht die Entscheidung fest, für heute Abend ein Zimmer zu suchen.

Ich laufe an unzähligen Häusern und Höfen vorbei und mindestens wieder jeder Zweite hat einen Hund, der überdeutlich auf sich aufmerksam macht.

Platz 1 der nervigsten Dinge des heutigen Tages sind aber nicht die gestandenen Hunde, sondern die kleinen Kläffer, die am aggressivsten in einer lauten und unglücklichen Tonlage, und einem Willen mich zerfleischen zu wollen, auf sich aufmerksam machen.

Auf Platz zwei sind die nicht minder nervenden kleinen Stechmücken, die unentwegt nur um mich herumfliegen und versuchen auf meiner verschwitzten Haut zu landen, um Ihren Stachel in mein Fleisch zu bohren. Es wird nicht wirklich besser mit den Viechern, denn jetzt um 17:30 Uhr hat es noch über 31 Grad.

Und als die ersten Palmen meinen Weg säumen und flinke Eidechsen denselben kreuzen, durchflutet ein südlich-mediterranes Gefühl meinen Körper.

Endlich, um kurz vor 18:00 Uhr, bin ich an einem Hotel in San Bartolomeo direkt gegenüber der Kirche und bekomme auch gleich ein Zimmer. Mit Hotel meine ich, ein richtiges Hotel, mit Rezeption und vielen Zimmern, neu ausgestattet und so weiter. Ich frag mich nur, was das Ganze in diesem kleinen Kaff hier soll und wie man hier kostendeckend arbeiten kann. Ausgebucht wirkt das hier in keiner Weise.

Unter dem Hotel, im Erdgeschoss, befinden sich ein Restaurant, ein Café, und eine Pizzeria, in der ich mich schon sitzen sehe.

Jetzt um 19:20 Uhr bin ich frisch geduscht, umgezogen und gestriegelt und überlege, welches der Restaurants ich mit meiner Anwesenheit beehren soll. Überall sind geschäftige, weiß gekleidete Bedienungen am Werkeln, es ist Samstagabend und in allen drei Etablissements sitzt kein einziger Gast. Ist das dieser Ort, in dem alle Durchreisenden auf unerklärliche Weise verschwinden?

Ich wage es und setzte mich als einziger Gast in die Pizzeria und trinke erst mal ein Paulaner Weizen im 0,4 l Pilsglas, aber die Flasche zum Nachschenken kommt mit.

Da, um 19:40 Uhr kommen nun doch weitere Gäste! Es erscheint eine deutsche Familie mit zwei Kindern auf der Bildfläche. Wenn die wüssten, was ihnen hier in diesem Ort blüht. Sie nehmen am Tisch neben mir Platz und ich beschließe, mich sprachlich nicht erkennen zu geben, und mime selbstsicher den Italiener.

Die Familie ist zwar etwas jünger und alle sehen auch etwas anders aus, aber wenn man nicht hinsieht, ich schwöre: original Familie Heinz Becker aus dem Fernsehen, mit top saarländischem Dialekt. Ach ja, die Tochter mit circa 13 Jahren hat einen dieser neumodischen, amerikanischen Vornamen und ich habe schon eine Schublade für sie parat, wo ich sie reinstecke.

Jetzt muss ich noch meinen Vino Bianco bestellen und mache es souverän auf Italienisch. Der Nachbartisch schöpft keinerlei Verdacht.

Der circa 11-jährige Sohn bekommt eine Pizza Margherita und legt während des Essens den Nintendo keine Sekunde aus der Hand. Mutti und Vati finden das anscheinend großartig! Am Nebentisch wird jedes deutsche Klischee erfüllt. 2x Bier, 2x Fanta, 4x Pizza und kein Wasser, kein Wein, kein

Espresso, schnell zahlen und dann darüber diskutieren, dass es an der Pizzabude in Saarbrücken mindestens genauso gut ist.

So, zwei weitere Tische sind inzwischen besetzt und ich denke, dass ich heute doch nicht verschwinde, wenigstens nicht unfreiwillig.

Nach 20:00 Uhr ist es nach wie vor sehr, sehr heiß und ich lenke mich ab, indem ich gespannt weiter meine Umgebung beobachte. Ich habe gerade sowieso nichts Besseres zu tun und es ist ja schließlich eine meiner Lieblingsbeschäftigungen.

An den restlichen Tischen werden jetzt Speisekarten verteilt und weitere Tische füllen sich langsam. Ich war mit 19:30 Uhr einfach viel zu früh dran und bin das nicht mehr gewohnt. In den Bergen sind um diese Zeit die meisten müde ins Bett gefallen.

Um weiterhin nicht als Deutscher aufzufliegen, bereite ich jetzt meinen Dessertspruch für Espresso und dunklen Grappa perfekt auf Italienisch vor, und als die Bedienung kommt, bestelle ich das einstudierte mit lässiger italienischer Selbstverständlichkeit.

Die Dame versteht mich aber leider nicht und muss erneut nachfragen, was ich denn möchte. Mist, ich fühle mich aus Saarbrücken beobachtet. Ich rette die Situation doch noch souverän auf Italienisch und sitze fünf Minuten später vor meiner köstlichen Bestellung. Gekonnt gebe ich mich weiter italienisch und kippe einen kleinen Schluck Grappa in meinen dunklen Espresso.

Obwohl mein Oberkörper aktuell nicht frei ist und auch meine Sonnenbrille auf dem Zimmer liegt, hoffe ich aber, dass ich trotzdem als cooler Italiener durchgehe.

Weiter beobachte ich alles genau und stelle fest, dass hier tatsächlich viele Italiener zum Essen gehen, auch wenn manche Damen nicht typisch aussehen, sondern eher wie Frau Mielke aus Loriots *Pappa ante portas*.

Hier ist eine sehr große Kirche gegenüber und wahrscheinlich wallfahren die alle nach San Bartolomeo und haben jetzt einen Bärenhunger.

Jetzt, ein neuer Tisch wird besetzt. Ein braun gebrannter Schönlingstyp und zwei bildhübsche Kinder (Mädchen unter zehn Jahren). Dazu ein Vollkrapfen mit potthässlicher Brille als Frau dabei. Ich frage mich, was da nur passiert ist?

Jetzt müssen die Mädels Pipi und Papa geht mit beiden. Alles klar, sie muss die Schwester oder Cousine sein, ich entspanne mich, beobachte aber weiterhin, ob später eine der Kleinen „Mama" sagt.

Inzwischen ist der Außenbereich tatsächlich voll besetzt und ich verstehe die Familie Heinz Becker vor lauter lautem Italienisch nicht mehr.

Plötzlich sagt am Nebentisch ein Kind „Mama" und ich stelle fest – sie ist es doch! Ich versuche mir die Mama ohne dämliche Kurzlockenhaar-Frisur und ohne diese furchtbare Brille, aber mit dezentem Make-up vorzustellen und entdecke tatsächlich Züge der hübschen Töchter. Nicht falsch verstehen, das liegt nicht am Alter, die Dame hat es nur verstanden bei der Gestaltung Ihres Äußeren mehrfach in die Kloschüssel zu greifen. Wahrscheinlich sehe ich das aber einfach durch die falsche Brille, da mir hier halt gerade langweilig ist und da kommt man eben auf jeden Blödsinn.

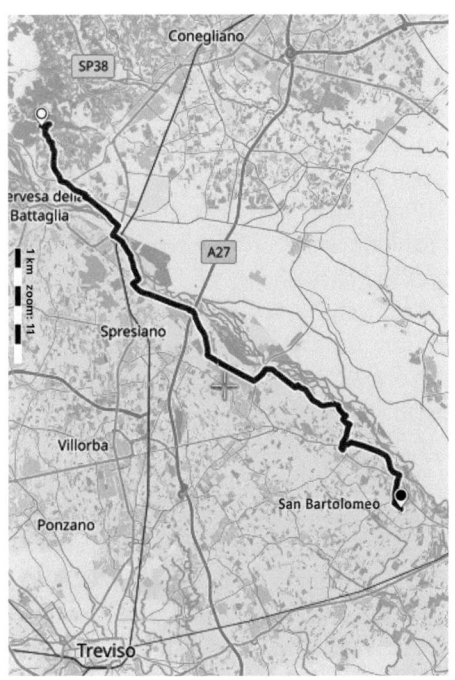

Gerade stelle ich fest, dass ich in diesem Restaurant der einzige Italiener bin, der Wein trinkt. Alle anderen trinken Bier. Verrückte Welt, Italien ist wohl auch nicht mehr das, was es mal war.

Heute habe ich exakt 28,42 Kilometer meine Schuhsohlen weiter abgenutzt, aber dabei immerhin noch insgesamt knapp 500 überraschende Höhenmeter bezwingen müssen. Jetzt ist es aber wohl definitiv vorbei mit Klettern.

Tag 43: 28,42 km, +155 m/–362 m

Zu dritt durch die Ebene – Tag 44
Sonntag, 21. August

Die Nacht war leider zu Beginn etwas unruhig, denn ich bin erst gegen 1:00 Uhr morgens eingeschlafen. Erst dann hatte ich, nach intensiver Suche, den Regler für die Klimaanlage gefunden. Vor dem Herunterregeln des selbigen Gerätes lag ich auf dem Bett in meiner „Soße" und schwitzte nicht-schlafend vor mich hin.

Der Wecker klingelt trotzdem pünktlich um 7:15 Uhr, aber ich bleibe noch liegen. Ich brauche dringend noch Schlaf und heute ist schließlich Sonntag.

Irgendwann rappele ich mich dann doch auf, um zu frühstücken. Vor Schmerzen laufe ich wieder mal wie auf rohen Eiern. Als Dessert nach dem Frühstück gönne ich mir aus diesem Grund eine leckere Schmerztablette.

Während ich auf die Wirkung der Tablette warte, wird gepackt, sodass ich gegen 9:45 Uhr San Bartolomeo den Rücken kehren kann.

Ich stelle fest, dass es in der Nacht wohl geregnet, dies aber nicht für eine Abkühlung gesorgt hat, sondern leider nur für eine massiv gestiegene Luftfeuchtigkeit. Nicht einmal meine gewaschene Wäsche, die draußen über Nacht unter einem Dach hing, war heute Morgen trocken.

Das Thermometer meiner Uhr zeigt schon wieder 30 Grad an, aber eben mit dieser überaus hohen Luftfeuchtigkeit und das gegen 10:00 Uhr. Die Sonne versucht sich gerade durch den Dunst zu kämpfen, wobei ich hoffe, dass sie es nicht so schnell schafft.

Venedig-Geher habe ich seit vorgestern keine mehr gesehen. Eigentlich hätten die drei Mädels von vorgestern auch im Hotel in San Bartolomeo übernachten wollen. Das hat anscheinend nicht funktioniert, sodass ich den Rest des Weges nach Süden wohl der einsame Wanderer bleibe.

Obwohl die Sonne noch nicht gewonnen hat, klebt nach nur zehn Minuten meine Kleidung schon wieder nass am ganzen Körper. Das kann ja heiter werden, und wenn ich zum Himmel gucke, zeichnet es sich langsam ab, dass die Sonne wohl gewinnen wird.

Schritt für Schritt bewege ich mich allein durch den Sonntagmorgen über Italiens aufgeheizten Landstraßen. Ich bin achtsam, konzentriere mich auf den Weg und auf alles um mich herum, um mich von meinen körperlichen Unannehmlichkeiten abzulenken.

Das erste Mal seit gestern und heute verspüre ich aber einen leichten frischen Wind von vorn. Das wird doch wohl nicht schon die erste Meeresbrise sein?

Ich schnuppere intensiv an der mich umgebenden Luft und bilde mir ein, das Meer riechen zu können. Möglicherweise geht aber auch meine Fantasie mit mir durch. Auf jeden Fall stimmt die Richtung und ich hoffe, dass an der Küste dieses Tropenklima etwas nachlässt.

Heute ist auch der absolut erste Tag innerhalb der letzten fünf Wochen, an denen ich selbst beim Umdrehen keine Berge mehr sehe. So weit das Auge reicht, ist alles flach oder nur leicht hügelig. Das motiviert mich, mein Ziel schnell zu erreichen und beschleunigt die Schritte noch ein wenig. Wieder führt mich mein schmaler Weg beständig entlang des Flusses „Piave", der gemütlich neben mir her fließt. Er hat momentan denselben Weg wie ich und scheint mich aufzufordern zu wollen, den restlichen Weg auch wirklich durchzuhalten.

In dem Örtchen „Zenson di Piave" mache ich eine „Trink-Rast" an einer gut besuchten Bar und sehe mich neugierig um. Das ist halt Italien: 1 Radler 5,00 Euro, 1 Mojito 5,00 Euro, 1 Hugo 2,50 Euro. So steht es auf der Tafel an der Bar geschrieben. Das Radler steht aber in Wirklichkeit doch nicht auf der Tafel und so musste ich das Preisgefüge testen. Und ja, es ist so, dass ein Radler hier auf dem gleichen Preisniveau ist wie ein Cocktail. Ich kenne Kneipen in meiner Heimat, bei denen ein Getränk aus mehr als einer Zutat als Cocktail gilt und hier ist es wohl auch so.

Der Laden ist rammelvoll mit älteren, fröhlichen Herren des Dorfes, die hier anscheinend ihrem Frühschoppen frönen. Schöner Brauch, das gefällt mir.

Erfrischt geht es weiter über den Damm, der inzwischen neben dem Fluss entlanggeht. Nach weiteren 45 Minuten muss ich aber auf die Straße wechseln und überquere nun eine Brücke über die Autobahn E70 nach Triest, auf der ich schon so oft mit dem Motorrad entlang geknattert bin. Und tatsächlich ist das die erste Autobahn, die ich seit Wochen sehe.

Bei dieser Gelegenheit wird mir bewusst, dass das mein erster Italienaufenthalt ist, bei dem ich gänzlich keine Straßenbenutzungsgebühren entrichtet habe. Das, gepaart mit der Tatsache, dass ich ja auch nicht tanken musste, lässt meinen Geldbeutel lachen und spricht für eine Reise zu Fuß. Der Weg entsteht nämlich erst dadurch, dass man ihn geht.

Inzwischen hat die Sonne den Kampf gewonnen und der Dunst ist komplett verschwunden. Die wärmenden Strahlen haben mich jetzt wieder vollkommen in ihrem Beschlag.

Eine weitere Stunde später beginnt mein Magen zu knurren und fordert mich auf, etwas Geeignetes zum Mittagessen zu finden, um meinen Kalorienhaushalt wieder auszugleichen. Ich komme nach „Fossaltardi di Piave" entdecke ein Restaurant und trete ein. Just, in dem Moment, in dem ich mich hinsetze, erklingt die deutsche Nationalhymne. Das ist aber zu viel der Ehre, denke ich mir, aber trotzdem, vielen Dank!

Neugierig drehe ich mich um und entdecke einen laufenden Fernseher, in dem gerade eine Siegerehrung der deutschen Athleten im Rahmen der Olympischen Sommerspiele übertragen wird. War es doch wieder nichts mit meiner Berühmtheit.

Ich sitze und warte, aber keiner kommt zu mir und will eine Bestellung aufnehmen. Ich beobachte eine Bedienung, die mich aber ignoriert. Nach zehn Minuten stehe ich auf und frage die Dame, ob ich etwas bestellen könnte. Darauf antwortet sie prompt, dass Sie geschlossen hätten. Ich bin mehr als verwirrt, da weitere Personen hier vor Ihren Getränken sitzen. Auch kommen immer wieder neue rein, die freundlich von der Bedienung begrüßt werden und die sich setzen. Gastfreundschaft sieht anders aus. Ich bin sauer, denn die junge Dame ignoriert mich weiterhin. Augenscheinlich will man mich hier als Gast nicht haben.

Ich verlasse das Restaurant und weitere Menschen treten ein. Auf dem Schild vor der Tür steht, dass bis 14:00 Uhr geöffnet ist und jetzt ist es 13:15 Uhr. Ich bin noch mal mehr sauer und verstehe die Welt nicht. Liegt es daran, dass Deutschland gerade eine Goldmedaille gewonnen hat und Italien eben nicht? Oder sind die einfach zu faul oder mögen einfach keine Wanderer? Wer weiß das schon? Dann esse ich halt nichts, tschüss und weiterhin ein schönes Leben in eurem Kaff. Eine andere Kneipe finde ich leider nicht und selbst die Eisdiele hat geschlossen. Ich verdaue in Gedanken weiter mein Frühstück und verlasse diesen wenig gastfreundlichen Ort.

Hungrig wandere ich wieder über Wald und Flur, bis ich einen unangenehmen, beißenden Geruch wahrnehme. Es wird immer intensiver und stinkt nach einigen Minuten bestialisch bis zum Himmel.

Ich lokalisiere, dass dieser Gestank von dem großen Gebäude vor mir ausgeht, und identifiziere das Ganze als eine Hühnerfarm. Wahnsinn, wer hätte gedacht, dass das im Umkreis von einem Kilometer so stinkt, als wäre es eine überbevölkerte Schweinefarm mit Spezialduft. Ich lege einen Zahn zu, um dieser unangenehmen Dunstwolke des Federviehes zu entkommen.

Endlich kann ich wieder durchatmen und suche nach einem geeigneten Platz zum Rasten. Bedauerlicherweise gibt es anscheinend, bis auf eventuelle Bushaltestellen, in diesem Teil von Italien kaum öffentliche Bänke, auf denen ein ausgemergelter Wanderer mal seine Beine hochlegen kann.

Ich passiere eine Ortschaft und finden endlich einen Platz, um zu rasten. In diesem Fall ist es eine Tankstelle, die aber leider geschlossen hat.

Tankstellenrast San Dona die Piave

Aber wenigstens ein Tischchen und zwei Stühle stehen vor dem Kassenhäuschen und ich setze mich erleichtert. Direkt neben mir steht ein Automat für köstlich kühle Getränke und kleine Snacks, zwischen denen und mir nur noch passendes Münz-Kleingeld steht. So ein Mist, die ganze Zeit über habe ich versucht, mein Kleingeld aus Gewichts- und Platzgründen loszuwerden. Der Plan ging auf, aber jetzt gehört keine einzige Münze zu meinem Eigentum. Ein 20-Euro-Schein ist das kleinste Kleingeld in meinem Geldbeutel.

Mir bleibt nichts anderes übrig, als auf tankende Menschen zu warten, die mich aus dieser Notlage befreien können und mir den Schein wechseln können. Der Plan geht auf, wenn auch nur sehr schleppend und stufenweise. Beim ersten Tankenden kann ich den Zwanzigern in zwei Zehner wechseln. Beim nächsten am Zapfhahn einen Zehner in zwei Fünfer, um beim nächsten Kunden einen Fünfer in Hartgeld gewechselt zu bekommen. Die Wechselorgie dauert über 15 Minuten, aber jetzt gibt es ein köstliches, kaltes Cola und in diesem Moment hervorragende Pizza-Cracker.

Nach weiteren 20 Minuten erhebe ich mich mühsam von diesem göttlichen Stuhl und setzte mich langsam wieder in Bewegung. Ich kann mich zwar täuschen, aber im Moment glaube ich wieder das Meer riechen zu können.

Inzwischen laufe ich auf einer sehr langen, sehr, sehr geraden Straße ohne Bürgersteig durch Gegenden mit viel Zivilisation. Neben der Besiedelung hat auch der Autoverkehr zugenommen, der inzwischen lautstark und mit italienischem Sicherheitsabstand an mir vorbeirauscht. Weit vor mir entdecke ich zwei Punkte, die sich bewegen. Das könnten, nach so langer Zeit, mal wieder Wanderer mit Venedig als Ziel sein. Ich bin erleichtert und stelle fest, dass ich wohl noch auf dem richtigen Weg bin.

Entlang des Flusses Piave

Wie schon beschrieben ist meine Fitness, trotz Schmerzen, immer besser geworden und inzwischen fast ins Unermessliche gestiegen. Vor diesem Hintergrund hole ich die Punkte langsam, aber sicher ein. Schon nach 30 Minuten werden die Punkte zu Menschen und meine Vermutung hinsichtlich Venedig-Gehern wird bestätigt. Es sind Vanessa und Ben, die ich vor drei Tagen bei meiner Übernachtung im Agriturismo „Le Noci" kennenlernen durfte. Wir plaudern über unser Abenteuer, während wir weiter der Straße folgen. Ihr Plan ist, heute nicht bis nach Jesolo zu laufen, sondern die Tagesetappe im Ort „Caposile" zu beenden. Das ist genau auch mein Plan und so bilden wir jetzt eine kleine, aber feine Wandergruppe.

Laut Wanderführer soll es in Caposile eine Art Bauernhof geben, die den müden Wanderern ein paar Zimmer anbieten. Schnell finden wir die Adresse, aber nach dem Klingeln erfahren wir über die Sprechanlage leider, dass alles belegt ist. So ein Mist, wir sind doch am Ende und brauchen Rast und Ruhe.

Ich hake nach, ob ich eventuell mein Zelt aufstellen darf, und summend wird mir daraufhin geöffnet.

Die anderen beiden treten auch mit ein und fragen direkt noch einmal nach, ob es irgendeine Möglichkeit gibt, hier doch zu übernachten. Dabei machen die beiden ein hervorragendes, leidendes und erschöpftes Gesicht. Man will das prüfen und wir sollen warten. Wir warten und warten und da wir nicht nur erschöpft aussehen, sondern es auch sind, bietet man uns an, zu dritt eine Ferienwohnung mit zwei Schlafzimmern zu nehmen. Na also, geht doch und wir schlagen ein. Es gibt ein Zimmer mit Doppelbett und ein Zimmer mit zwei einzelnen Betten. Selbstredend biete ich dem jungen Pärchen das Doppelbett an, was sie aber dankend und irgendwie unwohl ablehnen. Erst jetzt erfahre ich, dass die beiden gar kein Pärchen sind, sondern kleiner Bruder (18) und große Schwester (24). Jetzt wird mir auch das ein oder andere, bisher für mich, seltsame Verhalten der beiden klar. Die Bettenwahl ist damit geklärt und wir ziehen als neue WG ein.

Die Lagune (also Meer) ist von hier nur wenige 100 Meter entfernt, ich kann es zwar nicht sehen, habe aber einen leicht salzigen Geschmack im Mund und Nase. Das Ziel scheint nah und mein Glücksgefühl steigt fast ins Unermessliche.

Später sitzen wir im Garten und kochen mit unserer Ausrüstung und den mitgebrachten Speisen selbst unser Abendessen. Einige andere Gäste, die sich später als Stammgäste aus Deutschland herausstellen, sind auch hier und grillen an einem schönen, überdachten Grillplatz ihr Fleisch. Es ist wunderbar hier, aber ich fühle mich nur bedingt ganz wohl, denn hier ist alles sehr „hundig"!

Die Vermieter haben doch tatsächlich zwölf Hunde und drei Katzen, die gerade auch alle im Freien sind. Außerdem haben andere Gäste noch drei weitere Hunde dabei. Alle 18 Tiere tollen wild im Garten umher, aber vertragen sich gottlob sehr gut untereinander und fallen mich, den mit der Hundeangst, auch nicht unvermittelt an.

Während ich mein leckeres Nudelgericht verspeise, gehen mir wieder viele Gedanken durch den Kopf. Vor allem Gedanken an zu Hause machen mich etwas wehmütig. Heute Morgen ist meine Familie mit unserem alten VW-Bus von zu Hause losgefahren, um mich bald in Venedig zu treffen und um mich natürlich dann wieder zurück in die Heimat zu nehmen. Die Vorfreude ist groß und tagsüber habe ich immer wieder, dank GPS in unserem Fahrzeug, verfolgt, wo meine Familie sich gerade befindet. Ich vermisse die beiden wirklich sehr.

Sie haben vor, ohne größere Pause durchzufahren, um somit bis zum Campingplatz kurz vor Venedig zu kommen. Ich fühle mich reichlich vorgeführt, da die beiden mir anscheinend zeigen wollen, dass man die Strecke statt in 46 Tagen auch in einem Tag schaffen kann.

Während wir gegen 21:00 Uhr kurz telefonieren, beginnt ein heftiges Gewitter mit Sturm und Regen. Sie sind tatsächlich schon in der Gegend, aber der erste Campingplatz ist belegt. Am nächsten Campingplatz, dem Marina di Venezia kommen sie aber unter und ich bin froh, dass die beiden in Sicherheit sind. Übermorgen werden wir uns am Markusplatz glücklich in die Arme fallen.

Um 22:00 Uhr sage ich brav „Gute Nacht" zu allen im Garten und begebe mich auf mein Zimmer, wo ich nach etwas Lesen irgendwann erschöpft einschlafe.

Ich träume von meiner Familie und unseren Bulli, der in dieser Gegend auch irgendwo bei diesem Gewitter herumsteht. Ich werde leider immer wieder wach, denn ich höre die halbe Nacht immer wieder eine Auto-Alarmanlage in der Nachbarschaft. Das Gewitter ist ziemlich heftig, und ich hoffe, dass auf dem Campingplatz bei meinen beiden alles in Ordnung ist.

Heute waren es 26,6 Kilometer mit einem Höhenunterschied von lachhaften 280 Metern.

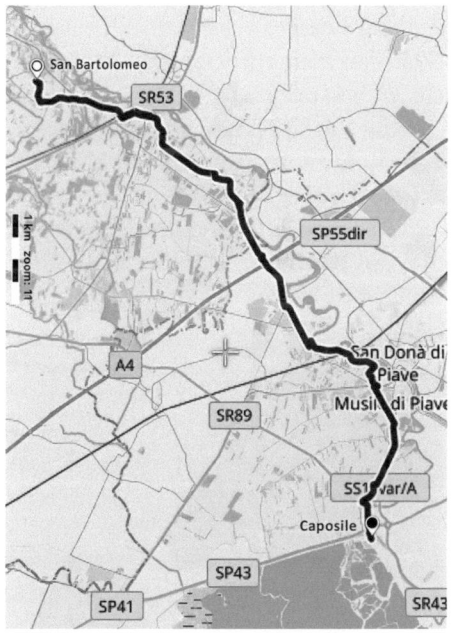

Tag 44: 26,60 km, +134 m/–147 m

Ich will Meer – Tag 45
Montag, 22. August

Der Sturm war heftig und tobte lautstark fast die ganze Nacht, was mir einen ziemlich unruhigen Schlaf bescherte. Um 07:30 Uhr hilft mir der Wecker beim Aufstehen und mit Blick zum Fenster sehe ich wieder auf einen strahlend blauen Himmel. Das wird ein toller Tag, aber sicherlich auch wieder sehr mediterran und warm. Um Punkt 08:00 Uhr sitze ich mit den anderen Gästen und meinen jungen Mitbewohnern am Frühstückstisch bei Wurst, Käse, Marmelade und leckeren Omeletts.

Pappsatt widme ich mich dann später meiner Ausrüstung und verabschiede mich dann herzlichst von den Wirtsleuten des B&B „L'Erba Matta" und den anderen deutschen Gästen. Meine Mitbewohner sind schon vor mir aufgebrochen und um 9:30 Uhr starte ich ebenfalls in der prallen Sonne Richtung Jesolo – „o sole mio"!

Die Gemütlichkeit des Wanderns aber, lässt heute leider sehr zu wünschen übrig, denn auf der schmalen, nahezu unendlichen Straße in Richtung der Lagune gibt es keinen Fußweg oder Seitenstreifen und zusätzlich ist ein Heidenverkehr. Im Sekundenrhythmus flitzen Italiener in Ihren Fiats oder Alfas nur denkbar knapp an mir vorbei. Immer wieder muss ich mich ins Gebüsch drücken, damit die vorbeirauschenden Autos meine Wanderung nicht unfreiwillig abrupt beschleunigen.

Angst habe ich besonders vor den größeren und teuren SUVs, deren Fahrer es nicht für nötig befinden, auch nur minimal auszuweichen. Die kleinen Fiats nehme ich aber mit links.

Immer noch führt mich der Weg parallel des Flusses gen Süden. Links von mir, auf der anderen Seite des Gewässers, entdecke ich die größere Bundesstraße und beobachte, wie sich ein endloses Band aus Blechkarossen langsam und im Schritttempo Richtung Adria bewegt. Es ist Urlaubszeit und alle fahren mit dem Auto zu den bekannten Urlaubsorten vor mir. Alle, außer mir, der als einziger Verrückter hier mit Rucksack herumläuft.

Endlich liegt Jesolo vor mir. Nach dem Ortsschild sind es noch ein paar 100 Meter bis in die Innenstadt, wo ich mich ganz

Kein schöner Wanderweg. Kurz mal autofrei

gehörig auf eines der letzten Radler meiner Wanderung freue. Ich laufe nach wie vor rechts vom Fluss und beobachte auch in Jesolo, auf der anderen Seite des Flusses, die vielen, vielen Autos, die versuchen sich in die gleiche Richtung zu bewegen. Was soll ich sagen, ich bin definitiv schneller.

Um 11:45 Uhr bin ich am Marktplatz von Jesolo und trinke mein erstes Radler mit Sprite (nicht mit Lemon Soda) seit ich in Italien bin. Es ist eine ganz neue und zeitgleich alte Erfahrung für mich und es schmeckt köstlich. Man merkt schon an diesem Getränk, dass man jetzt in Gegenden kommt, die von deutschen Urlaubern erobert wurden, da man mit dem Begriff „Radler" hier etwas anfangen kann und auch weiß, wie man es zubereitet.

Trotzdem muss ich zwei Getränke bestellen, um ein Radler zu bekommen, dafür habe ich aber dann mehr im Glas und freue mich. Ich nehme noch einen kurzen Panini-Snack und dann werde ich unruhig und muss weiter. Endspurt, das Ziel ist greifbar.

Meinen Wohnungsgenossen begegne ich jetzt hier auch noch einmal kurz, vermutlich wird es aber das letzte Mal sein. Ich wünsche Ihnen alles Gute für die Restreise und für die ganze Zukunft und schon sind sie weg.

Und wenn ich jetzt schon an der Adriaküste bin, dann gibts jetzt noch eins in die Waffel und kurz darauf ziehe ich schleckend mit einem Vanille-Eis weiter und verlasse das quirlige Städtchen und bin bald wieder in der Natur. Leider habe ich bisher das erlösende Meer noch nicht so richtig gesehen, nur diese Lagune, die hier überall mit brackigem Geruch auf sich aufmerksam macht. Es kann sich aber nur noch um Stunden handeln, bis ich am Strand der tiefblauen Adria stehe und dann bestimmt ergriffen bin.

Das mit dem Eis nach dem doppelten Radler hätte ich vielleicht doch lieber lassen sollen, den 15 Minuten später bekomme ich heftige Bauchkrämpfe. Meine Mutter hatte früher wohl doch Recht in Bezug auf kalte Getränke und Milcheis danach.

Weitere 15 Minuten später suche ich geschwind den heimelichen Schilfgür-tel am Flussufer auf. Echt klasse.

Inzwischen weiß ich auch, dass meine Familie und unser Bulli das Gewitter auf dem Campingplatz gut überstanden haben. Sie sind also vor mir in der Nähe von Venedig angekommen und richten sich gerade ein.

Unser Bulli hat eine Alarmanlage mit SMS-Benachrichtigung und den gan-zen Vormittag schon bekomme ich zig SMS-Alarmmeldungen, da permanent die Alarmanlage ausgelöst wird. Was machen die da nur, frage ich mich leicht genervt? Es ist jetzt Mittagszeit am voll besetzten Campingplatz und ich stelle mir vor, wie die beiden während der Mittagsruhe lautstark und permanent auf sich aufmerksam machen.

Ich telefoniere mit meiner Frau und erfahren, dass Sie von einem Mitarbeiter des Campingplatzes schon um Ruhe gebeten wurde. Sie ist total entnervt und teilt mir mit, dass sie nicht mehr in den Bus kommt, denn die Alarmanlage geht immer los, wenn sie eine Türe öffnet. Egal, wie oft sie diese auch deaktiviert, das Scheißding ist wohl kaputt.

Sie erklärt mir ruhig und genau, was sie mit der Fernbedienung macht, und ich erkläre ihr, ebenfalls ruhig, die Funktion. Das Symbol auf der Fernbedienung mit dem offenen Schloss bedeutet „Auto auf" (also Alarmanlage deaktiviert) und das Symbol mit dem geschlossenen Schloss bedeutet „Auto zu" (Alarmanlage aktiviert). So einfach ist das also und schon ist die Alarmanlage nicht mehr kaputt, wenn man die richtigen Knöpfe drückt. Jetzt frage ich mich, wie das die letzten beiden Tage bei den beiden ohne Probleme funktioniert hat.

Ich hingegen, bin leider immer noch „kaputt", denn ich verschwinde gerade das zweite Mal recht schnell im Gebüsch und nehme danach eine heilende Imodium. Erleichtert laufe ich weiter auf den Damm, der sich entlang des Flusses zieht und langsam geht es immer weiter raus aus der Lagune.

Die Luft riecht nach Endspurt und ich atme tief ein, vermeide es aber, das ein zweites Mal zu tun. Das salzige und brackige Lagunen-Wasser stinkt immer noch mehr zum Himmel, als mir lieb ist. Aber es sagt mir auch, dass sich das Endziel nähert.

Nach weiteren zwei Stunden bin ich glücklich die Natur, ohne weitere Alarmnachrichten von unserem Bulli und meinem Bauch genießen zu können. Über diese Bedienungsfehler wird meine Frau wohl auch in Zukunft ungern reden wollen.

Das Grün der Landschaft verschwindet langsam und vor mir öffnet sich wieder die Zivilisation und so mache ich mich auf die Suche nach einer Cola. Danach steht mir gerade der Sinn, also einer kalten bzw. eiskalten Cola. Soll ja auch gut für den Bauch sein.

Die Zivilisation mit den vielen Menschen und Autos schlägt aber erst einmal erbarmungslos zu, ich befinde mich gerade entlang einer stark befahrenen, vierspurigen Straße auf einer Brücke ohne Fußgängerweg. Es bringt nichts, ich muss da rüber und so suche ich meinen gefährlichen Weg direkt neben der Leitplanke.

Da, endlich endet die Brücke und die Straße wird etwas schmäler. Am Ende dieser sehe ich links vor mir ein kleines Café, in dem ich raste. Nach nur zehn Minuten und zwei Cola später geht es wieder weiter. Das sehnlich erwartete Meer habe ich immer noch nicht gesehen, aber jetzt habe ich definitiv salzigen Geruch in der Nase. Laut Karte befinde ich mich jetzt genau neben „Lido di Jesolo" und bin gerade auf dieser Halbinsel unterwegs, die mich über Cavallino nach Venedig führen soll. Eigentlich müsste ich nur noch strikt gerade aus nach

Ich habe es tatsächlich geschafft. Am Meer bei Jesolo

Westen gehen, um mich Venedig zu nähern. Aber, es geht nicht anders, ich muss zum Meer, um zu fühlen, hierhergelaufen zu sein. Ich biege links in eine Straße ab und laufe jetzt nach Süden in Richtung der salzigen Brise. Wow, nach 20 Minuten bin ich endlich am Strand und blicke fasziniert auf das weite, blaue Mittelmeer namens Adria.

Jetzt beginnt ein emotionaler Gefühlsausbruch. Ich kann es fast nicht glauben und bin jetzt richtig ergriffen von der Situation. Von meiner Haustüre in fränkischen Roth bin ich jeden einzelnen, verdammten Schritt mit meinen schmerzenden Beinen bis zum Mittelmeer gelaufen oder geklettert. Wahnsinn, ich bin echt stolz auf mich und meine Gedanken machen Purzelbäume. Jetzt stehe ich also hier, mit meiner verschwitzten Wandermontur, Stiefel, Hut und Rucksack direkt im feuchten Sand und lasse mich von den vielen, badenden, meist

Die Belohnung

deutschen Touristen, doof anschauen. Ich sehe wohl gerade nicht aus wie der typische Strandurlauber. In den Gesichtern der badenden Menschen kann ich erkennen, dass sie mein Outfit nicht so ganz optimal für den „Lido" halten. Wenn die wüssten, denke ich mir stolz und erhaben und freue mich erst recht. Am Strand bewege ich mich

Der mit dem Rucksack am Strand von Jesolo

langsam wieder nach Westen weiter und laufe die nächsten zwei Kilometer mit meinem Marschgepäck vorbei an den Badegästen durch den weichen Sand. Gerade kommen mir zwei afrikanische Damen entgegen, die den Strand-Touristen solche afrikanischen Rasta-Flecht-Locken machen wollen. Sie mustern mich kurz und merken schnell, dass ich nicht in ihr potenzielles Kundenklientel passe. Ich denke, es lag am Hut.

Jetzt kommt Teil zwei meines Ich-bin-jetzt-am-Strand-Erlebnisses, indem ich mich in die nächste Strandbar setzte und ein großes kühles Sieger-Bier bestelle.

Das, was in mir vorgeht, kann ich echt nicht in Worte fassen, hat aber etwas mit Superman, Batman oder einem anderen Superhelden zu tun.

Das kühle Bier schmeckt unglaublich köstlich, und so sitze ich bestimmt 30 Minuten sprachlos in der Sonne und genieße den vorläufigen Erfolg. Der letzte Tag nach Venedig wird ein Klacks sein.

Das leere Bierglas zwingt mich zum Weitermarschieren und so lasse ich am Spätnachmittag den Strand mit den vielen Badenden hinter mir, um mich weiter nach Westen zu bewegen. An einer Bushaltestelle treffe ich dann tatsächlich noch ein bekanntes

Endloser Radweg nach Cavallino

Gesicht. Die Venedig-Geherin Andrea steht hier und wartet auf den Bus. Sie war etwas schneller als ich, da sie auf das Überqueren der Schiara verzichtete, und so hat sie heute Vormittag schon den Markusplatz erreicht. Sie muss jetzt zügig nach Hause, da sie als Lehrerin bald wieder gebraucht wird. Wir plaudern kurz, wünschen uns noch eine schöne Zeit und verabschieden uns dann wie alte Freunde.

Mein weiterer Weg Richtung Westen zieht sich ewig dahin, denn inzwischen laufe ich schon über zwei Stunden komplett geradeaus auf einem endlosen Radweg neben der stark befahrenen Hauptstraße dieser Halbinsel.

Ich will heute auf jeden Fall noch Cavallino erreichen und so muss ich mich ranhalten. Eine Übernachtungsmöglichkeit habe ich aktuell auch noch nicht und inzwischen ist es schon 18:00 Uhr und mein Ziel noch fern.

Ich wünschte mir sehr, der Rad- und Fußweg würde auf der anderen Seite der Hauptstraße verlaufen, denn dort wäre es komplett schattig. Seit geraumer Zeit laufe ich auf diesem nicht enden wollenden schmalen Asphaltband in der prallen, grellen und schattenlosen italienischen Abendsonne.

Gegen 19:00 Uhr komme ich erschöpft und mit schmerzenden rechten Fuß in Cavallino an und finde erst mal absolut kein Hotel. Ich suche und suche, aber die ganze Gegend kommt mir sehr hotelfrei vor und ich werde nervös. Ich laufe zweimal die Straße rauf und wieder runter und biege in verschiedene Seitenstraßen ab und finde auch da nichts, was an ein Hotel oder eine Pension erinnert. Kurz vor dem genervt sein, finde ich in einer Seitenstraße doch tatsächlich noch etwas. Für schlappe 60,00 Euro bekomme ich in einem kleinen Hotel und Restaurant das letzte Zimmer mit toller und großer Terrasse direkt über dem Restaurant.

Schnell wasche ich meine Wäsche, leg mich kurz aufs Bett und finde mich gegen 20:00 Uhr quietschfidel zum Essen im Freibereich des Restaurants ein.

Das Restaurant zum Hotel Villagentile ist rammelvoll und so muss ich leider warten, bis ein Tisch frei wird. Ich glaube auch zu bemerken, dass die Mitarbeiter nicht ganz so glücklich sind, dass ich als Solo-Mensch dann einen Tisch für vier Personen blockiere. Ich bin aber doch Hausgast und bald ist es so weit und ich bekomme meinen Platz zugewiesen. Einmal mehr bin ich in diesem ganzen Laden wieder mal der einzige Solo-Sitzer, aber ich habe mich inzwischen daran gewöhnt.

So sitze ich nun zwischen den ganzen deutschen Adria-Touristen, die ich natürlich wieder interessiert beobachte. Man möge mir verzeihen, aber ich kann mal wieder irgendwie nicht anders als zu beobachten und dann schlusszufolgern. Auch wenn meine Fantasie mit mir durchgeht und es wahrscheinlich komplett falsch ist, macht es Spaß. Aber eventuell ist ja doch ein Fünkchen Wahrheit in meinen Hirngespinsten enthalten.

Am Tisch neben mir z. B. sitzt eine Dame, die wohl in das Kundenklientel der beiden Afrikanerinnen, die ich heute am Strand sah, gepasst hat. Das dachte sie jedenfalls. Die haben ihr dann diese Afrika-Flechtfrisur gemacht, was aber auf sehr bleichem Kopf und vor allem noch bleichere Kopfhaut mit größerer und gepiercter Europa-Nase mehr als „todschick" aussieht. Glückwunsch zur massiv negativen Typveränderung! So könnte Sie doch glatt bei einer von diesen Reality-Serien als Schauspielerin anheuern, denke ich mir.

Der kleine Sebastian am anderen Nebentisch mit der antiautoritären Kurzhaar-Brillen-Mama ist sehr unartig und überaus laut. Mutti findet das aber ganz, ganz toll und lässt ihn freudig gewähren. Ich nicht, und so strecke ich dem Kleinen schnell die Zunge raus, als Mutti gerade nicht hersieht. Kurz ist es tatsächlich still und der Kleine überlegt, bevor er wieder quengelnd loslegt. Mutti lamentiert unentwegt mit unangenehm lauter und penetranter Stimme über irgendwelche Männer, was auch alle anderen Männer um uns herum mitbekommen. Ein Paps ist am Tisch nicht dabei, nur Oma und Opa, wie ich mitbekomme. Der Paps musste sich sicherlich scheiden lassen, da er die lautstarke Mutti und ihre Erziehungsmethoden und Ansichten nicht versteht. Jetzt lebt er in einer kleinen 1-Zimmer Wohnung und finanziert der „tollen" Familie den Urlaub in Italien. Oma und Opa merken von der gerade stattfinden Entgleisung Ihrer Tochter aber absolut nichts, denn es ist ja die „Einzige" und man ist schließlich sehr stolz. Sie redet weiterhin ununterbrochen, penetrant und laut und stört damit auch alle anderen Gäste an den Tischen um sie herum. Viele Gäste drehen sich genervt um und schütteln nur noch den Kopf. Endlich muss der kleine Sebastian ins Bett und die gesamte Pseudo-Familie verlässt, zur Freude aller anderen Gäste, den Tisch. Nun sehe ich auch das erste Mal die Schuhe der Mutti. O mein Gott! Jesus würde sich schämen für diese Latschen. Egal, aber jetzt ist es deutlich ruhiger und gemütlicher hier.

Das Essen ist vorzüglich und tatsächlich gibt es hier auch eine „Tisch-Einpeitscherin". Diese Dame tut den ganzen Abend nichts anderes, als Tische zuzuweisen und sieht dabei auch sehr stark ausgelastet aus. Der Außenbereich ist rammelvoll und das Schöne ist, dass viele Gäste unter meiner Terrasse dinieren, auf der direkt über ihren Tischen meine Unterhosen und Socken zum Trocknen hängen. Dem Appetit der vielen Menschen tut das aber wohl keinen Abbruch!

Jetzt fährt auf der Straße zum dritten Mal die Touri-Bimmelbahn mit anscheinend degenerierten und komisch dreinschauenden Touristen vorbei. Keiner lacht oder hat Spaß während er in der bunten Bahn sitzt.

O Mann, tun mir meine Beine weh, ich muss diese etwas entlasten. Ich lehne mich zurück, strecke mich und „KRACK", mein Stuhl bricht auseinander und ich kann gerade noch das harte Aufschlagen auf dem Boden verhindern!

Klasse, gottlob haben es nur wenige der Gäste bemerkt und so stecke ich Stuhl und Holzbolzen möglichst unauffällig wieder zusammen und beschließe, mich später auf dem Bett zu strecken. Ich vermeide Gewichtsverlagerung und so hält der Stuhl den Abend über. Wahrscheinlich hält er aber auch deswegen, weil ich in den letzten 45 Tagen ordentlich abgenommen habe.

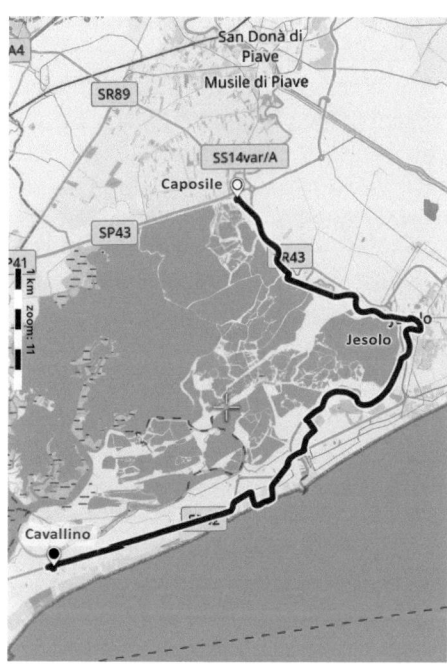

Tag 45: 32,66 km, +134 m/-147 m

Um 22:00 Uhr ist es dann auch so weit, und ich liege flach auf dem Bett und strecke mich noch mal ordentlich, während unter mir im Restaurant noch immer Hochbetrieb herrscht.

Apropos flach – heute waren es 33 flache, aber heiße und lange Kilometer.

Aber, ich bin am Meer – wow, ich kann es nicht glauben. Ich bin überglücklich und wahnsinnig stolz.

Venedig – Tag 46
Dienstag, 23. August

Heute Morgen musste ich dann tatsächlich noch eine Blase aufstechen, die ich mir gestern, ausgerechnet am letzten Tag, gelaufen habe. Dass das jetzt kurz vor dem Ziel passieren muss, verstehe ich nicht, ist aber eventuell ein Zeichen, dass es jetzt genug ist. Die letzte Blase an den Füßen hatte ich in meiner mittelfränkischen Heimat am 3. Tag meiner Wanderung. Seitdem wurde ich diesbezüglich verschont, was wohl an meiner regelmäßigen Pflege mit Hirschtalg und dem guten Schuhwerk nebst Socken liegt.

Um 08:15 Uhr bin ich beim Frühstück und kurz nach 09:00 Uhr gehts zur letzten, wenn auch kurzen Etappe zu meinem Endziel, dem ersehnten Markusplatz in Venedig!

Wow, ich weiß gar nicht, was ich denken soll oder wie ich mich fühle.

Also starte ich einfach Richtung Punta Sabbioni, wo ich die Fähre nach Venedig nehmen muss.

Natürlich scheint die Sonne wieder unerbittlich und natürlich ist es knallheiß!

Oder positiven gesagt: Auch die Sonne lacht und freut sich über meinen Erfolg und begleitet mich mit ihren wärmenden Strahlen bis zum Markusplatz.

Die Straße ist immer noch kerzengerade und zieht sich auch heute wieder mehr, als mir lieb ist. Jetzt bin ich schon wieder seit über einer Stunde auf diesem trostlosen Radweg unterwegs, gottlob aber heute Vormittag wenigstens teilweise im Schatten der Bäume.

Ich mag jetzt dann aber auch wirklich nicht mehr, vor allem, weil mich echt kurz vor dem Ziel am letzten Tag meiner Alpenüberquerung diese Blase an meinem Fuß doch ziemlich quält.

Mit schmerzendem Fuß erreiche ich endlich über diesen unattraktiveren Radweg den Fährhafen in Punta Sabbioni an der Spitze der Halbinsel Cavallino-Treporti. Jetzt geht es mit der Fähre nach „San Marco" und ich habe dann mein Ziel nach wenigen weiteren Schritten offiziell erreicht. Das ist jetzt das Erste, wenn auch kleine Stück meiner Reise, welches ich nicht zu Fuß zurücklege und irgendwie habe ich fast ein schlechtes Gewissen. Aber ich kann ja schlecht mit meinem Rucksack da rüber schwimmen.

Meine Familie weiß dank modernster Technik inzwischen auch, wann ich eintreffen werde und planen, ungefähr eine Stunde nach mir den Markusplatz zu betreten.

Diese eine Stunde habe ich nur für mich eingeplant, um noch allein mit mir und meinen Gedanken zu sein. Ich glaube ich muss mein Ankommen und das

Ende der Strapazen für mich erst mal allein richtig genießen und entsprechend verarbeiten.

O Mann, bin ich erleichtert. Ich habe das Ziel, leicht schwankend von den Wellen der Lagune, direkt vor Augen. Auf der Fähre (Vaporetto) bin ich allerdings der einzige zwischen den unzähligen Touristen mit großem Marschgepäck und Wanderschuhen.

Der immer noch endlose Radweg

Ich bin schon gespannt auf meine Gefühle am Markusplatz und auf Venedig, schließlich ist es überhaupt das erste Mal für mich, dass ich diese Stadt betrete und dann auch noch mit dieser Vorgeschichte.

Die Fähre legt an und ein riesiger Menschenpulk ergießt sich über die Lagunen-Stadt. Die letzten Schritte laufe ich fast wie in

Das Ziel direkt vor Augen

Trance durch die schier unglaubliche Menge an Touristen. Solche Menschenmassen bin ich gar nicht mehr gewohnt und so bin ich leicht überfordert mit dieser Situation. Egal, wo ich hinblicke, nur Menschen über Menschen.

Kurz rechts abgebogen und jetzt ist er da. Der Markusplatz in Venedig und ich bin tatsächlich angekommen. Juhuuuu!

Am 23.08.2016 gegen 11:00 Uhr habe ich mein lang ersehntes Ziel erreicht.

Ich kann es nicht glauben! Roth – München – Venedig, ich habe es vollbracht.

Ich bin so stolz auf mich und überglücklich. So in etwa muss man sich auch nach einem erfolgreichen Marathonlauf fühlen.

Dieses Glücksgefühl ist mir dann auch einen Cappuccino für 9,00 Euro wert.

Okay, für 6,50 Euro hätte ich auch einen Espresso bekommen, aber ich lasse mal fünfe gerade sein.

All diese Menschen (inklusive mir), ahnen gerade absolut nichts davon, dass sie in einer nahen Zukunft Eintrittsgeld für diese Stadt bezahlen müssen.

Und da ich das in dem Moment auch nicht weiß, sitze ich grinsend in einem Café direkt am Markusplatz und Blicke auf die letzten mehr als sieben Wochen zurück.

Hinter mir liegen 831,12 Kilometer, 27.270 Höhenmeter und sage und schreibe circa 1,25 Millionen Schritte. Außerdem blicke ich auf viel Leid und viel Glück zurück, die manchmal extrem nah zusammenlagen. Nun sitze ich hier mit 14 Kilogramm weniger Körpergewicht und genieße alles um mich herum in vollen Zügen. Bedient werde ich von einem fleißigen Ober in Frack und Fliege und unweit von mir bemüht sich ein Klavierspieler durch die Geräusche der Menschenmassen etwas „Rondo Veneziano" zu verbreiten. Natürlich beobachte

Voller Stolz am Markusplatz

ich wieder automatisch und aufmerksam meine Umgebung. Gerade wollte ein Paar die Getränkekarte des Cafés studieren, was ihnen aber vom schicken Ober untersagt wird. Sie müssen sich erst setzen und dann dürfen sie in die Karte sehen. Aha, das ist also die Masche in dieser Touristenhochburg.

Für den Gegenwert eines Cappuccinos hier habe ich in den Bergen schon mal eine komplette Übernachtung bekommen.

Auf den Boden oder Stufen am Markusplatz darf man sich wohl auch nicht setzen, denn ich beobachte die Polizei, die immer wieder ermahnend bei Touristen durchgreift. Das Ganze habe ich jetzt mehrfach beobachtet und ich frage mich, wo ich mich aufhalten soll, wenn der Cappuccino leer ist.

Bisher sehe ich keinen anderen Menschen mit Wanderstiefel und so einem Riesenrucksack wie den meinen. Dafür tummeln sich hier Tausende andere Menschen mit Flip-Flops und kleinen Taschen. Ach, lass es Zehntausende sein.

Meine Familie sollte in 30 Minuten hier sein. Ich freue mich riesig und bin auch ziemlich aufgeregt.

Nachdem ich gezahlt habe, setzte ich mich Vollkommen verboten am Rande des Platzes auf eine Treppe, lasse meinen Blick suchend schweifen, bin in Gedanken und warte. Und während ich noch angestrengt Ausschau nach den Liebsten halte, werde ich plötzlich von hinten berührt. Na toll, die Polizei lässt mich nicht sitzen, denke ich mir und in dem Moment werde ich umarmt. Es ist mein Sohn Oliver, der lachend sein Arme um mich schlingt. Direkt dahinter steht grinsend meine Frau. Wow, endlich haben wir uns wieder. Wir liegen uns jetzt alle drei in den Armen und fangen vor Glück und Erleichterung an zu flennen. Meine Gefühle spielen echt verrückt und ich bin froh, erleichtert, ergriffen, stolz und was weiß ich noch alles. Während ich mir wie der glücklichste Mensch der Welt vorkomme, laufen viele Tränen über die Wangen und tropfen auch auf den heißen Asphalt des Markusplatzes.

Keiner von uns kann etwas sagen und so liegen wir uns minutenlang einfach nur in den Armen. Als meine Frau nach einiger Zeit die ersten Worte findet, stelle ich fest, dass ich mit der Frage „Und, wie war es?" komplett überfordert bin. Ich kann das Ganze nicht in ein paar Sätze packen und beschließe genau in diesem Moment meine Aufzeichnungen, die ihr gerade vor euch habt, zu veröffentlichen. Ich werde mir das fest vornehmen, auch wenn es nur dazu dient, die Frage meiner Frau umfassend zu beantworten.

Ein paar Wortfetzen wie „anstrengend", „überwältigend", „lehrreich", „einsam" usw. bringe ich dann doch über die Lippen, als wir später zusammen direkt am Canal Grande in einem Restaurant bei leckerer Pizza sitzen. Ich taue langsam auf und wir plaudern glücklich über Gott, die Welt, Venedig und uns.

Nach wie vor bin ich aber mit der puren Menschenflut in Venedig maßlos überfordert und so verlassen wir schon gegen 14:30 Uhr diese turbulente Stadt. Seltsam, wochenlang habe ich mich von diesem endgültigen Ziel „Venedig" antreiben lassen und immer davon geträumt, wie es sein wird hier anzukommen. Jetzt bin ich hier und möchte so schnell wie möglich wieder weg.

Ein letztes Mal winke ich Venedig zum Abschied vom schaukelnden Vaporetto zu, dann drehe ich mich um und freue mich auf entspannte Tage mit meiner Familie und unserem Bulli auf dem nahen Campingplatz. Ich denke an Hängematten, Liegestühle, Strand und schöne Abende mit meinen beiden und bin glücklich.

Am letzten Tag meiner Reise musste ich wohl oder übel mein Wandergesetz brechen, denn von Punta Sabbioni nach Venedig gibt es nun mal keinen Fußweg. Schaukelnd überquerte ich mit dem Schiff die Lagune bis zu meinem endgültigen Ziel. Aber, ich bin auf dem Schiff nicht nur dagestanden, sondern fleißig auf und ab gelaufen. Ich schwöre.

In der Folge verbringen wir einen entspannten und schönen Urlaub am besagten Campingplatz, aber von Tag zu Tag freue ich mich immer mehr auf meine Heimat Mittelfranken, meine Heimatstadt, meine Freunde und eben auf den Teil meines Lebens, der nach dieser Wanderung stattfindet.

Viele Monate später, am 08.05.2017, habe ich den letzten Rest meines blauen Zehennagels abgeschnitten. Somit sind jetzt alle Spuren meiner Reise beseitigt und mir bleiben nur noch meine Erinnerungen und die Zeilen in diesem Buch.

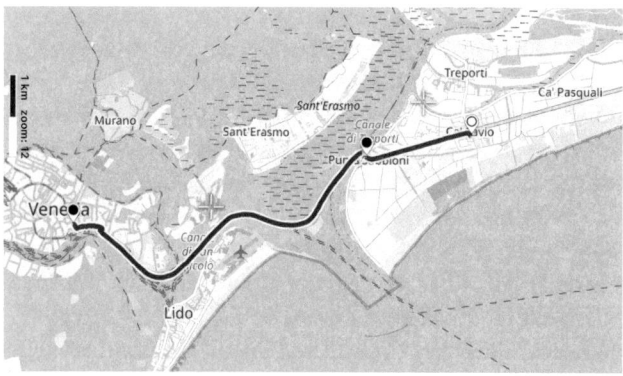

Tag 46 – der letzte Tag: 11,89 km, +40 m/–31 m

Das Fazit meiner Reise

Hat diese Reise mein Leben verändert? Nein, hat sie nicht, bis auf die Tatsache, dass ich wahnsinnig stolz auf mich bin und viele Erlebnisse dieser Wanderung einen festen Platz in meinem Herzen haben und nie mehr verschwinden werden.

Bis auf eine viel bessere Kondition hat sich meine Gesundheit aber leider nicht maßgeblich gebessert, aber ich habe wertvolle Erkenntnisse diesbezüglich gewonnen. Definitiv aber war dieser Trip das beste und emotionalste Erlebnis meines Lebens seit meiner Hochzeit und der Geburt meines Sohnes.

Johann Wolfgang von Goethes Ausspruch „Nur, wo du zu Fuß warst, bist du auch wirklich gewesen" trifft voll und ganz zu.

Traut euch und probiert es aus.

Man sagt auch immer, dass man sich bei solch einer Herausforderung erst so richtig selbst kennenlernt. Mag sein, dass das dem ein oder andern passiert und man dann als „neuer" Mensch durchs Leben geht. Ich habe mich einfach überraschen lassen und am Ende festgestellt, dass ich mich wohl schon vorher kannte. Ich bin immer noch der, der ich beim Start in Roth war. Geändert hat sich nur, dass ich viele neue Erlebnisse, Eindrücke, Erfahrungen und Ehrfurcht vor der Natur und den Herausforderungen gewonnen habe, die mir keiner mehr nehmen kann. Geändert hat sich auch mein Körpergewicht um knapp 15 Kilogramm nach unten, aber das bekomme ich sicher wieder hin.

Überraschend war auch das Gefühl, welches sich nach einigen Wochen eingestellt hat. Am Anfang fühlte sich das ganze Vorhaben an wie Urlaub, aber nach ungefähr drei Wochen war es eben kein Urlaub mehr, sondern mein aktuelles Leben und dessen Alltag, der hauptsächlich aus Wandern besteht.

Ob ich das Ganze noch mal machen würde? Ein klares Jein. Ich werde wieder weit wandern, das nehme ich mir fest vor. Aber ich muss nicht mehr diese vielen Höhenmeter absolvieren und so etwas, wie die Alpen überqueren, auch wenn diese noch so schön und einzigartig sind.

Viele Menschen erleben wahre Glücksgefühle, wenn sie auf einem Gipfel stehen. Menschen sind aber eben nicht alle gleich und für mich war es manchmal sogar leicht frustrierend auf einem Gipfel zu stehen und in die Ferne zu blicken. Dort sah ich dann weitere Berge, die dem Meer im Weg stehen und die ich somit noch bezwingen musste. Also geht es erst mal wieder runter, bevor es unweigerlich wieder hoch zum nächsten Gipfel geht und immer so weiter und oft oberhalb der Baumgrenze über schroffe Felsen. Das liegt nicht jedem. Sicherlich fällt auf, dass ich bei meinen Beschreibungen relativ viel Wert auf meine Ausrüstung gelegt habe. Das hat einfach den folgenden Grund: Zum einen macht es mir Spaß, mich mit solchen Dingen zu beschäftigen. Zum andern ist es ein wahnsinnig beruhigendes Gefühl, auf meinem Rücken einen fast kompletten Hausstand dabei zu haben, um notfalls also jederzeit und überall übernachten und überleben zu können.

Es ist einfach ein gutes Gefühl zu wissen, dass Schlafsack, Isomatte, Zelt, Vordach, Stuhl, Lampen, Wasser, Kochgeschirr, Nahrung und einiges mehr jederzeit dafür sorgen können, eine angenehme Nacht zu verbringen. Mein autarkes Hotel in meinem Rucksack gibt mir auf so einer Reise also eine gewisse Sicherheit, aber auch ein Glücksgefühl, wenn man dafür empfänglich ist. Das möchte ich nicht mehr missen, und ich weiß jetzt schon, dass ich nur aufgrund meiner Ausrüstung wieder mal eine ähnliche Reise in Angriff nehmen werde.

Aber, die Uhr dreht sich weiter und ich weiß, dass ich aufgrund von neuen Technologien und Materialien diese Dinge immer weiter verbessern werden. Ich werde also immer Ausschau halten, um das bestmögliche hinsichtlich Komfort und Gewicht für meine zukünftige Ausrüstung zu finden. Das kostet zwar leider Geld, macht aber echt Spaß.

Demzufolge fand ich das Übernachten im Zelt umgeben von meiner Ausrüstung und die damit verbundene Unabhängigkeit echt genial.

Erläuterungen zu den einzelnen Ausrüstungsgegenständen sind im Abschnitt „Meine Ausrüstung" zu finden. Im Gegenzug zu meinen Übernachtungen im Zelt sorgte die Abhängigkeiten zu den Hüttenübernachtungen und die damit verbunden Enge nicht immer für optimales Wohlbefinden. Das mögen andere, mit ruhigerem Schlaf, aber genau umgekehrt sehen.

Ja, es war echt weit, aber alles in allem kann ich nur sagen, dass man so eine Wanderung viel mehr mit dem Kopf bezwingt als mit der Fitness. Wenn einem das bewusst ist, kann es jeder schaffen, der auch schon Tageswanderungen absolviert hat. Auf gehts, ihr werdet es nicht bereuen. Es muss ja nicht gleich nach Venedig sein.

Meine Wanderroute nach Venedig

Grundsätzlich wollte ich mich bei der Wanderung ab München so weit wie möglich an die ursprüngliche Route und auch an die Etappen von Ludwig Graßler halten.

Hierzu gibt es aber inzwischen auch einige Varianten.

Nach etwas Recherche habe ich mich für den Rother Wanderführer München-Venedig entschieden. Dieses Büchlein steckte immer griffbereit in der Seitentasche meiner Hose. Über den Rother Verlag kann man dann auch die GPS-Tracks als Download bekommen. Dass ich damit richtig lag, bewies zum einen, dass es geklappt hat, und zum anderen die vielen Wanderer unterwegs, die sich auch für dieses Büchlein entschieden haben. Nicht selten war allein dieser Wanderführer das Erkennungszeichen der Venedig-Geher und Grund für den Erstkontakt mit bis dahin völlig fremden Menschen. Unterstützt wurde ich während des Wanderns von meinem iPhone und den entsprechenden GPS-Tracks mit der App „Maps 3D". Diese App bietet, wie schon der Name sagt, Wanderkarten in 3-D mit allen Höhenzügen. Im Flugmodus und dieser App im Vordergrund hält der Akku des Smartphones tatsächlich relativ lange und so war es ein Leichtes damit zu navigieren. Genau mit dieser App habe ich auch die Route von Roth nach München geplant und die gesamte Wanderung auf-gezeichnet. Eine Möglichkeit zum Download meiner Tracks ist hier enthalten. Meine Route nach München führte vom Rhein-Main-Donau-Kanal bei Roth über den Jakobsweg bis nach Eichstätt. Von dort ging es weiter über Neuburg an der Donau nach Schrobenhausen und dann weiter über Dachau nach Mün-chen.

Die hervorragende App „Maps 3D" gibt es aber nur für Apple iOS. Eine Alternative für Android wäre wohl die App „Komoot".

Gerne kann ich zu meiner Route oder der Ausrüstung auch Fragen beant-worten. Schreibt mich einfach per E-Mail an.

Hinweis: Alle Bilder der Tracks sind Auszüge aus der iOS-App „Maps 3D" der Firma Movingworld. Copyright by OpenStreetMap Contributors, Geofabrik und Maps 3D

Meine gesamte Ausrüstung (teilweise mit den Nummern der folgenden Tabelle versehen)

Meine Ausrüstung

Meine gesamte Ausrüstung besteht im Prinzip aus zwei Gruppen. Zum einen ist das der Rucksack mit seinem gesamten Inhalt und zum anderen sind das All die Dinge, die ich am Körper trage oder in den Taschen habe.

Der Großteil befindet sich natürlich im Rucksack und wartet auf seine bestimmungsgerechte Verwendung.

Für mich war es das erste Mal, dass ich mich mit so einer langen Reise und der nötigen Ausrüstung beschäftigt habe, und ich bin stolz darauf, das so gut hinbekommen zu haben. Bis auf die Rettungsdecke und die Wasserentkeimungstabletten habe ich tatsächlich jeden Ausrüstungsgegenstand in Verwendung gehabt.

Auf den folgenden Seiten findet ihr meine Packliste mit den entsprechenden Gewichtsangaben (persönlich nachgewogen) aller Ausrüstungsgegenstände in Gramm.

Pos	Ausrüstung	Stück	Gewicht g/Stk	Gewicht g Ges.
	Rucksack in kg 18,57			
	Kleidung			
1*	Rucksack (Gregory Baltoro 75)	1	2.560	2.560
2	Regenhülle für Rucksack	1	151	151
3*	Regenschirm Mini	1	171	171
4*	Regenjacke "ulra light"	1	237	237
5*	Poncho / Tarp (Sea to Summit Ultra-Sil Tarp Poncho)	1	195	195
6	Regenhose ultra light	1	163	163
7*	Funktions T-Shirt kurz (1 x am Körper + 1) von Odlo	2	141	141
8	Funktions Shirt lang	1	209	209
9	Soft Shell Jacke	1	482	482
10*	Wärmere Daunenjacke (Strato von Yeti / Nordisk)	1	175	175
11*	Wanderhosen zum Abzippen (1 am Körper + 1)	2	343	343
12	Funktionsunterhosen (1 am Körper + 1)	2	52	52
13	Hut mit Krempe wasserfest (am Körper)	1	97	0
14	Handschuhe dünn und leicht	1	28	28
15*	Wandersocken hochwertig (1 am Körper + 1)	2	66	66
16*	Wanderstiefel (Salomon 3D Chassys)	1	700	0
17*	Hüttenpantoffeln / Badeschlappen (keine Zehentrenner)	1	178	178
18	Safe Gürtel mit Geld (am Körper)	1	186	0
19	Lesebrille Mini (Podreader)	1	15	15
20	Sonnenbrille	1	33	33
	Hygiene			
21*	Kulturbeutel (klein) mit:	1	830	830
22	Zahnbürste + 2x Zahncr. Ajona 6ml + OneDrop only	1		
23	Duschgel, Deo (Sea to Summit Body Wash)	2		
24	Shampoo + 1x feuchte Papiertücher	1		
25	Rasierer, Rasieröl 5ml, Aftershave	1		
26	Medikamente inkl. Anti Allergie	1		
27	Wäscheleine - wichtig (Sea to Summit - Clothesline)	1		
28	Sonnencreme, Wundcreme	1		
29	Ohrstöpsel	10		
30	Seifenblättchen (Sea to Summit Pocket Wash)	1	17	17
31*	Handtuch Microfaser (Sea to Summit - Airlite Towel)	1	129	129
32	Feuchte Tempos 25 Stk.	1	60	60
33	Erste Hilfe Set + Blasenpflaster	1	99	99
34	Toilettenpapier 1x Rolle (im 1l Gefriebeutel)	1	69	69
35	Anti-Brumm 20ml abgefüllt	1	38	38
	Biwak Ausrüstung			
36	Nägel 10 Stück	1	15	15
37*	Zelt Nordisk Telemark 2 LW mit Footprint	1	1224	1224
38*	Isomatte Thermarest NeoAir + Pumpsack	1	607	607
39*	Thermarest Chair für Neo Air	1	260	260
40*	Daunenschlafsack (Yeti Passion One)	2	348	696
41*	Seideninlett / Hüttenschlafsack	1	68	68
42*	Kissen (Sea to Summit Airos Pillow)	1	122	122
43	Uribag (für kleine Notdurft im Zelt bei Regen)	1	60	60
44	Heringe und Leinen für Tarp	1	80	80
45*	Mini Tisch (Selbst gebaut)	1	143	143
46*	Hängematte (DD Superlight)	1	278	278
47*	Spaten für Notdurft im Wald (Sea to Summit Trowel)	1	95	95
48*	Dusche/Waschsack (Sea to Summit Pocket Shower)	1	127	127
49	Panzertape ca. 2 Meter (neu aufgerollt)	1	10	10
50	Schlafmaske (für Dunkelheit im Zelt)	1	7	7
51	Rettungsdecke	1	65	65
52*	Paracord 10 m	1	79	79
53	Verschieden Beutel und Zip-Taschen	1	73	73

Pos	Ausrüstung	Stück	Gewicht g/Stk	Gewicht g Ges.
	Verpflegung			
54*	Trianga Topfset mit Trangia Kocher inkl:	1	1090	1090
55*	Spiritus (2x 100ml) mit Mini Trichter im Topfset			
56*	Kocher, Esbit, Besteck, Kochlöffel			
57*	Silikon Kaffebecher (X-Cup - Sea to Summit)			
58*	Salz, Pfeffer			
59*	Fertignahrung 5x Abend 2x Frühstück	1	1210	1210
60*	Energieriegel	11	56	616
61	Brausetabletten Powerbar	2	55	110
62	Kaffee (Pulver, Milchpulver, Zucker) für 30 Tassen	1	170	170
63	Tee 20 Beutel	1	74	74
64*	Trinksystem für Rucksack (Source Widepac)	1	191	191
65	Wasser im Trinksystem 2l	2	1000	2000
66*	Trinkflaschen Faltbar 1l und 0,5l (Platypus Softbottle)	1	52	52
67*	Wasserfilter (Sawyer Mini)	1	82	82
68	Entkeimungstabletten	1	7	7
69	Zigarettentabak + Papierchen	1	43	43
	Verschiedenes			
70	Schutzengel Talismann von Familie	1	16	16
71	Wanderführer von Rother	1	212	212
72	Schreibutensilien	1	63	63
73	Kompass am Rucksack	1	18	18
74*	LED Stirnlampe Petzl e+Lite + Batterien	1	26	26
75	Ersatzbatterien e+Lite	2	6	12
76*	LED Camp-Lampe SnowPeak (Mini Hozuki)	1	77	77
77	Ersatzbatterien für SnowPeak 3xAAA	1	24	24
78*	Saugpumpe für Insektenstiche (The Extractor)	1	27	27
79*	Fernglas (Docter Monokular Mini)	1	96	96
80	Vakkum Packsack (Ortlieb)	1	76	76
81	Karabiner	2	10	20
82*	Taschenmesser mit Säge (Victorinox Trailmaster)	1	105	105
83	Feuerzeug	2	11	22
84	Trillerpfeife für Notfälle	1	5	5
85	iPhone mit Schutzhülle	1	163	163
86	Kopfhörer	1	18	18
87	Ladegerät + Ladekabel Kabel + USB Mini Kabel	1	64	64
88*	Powerbank 5.000mAH mit Solarfunktion	1	167	167
89*	Bargeld 1.200 EUR			0
90	Personalausweis / KV Karte			
91*	DAV Ausweis			
92*	Trecking Stöcke / Tarpstangen (Leki Photosystem)	2	342	684
93*	Kamera Sony RX100III + 2. Akku + 2 SD + Tasche	1	379	379
94	Kamera Stativ Mini (Jobo)	1	25	25
95	Stativkopf für Stöcke + Kugelkopf (Selbstbau)	1	118	118
96	IPhone Stativ Halterung (Gummischiene)	1	10	10
97*	Müllbeutel 8x 10l	1	23	23
98*	USB Mini-Ventilator für Powerbank (bei Hitze im Zelt)	1	25	25
99	Uhr und Kompass am Mann (Suunto Observer)	1	80	0

*Siehe nachfolgende Ergänzungen

Gesamtgewicht Rucksack 18,57 kg

Bei vielen Positionen der Liste habe ich auch das Produkt an sich und den entsprechenden Hersteller angegeben, da ich teilweise lange Recherchen betrieben habe, um für mich und den geplanten Einsatz den optimalen Ausrüstungsgegenstand zu finden.

Wie schon erwähnt bedeutet „optimal" für mich das beste Verhältnis aus Packmaß, Gewicht, Qualität und Komfort.

Auf einige Gegenstände möchte ich hier näher eingehen und erklären, warum genau diese in meiner Ausrüstung gelandet sind. In der Liste oben sind diese mit einem Stern (*) neben der Positionsnummer markiert. Die anderen Ausrüstungsgegenstände sind meist selbsterklärend.

Los geht es mit den Beschreibungen, teilweise mit Bildern versehen.

Position 1: Rucksack

Der Rucksack „Baltoro 75" der US-Firma Gregory (Damenmodell „Deva") stellt sich für mich, nach einiger Recherche, als der perfekte Weitwanderrucksack dar. Die vielen Taschen und Befestigungsmöglichkeiten, die Materialqualität und das patentierte Tragesystem setzten vor nicht allzu langer Zeit Maßstäbe in diesem Bereich. Zum aktuellen Zeitpunkt kann das aber wieder anders aussehen. Hier ist eventuell ein neuer Vergleich sinnvoll. Ich würde aber den „Baltoro" sofort wieder auswählen, da ich, wie schon mal angesprochen, noch nie so bequeme Schmerzen hatte.

Position 3: Regenschirm

Beim Erstellen meiner Packliste war ich nicht sicher, ob man auf eine Trekkingtour einen Regenschirm mitnehmen sollte. Das passt so gar nicht zum Charakter einer solchen Tour, bei der Regenschutz üblicherweise durch passende Kleidung erreicht wird. Aber da ich bereits einen ultrakleinen und leichten Regenschirm hatte, landete er auf meiner Liste. Was ich nicht erwartet hätte, dass ich dieses Teil tatsächlich so oft verwenden würde, indem ich das Schirmgestänge, wie schon beschrieben, durch den Brustgurt des Rucksacks fixieren konnte. Das Ganze war dann eben ein 95 cm großer, wasserdichter

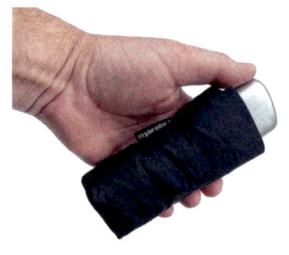

„Hut", der auf meinem Hut saß und ich hatte somit die Hände frei. Andere Wanderer habe ich kaum mit Schirm gesehen, wohl aber ab und an neidische Blicke auf mein komplett trockenes Gesicht. Mein Schirm, mit einer Länge von 15,5 cm im zusammengeklappten Zustand, ist von der Firma Mybrella, der aber aktuell wohl nur als Modell von „Pierre Cardin" angeboten wird. Wem die letzten 3 cm nicht so wichtig sind, findet aber noch viele andere Modelle verschiedener Hersteller. Eventuell ist aber auch ein Modell von „Doppler" oder „Samsonite" interessant. Die sind zusammengeklappt zwar ca. 22 cm lang, aber extrem flach und leicht. Der Schirm sollte in einer äußeren Tasche des Rucksacks immer griffbereit sein, von daher entscheidet das Rucksackmodell auch mit über die Größe des Schirms.

Position 4: Regenjacke

Die Regenjacke von Quechua hat ein sehr kleines Packmaß und ist eigentlich nichts Besonderes, sondern nur eine sinnvolle Ergänzung zum „großen" Regenponcho (Pos. 5). Ähnliche Jacken mit diesem oder noch kleinerem Packmaß und Gewicht gibt es auch von vielen anderen Herstellern. Wichtig war mir auf jeden Fall eine Lösung für kürzere und nicht zu starke Regenschauer zu finden. Im Nachhinein hat sich aber herausgestellt, dass diese Regenjacke in Verbindung mit meinem kleinen Schirm mein Standard-Regenschutz wurde. Der Poncho kam dann bei anhaltenden, starken Regen zum Einsatz.

Position 5: Regenponcho / Tarp

Der Regenponcho „Ultra-Sil-Nano-Tarp-Poncho" aus dem Hause „Sea to Summit" ist Regenponcho (geht dann auch über den Rucksack) und Tarp (Zeltdach) für das Camp in einem. Die Tarp-

größe von 265 x 145 cm ist optimal für ein kleines Camp und für eine Person (Siehe Bilder auf Seite 44 und Seite 122). Durch das Tarp bleibt der Platz vor dem Zelt trocken und man kann sich auch bei Regen noch im Freien aufhalten. Das niedrige Gewicht und die Größe einer Coladose lassen ihn locker im Rucksack verschwinden.

Position 7: Funktionsshirts

Bei den Funktionsshirts wird jeder seinen Vorlieben folgen und auch verschieden Modelle anprobieren. Bei vielen sind Produkte aus Merinowolle die erste Wahl, da diese atmungsaktiv, temperaturregulierend und auch noch warm im feuchten Zustand sind. Weiterhin sollen beim Schwitzen keine unangenehmen Gerüche entstehen. Die Marke „Icebraker" ist sicherlich einer der Hersteller, der hier Maßstäbe setzt. Leider gehöre ich zu den wenigen Menschen bei denen auch Merinowolle auf der Haut kratzt und so habe ich mich nach Alternativen umgesehen. Ich habe mich dann für die Kunstfaser-Funktionsshirts der Firma „Odlo" entschieden und wurde nicht enttäuscht. Die Shirts haben ähnliche Eigenschaften wie Merinowolle, sind aber etwas günstiger. Zwei unterschiedliche Farben für die T-Shirts machen Sinn. Mein Langarmshirt (Pos. 8) ist ebenfalls von Odlo.

Position 10: Daunenjacke

Die zugegeben etwas teure Daunenjacke „Strato" der Firma Yeti aus Görlitz (jetzt zu Nordisk gehörend), ist mit Ihren 165 g und der hochwertigen 900+ cuin Daunenfüllung eine wärmere Jacke, die man immer dabeihaben kann. Zusammengepackt in den linken Taschensack und evtl. noch komprimiert ist sie 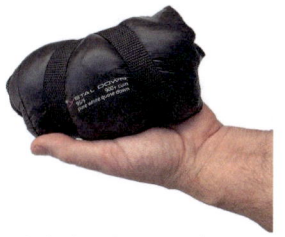 kaum größer als eine Orange, aber deutlich leichter. Ich liebe diese Jacke und sie kam trotz Sommer auch mehrfach zum Einsatz.

Position 11: Trekkinghosen

Wichtig auf so einer Tour sind natürlich auch die Hosen. Hier habe ich mich für zwei unterschiedliche Modelle entschieden, da ich diese einfach schon hatte. Eine der beiden Hosen ist vom Hersteller „Schöffel" und die andere von „Meru". Mit beiden war ich sehr zufrieden. Aus meiner Sicht sollte man darauf achten, dass die Hosen aus einem leichten und schnelltrocknenden Material bestehen und trotzdem strapazierfähig sind. Außerdem ist es durch das stark wechselnde Temperaturniveau in den Bergen sehr sinnvoll, wenn man die Beine „abzippen" kann und somit mit kurzen Hosen unterwegs ist.

Position 15: Wandersocken

Bezüglich der Wandersocken habe ich mich in einem Outdoorfachgeschäft beraten lassen und mir wurden dort die „X-Socks Trek Silver" empfohlen. Auch hier wurden es zwei Paar in unterschiedlichen Farben, um beim Waschen nichts zu verwechseln. Ansonsten war die Beratung goldrichtig. Ich hatte kaum mit Blasen zu kämpfen und die Socken waren bei Ankunft in Venedig noch immer in Topzustand. Laut Hersteller garantieren die Socken ein leistungssteigerndes Barfußklima und sind speziell für anspruchsvolle Trekkingtouren entwickelt worden. Na also, eventuell bin ich nur wegen dieser Socken in Venedig angekommen.

Position 16: Wanderschuhe

Mein Paar „3D Chassys GoreTex" Wanderschuhe von Salomon erwiesen sich für mich als optimal auf meinen 850 Kilometern. Leider gibt es dieses Modell nicht mehr, aber das Nachfolgemodell scheint das „Quest 4" zu sein. Andere renommierte Hersteller, wie Meindl, Lowa, Hanwag und weitere, bieten ebenfalls erstklassige Produkte an. Das A und O ist jedoch, vor einer großen Tour einige Tageswanderungen zum Einlaufen zu unternehmen. Auf meiner Reise erlebte ich wahre Schuhtragödien bei anderen Wanderern, was die Bedeutung der richtigen Schuhwahl unterstreicht.

Position 17: Hüttenpantoffeln

Kurz und knapp, Hausschuhe sind auf jeder Hütte Pflicht. Auch Badeschuhe oder eben so etwas wie Sandalen sind zu empfehlen, denn die einzigen anderen Schuhe sind die Wanderstiefel. Eine Kombination aus allen macht also Sinn. Ich habe einen ultraleichten, weichen Badeschuh gefunden, der alle meine Anforderungen erfüllt. Wichtig ist, dass es kein „Zehentrenner" ist, denn auf Hütten ist es sinnvoll Socken zu tragen. Meine Schuhe stehen noch auf der Kreuzwiesenalm, deshalb weiß ich leider den Hersteller nicht mehr.

Position 21: Waschbeutel

Der Waschbeutel und sein Inhalt ist ein wichtiger Bestandteil der ganzen Ausrüstung. Hier habe ich in den letzten Jahren bei meinen anderen Reisen viel optimiert, um leicht und klein unterwegs zu sein, aber auf nichts verzichten zu müssen. Alle benötigten Verbrauchsmaterialien wurden im Vorfeld tagelang getestet, um den Verbrauch pro Woche oder pro Monat zu ermitteln. Damit kann man dann die Mengen optimal planen und nimmt auch nicht zu viel mit. Wenn nicht schon in kleinen Fläschchen oder Tuben verfügbar, wird eben umgefüllt (kleine Behältnisse wurden gesammelt oder im Internet gekauft).
Hier einige Beispiele: Optimal hat sich die „Ajona" Zahncreme (Konzentrat) in der Mini 6 ml-Tube bewährt, oder das Mundwasser „one drop only", abgefüllt in ein Mini-Kunststoffbehältnis (5-ml-Tropffläschchen) aus dem Internet.

Ebenso kommt das Rasieröl „DermoFluide" mit Aftershave-Funktion in den Mini-Fläschchen zum Einsatz (3 Tropfen genügen für eine gesamte Rasur).

Eine oben abgeschnittene Verpackung (Folie) eines Kinderdrinks oder Smoothies (ca. 0,2 l) gibt eine perfekten „Becher" für den Kulturbeutel ab, der nahezu nichts wiegt und keinen Platz wegnimmt.

Als Seife eignete sich z. B. „Body Wash" Duschgel (Konzentrat) von „Sea to Summit", oder inzwischen für mich noch besser, die Seife „Dudu-Osun" in der 25 g-Version. Diese Mini-Seife ist für Körper und Haare geeignet und gut für ca. 12x duschen. Als Seifendose verwende ich eine alte Dose für einen Klein-bildfilm (findet man schon noch). Eine zweite oder dritte Seife als Reserve kann in Frischhaltefolie mitgenommen werden. Kompakter kann man sich kaum waschen. Das alles fand also Platz in meinem Waschbeutel, der zum Aufhängen sein sollte und sinnvollerweise auch einen Spiegel beinhaltet.

Position 31: Handtuch

Natürlich benötigt man auf so einer Reise auch ein Handtuch. Bis auf wenige Ausnahmen in Hotels ist es ein unverzichtbarer Gegenstand an jedem Tag. Natürlich kann man hier kein Frot-teehandtuch mitnehmen, sodass Handtücher aus Mikrofaser die erste Wahl darstellen. Diese sind schnell trocknend, sehr leicht und antibak-teriell, sodass das Handtuch auch mal feucht

eingepackt werden kann, um es eben am nächsten Tag zu trocknen. Bei mir passt es noch in den Waschbeutel und ist somit immer griffbereit, wenn dieser zum Einsatz kommt. Inzwischen gibt es zig Hersteller solcher Produkte. Ich habe mich aufgrund des Packmaßes mal wieder für „Sea to Summit" entschie-den und es nicht bereut. Aber auch der Hersteller „Evonell" (Rabatt über DAV) und „PackTowl" aus USA sollten unbedingt erwähnt werden. Von Letzteren

wiegt die Größe „Body" in ultralight nur 88 g. Man sollte aber grundsätzlich darauf achten, dass es mindestens so groß ist, dass man es sich auch mal um den Körper binden kann. Auch beim Ba-den und anschließenden Sonnen kann es als Un-terlage zum Einsatz kommen. Inzwischen gibt es hierfür aber auch ultraleichte Decken. Hier ist z. B. das „Matador Pocket Blanket" zu nennen, welches 160 x 110 cm groß ist, 99 g wiegt und leicht in die Hosentasche passt.

Position 37: Zelt

Das Thema Zelt ist ein spannendes, aber auch sehr wichtiges Thema für mich, in das ich viel Zeit investiert habe. Ich habe mehrere Ultraleicht-Zelte verschiedener Hersteller verglichen und auch persönlich begutachtet. Am Ende habe ich mich für das „Telemark 2 LW" des Herstellers „Nordisk" entschieden. Mit 950 g und dem Packmaß einer 1,5 l-Getränkeflasche, passt es durch die relativ kurze Stangenteilung quer in die untere Rucksacktasche.

Es ist als Zweipersonenzelt konzipiert und hat mit der relativ großen Apside für eine Person ein echt gutes Platzangebot (Siehe Seite 44 und Seite 122). Um das dünne Material zu schützen, habe ich mir noch einen Footprint (Zeltunterlage) selbst genäht, der immer am Zelt bleibt. Das auch sehr dünne und leichte Material (40g/m²) gab es bei der Firma „Extremtextil", die noch vieles mehr für Ultraleicht-Trekking bietet. Inzwischen gibt es von der Firma „Nordisk" ein noch leichteres und kleineres Zelt (Lofoten), für das ich mich evtl. entschieden hätte, wenn es dieses schon zum Zeitpunkt meiner Wanderung gegeben hätte.

Position 38: Isomatte

Auch sehr wichtig ist natürlich ein guter und bequemer Schlaf. Hier gehe ich keine Kompromisse mehr ein. Nach verschiedensten Schlafunterlagen, die ich in den letzten Jahren ausprobiert habe, kommt bei mir nur noch der Hersteller „Thermarest" mit dem Modell „Xlite" infrage. Toller Schlafkomfort auf fast 8 cm Dicke und dem Packmaß einer 0,7 l-Wasserflasche. Unbedingt sollte man

den Pumpsack dazu nehmen, den man auch mal als Hocker (mit der Matte darin) verwenden kann. Zusätzlich gibt es noch den „Trecker Chair", mit dem man die Matratze in einen bequemen Hocker verwandeln kann. Es gibt von dieser Reihe auch noch schwerere und auch leichtere Matratzen. Die Xlite ist aber für mich der beste Kompromiss aus Robustheit und Wärmeleistung. Flickzeug nicht vergessen, dann geht auch bestimmt nichts kaputt.

Position 39: Sitzgelegenheit

Um in der Natur auch gemütlich sitzen zu können, hatte ich den „Thermarest NeoAir Trecker Chair" dabei, der meine Schlafmatratze in einen gemütlichen und weichen Sessel verwandelt. Diese Option von „Thermarest" für die Neo-Air Matratze besteht im Wesentlichen aus Nylonstoff, Bändern und GFK-Stangen, in die dann die Schlafmatte gesteckt wird (siehe Bilder auf Seite 41 und Seite 70). Die 260 g für eine Sitzgelegenheit waren es mir wert

mitzuschleppen. Gerade nach mehreren Stunden Wandern ist es beim Campen eine Wohltat nicht auf dem Boden sitzen zu müssen. Meine Abende habe ich oft lesend auf dieser Sitzgelegenheit verbracht. Durch die Stangen ist das wenige Zentimeter dünne Päckchen zwar 50 cm lang, aber lässt sich locker am Rand in den Rucksack stecken.

Position 40: Schlafsack

Der Schlafsack oder besser die Schlafsäcke sollten auch näher betrachtet werden. Die Aufgabe war es, ein System zu finden, welches im Sommer nicht zu warm ist, aber zeitgleich in den Bergen über 1.500 Metern nicht für frostige Nächte sorgt. Ich habe mich schon länger mal für den Sommerschlafsack „Passion one" der Firma „Yeti/Nordisk" entschieden. Mit hochwertigster Daunenfüllung, einem Gewicht von 350 g und einem Packmaß von 12 x 12 cm (im 2,5 l Kompressionssack von Sea to Summit) ist dieser Schlafsack einfach unglaublich. Wenn man

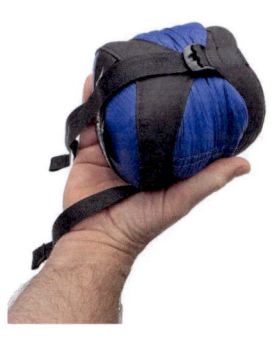

durch einen glücklichen Zufall aber zwei davon hat, ist man sehr flexibel. In kalten Nächten wird einfach der zweite Schlafsack über den ersten gezogen. Dazu verwende ich auch immer ein ganz leichtes Inlett aus Seide (Pos. 41), um es noch komfortabler zu haben und um den Schlafsack zu schonen. Sicher findet man auch günstigere Varianten von leichten Daunen-Schlafsäcken als die von „Yeti/Nordisk" mit ähnlich geringem Packmaß. Die polnische Firma „Cumulus" bietet hier auch ein gutes Sortiment, aber auch viele andere namhafte Hersteller. Daunenfüllung sollte es aber auf jeden Fall sein, sonst kann man unmöglich dieses kleine Packmaß erreichen. Zwei kleine Schlafsäcke haben auch den Vorteil, dass sie besser im Rucksack verstaubar sind als ein größerer.

Position 41: Hüttenschlafsack

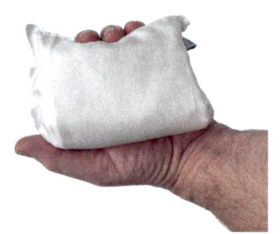

Ein Seideninlett bzw. Hüttenschlafsack gehört, wie oben beschrieben, immer zu meiner Ausrüstung bei Zeltübernachtungen als Innenschlafsack. Dieses 68 g leichte Teil aus Seide dient mir aber auch als Hüttenschlafsack. Ein solcher ist Pflicht bei Hüttenübernachtungen, um eben die bereitgestellten Decken zu schonen und hygienisch zu halten. Seide hat aus meiner Sicht den Vorteil, dass sie extrem leicht ist, im Sommer leicht kühlt aber im Gegenzug auch die Komforttemperatur des Schlafsacks etwas erhöht. Seide ist nicht billig, aber in den einschlägigen Verkaufsplattformen im Internet findet man oft günstige Modelle aus Vietnam. Mikrofaser hat wohl ähnliche Eigenschaften, damit habe ich bisher aber keine Erfahrungen. Eigentlich wiegen diese Teile aus Seide zwischen 100 g und 130 g. Da der Schnitt aber eckig ist, habe ich die Form meines Schlafsacks auf das Seideninlett übertragen und somit kleiner genäht. Damit das hält und sauber aussieht, sollten die Näharbeiten aber mit einer Overlock-Nähmaschine passieren. Nun sind die Größe und das Gewicht perfekt und so passt das Ganze auch wunderbar zum Schlafsack in den Packsack.

Position 42: Kopfkissen

Zum guten Schlaf im Zelt gehört auch ein gutes Kopfkissen. Hier haben die letzten Jahre unterschiedliche Modelle von unterschiedlichen Herstellern getestet. Wenn es auf geringes Gewicht und Packmaß ankommt, bietet sich ein aufblasbares Kissen an. Hier gibt es inzwischen viel Modelle von unterschiedlichen Herstellern. Auch hier gilt es nun einen Kompromiss aus Größe, Packmaß und Komfort zu finden. Einfache und günstige Kissen sind oft

einlagig und weniger zu empfehlen. Für mich war es wichtig, um den aufblasbaren Kern einen hochwertigen und kuscheligen Bezug zu haben. Außerdem legte ich Wert auf ein gut bedienbares Ventil. Auch hier fiel meine Wahl am Ende auf „Seat o Summit" und das Modell „Air Pillow Premium", mit dem ich nun mein Lieblingskissen gefunden habe. Aber auch hier gibt es eventuell andere Vorlieben.

Position 45: Kleiner Tisch

Ob man es glaubt oder nicht, ein kleines leichtes Tischchen war mir auch wichtig. Es geht nur darum, beim Biwakieren auf der Wiese oder dem Waldboden seinen

Kaffee oder das Essen sicher und sauber abzustellen. Da ich so etwas Kleines und Leichtes auch nach längerer Recherche nicht zu finden war, habe ich das kurzerhand aus GFK und Carbon-Platten selbst gebaut. (Siehe auch Bilder auf Seite 51 und Seite 122). Zusammengeklappt kleiner als DIN A5 und nur 5 mm dick und 143 g leicht. Ein leichtes, dünnes Vesperbrettchen hätte eventuell, aber auch genügt.

Position 46: Hängematte

Eine Hängematte ist natürlich reiner Luxus auf so einer Reise. Aber ich wollte ja nicht nur reisen, sondern bequem reisen. Mir war klar, dass ich den ein oder anderen Tag pausieren werde, um zu entspannen. Da ich diese ultraleichte Hängematte vom Hersteller „DD Hammock" schon hatte, kam sie deswegen erst einmal mit auf die Packliste. Beim Aufbruch hatte ich dann doch noch etwas Platz und sie kam kurzerhand mit. Sie ist nicht nur als klassische Hängematte zu verwenden, sondern kann auch als sehr bequemer Schaukelstuhl benutzt werden. Den Nachmittag im Tölzer Park (Seite 89) habe ich sehr genossen. Ob man so etwas mitnehmen muss, kann jeder für sich selbst entscheiden. Ich bereue meine Entscheidung auf jeden Fall nicht.

Position 47: Kleiner Spaten

Wie ich schon beschrieben habe, gehört ein kleiner Spaten oder eine Schaufel für mich dazu, wenn man sich länger in der Natur aufhält und eventuell mal keine Toilette in der Nähe ist. Jede Stelle im Wald sollte so verlassen werden, wie man sie vorgefunden hat. Hier habe ich mir eine größere Recherche gespart, da ich beim Hersteller „Seat o Summit" gleich fündig geworden bin. Die „Pocket Trowel" ist aus stabilem Nylon, leicht und zusammenklappbar.

Als zusätzliches Gimmick kann man den Griff öffnen und z. B. eine Ration Toilettenpapier für den Notfall oder andere Kleinteile verstauen.

Position 48: Duschsack

Die Dusche und/oder der Waschsack leistete mir ebenfalls sehr gute Dienste. Mit der „Pocket Shower" von „Sea to Summit" kann man 10 Liter Wasch-, Dusch- oder Trinkwasser transportieren und das Ganze gefüllt an einen Baum oder Ähnliches hängen. Zum Waschen oder auch mal Duschen ist dieses Teil mit dem kleinen Packmaß dann wunderbar geeignet.

Zu Hause habe ich im Inneren an einer Seite des Sackes noch viele kleine Punkte aus Klebesilikon angebrachten (Noppen). Damit habe ich jetzt eine Fläche von ca. 20 cm mit vielen geklebten und somit unebenen Punkten. Jetzt fragt man sich mit Recht, was soll das? Damit habe ich mir eine Waschmaschine gebaut. Der Sack wird mit der schmutzigen Wäsche, etwas Seife und Wasser gefüllt. Dann wird er hinten zusammengerollt und somit dicht verschlossen. Nun wird der Duschkopf auf der anderen Seite vorsichtig geöffnet, um die ge-

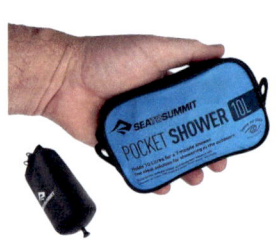

samte Luft entweichen zu lassen. Nachdem wieder alles geschlossen ist, kann man dieses Wäsche-Seife-Wasser-Paket wunderbar am Boden mit trockenen Händen durchkneten und auch reiben (durch die Noppen innen). Auch einweichen über länger Zeit ist damit kein Problem.

Ich habe diese Methode tatsächlich mehrfach eingesetzt, wenn kein Waschbecken in der Nähe war, oder nichts, um dieses zu verschließen.

Position 52: Leine / Paracord

Ebenfalls zu meiner Ausrüstung gehörte eine 10–15 m stabile Leine (Paracord) die es in vielen Shops als Meterware zu kaufen gibt. Paracord besteht aus vielen einzelnen Fasern, die noch zusätzlich ummantelt sind, und nimmt mit 3 mm Durchmesser nicht viel Platz im Gepäck weg. Außerdem ist sie leicht, hat aber im Gegenzug eine Tragkraft von über 180 kg. Es gibt unzählige Situation, in denen man so eine Leine brauchen kann und wenn es nur als lange Wäscheleine ist oder als zusätzliche Befestigung für das Tarp.

Position 54–58: Outdoor-Küche

Beim Kochgeschirr habe ich mich für den Hersteller „Trangia" entschieden, da die Teile leicht und vor allem sehr bewährt sind.

Das Päckchen bestand bei mir aus Pfanne (auch als Deckel verwendbar) und einem Topf. Im Inneren des Topfes ist der luftdicht eingepackte Trangia-Spiritusbrenner (im Zip-Beutel) und 2 x 100 ml Spiritus in länglichen Kunststofffläschchen. Wichtig ist, dass Brenner und Spiritus luftdicht verschlossen transportiert werden, sonst schmeckt später die Nudelpfanne nach Brennstoff. Im Topf ist noch ein faltbares Gestell (Trangia Triangle) für den Brenner dabei und ein Griff für die Töpfe. Weiterhin ein kleiner, selbst modifizierter Kochlöffel, ein kleiner Schwamm, meine Silikon-Tasse (Sea-to-Summit X-Cup), Gewürze und ein kleines Stabfeuerzeug. All das passt in den Topf und wird mit der Pfanne verschlossen. Mit dem Beutel von Trangia als Aufbewahrung hat man damit eine handliche Küche, welche sogar in die Seitentasche meines

Rucksackes passt. Ach ja, ich habe mich für Spiritus als Brennstoff entschieden, da Esbit-Würfel nicht ganz so viel Leistung haben und ein Gasbrenner mit Kartusche zu sperrig ist. Auch ist der Nachschub mit Gaskartuschen oder Esbit deutlich komplizierter. Etwas Spiritus zum Nachfüllen bekommt man fast überall (zur Not auch an einer fremden Haustüre oder bei der nächsten Hotelübernachtung).

Position 59 - 60: Fertignahrung

Wenn ich hungrig bin, werde ich unleidlich. Aber viel wichtig ist es in dem Zusammenhang, dem Körper die Energie zurückzugeben, die man beim täglichen Wandern verliert. Nach meiner Einschätzung war das eine ganze Menge. Meine eigenen Mahlzeiten unterwegs waren entweder Snacks in Form von Power-Riegeln mit viel Kalorien oder eben warme Mahlzeiten, die ich mir mit großer Freude mit meinem Equipment zubereitet habe. Für die warmen Mahlzeiten bieten sich gefriergetrocknete Produkte an, da diese sehr leicht sind und verhältnismäßig wenig Platz benötigen. Mit heißem Wasser aufgießen, etwas warten und schon kann man Reisfleisch oder Nudeltopf Jäger Art genießen. Ich habe mich für, die leider auch etwas teureren, Portionen von „Trek'n eat" und „Travellunch" entschieden, und auch dies nicht bereut. Sicher gibt es auch deutlich günstigere, gefriergetrocknete Fertignahrung im Supermarkt, die haben aber oft nicht die Energiedichte wie die oben genannten Produkte.

Außerdem ist die Trekkingnahrung oft etwas vielfältiger, geschmacklich besser und die Verpackung kann direkt als Behälter zum Essen verwendet werden. Vorher ausprobieren ist aber unbedingt zu empfehlen. Auf den Videoplattformen im Internet findet man aber auch Tipps, wie man sich hochwertige Trekkingnahrung selbst zusammenstellen kann.

Position 64: Trinksystem

Wie aus meinen Aufzeichnungen hervorgeht, habe ich mich für ein Trinksystem entschieden, welches direkt in den Rucksack, in ein dafür vorgesehenes Fach, integriert wird. Trinksysteme gibt es von verschiedenen Herstellern, wobei mir die Produkte der Firma „Source" am bewährtesten erscheinen. Ein im Rucksack integriertes Trinksystem hat aus meiner Sicht mehrere Vorteile. Zum einen ist das Gewicht (in meinem Fall

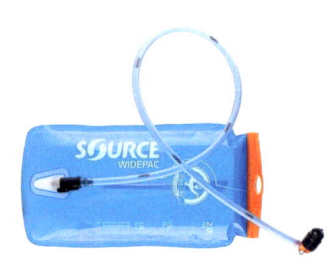

das Modell „Widepac" mit 3 l) sehr nah und somit optimal am Rücken platziert. Zum anderen kann man unterwegs zu jederzeit bequem (auch beim Klettern) aus dem Trinkschlauch mit Ventil Flüssigkeit aufnehmen. Man muss sich nicht verrenken oder gar den Rucksack abnehmen, um eine Trinkflasche zu erreichen. Des Weiteren ist die Trinkblase tief im Rucksack verstaut und durch das Gepäck gut isoliert und somit länger kühl. Auch die Entnahme von Wasser beim Campen, wenn der Rucksack z. B. am Baum hängt, stellt kein Problem dar. Inzwischen gibt es tatsächlich ein nützliches Zubehör vom Hersteller, um das Trinksystem zu befüllen, ohne es aus dem Rucksack zu nehmen. Mein selbst gebautes Teil kommt aber weiterhin zum Einsatz, da die anfänglichen Schwachstellen beseitigt sind und nun beim Befüllen keine Menschen mehr nass werden.

Position 66: Trinkflaschen

Ein Trinksystem ist zwar hervorragend für so einen Trip geeignet, aber eigentlich nur für reines Wasser gedacht. Zusätzliche Behälter oder Flaschen, um andere Getränke abfüllen zu können, sind also durchaus sinnvoll. Ich habe mich hier für die „Softbottle" des Herstellers „Platypus" entschieden und auch gleich für zwei Größen (0,5 l

und 1,0 l). Die Flaschen sind BPA- und BPS-frei, falt- und rollbar, ultraleicht und mit einem Standard-Schraubverschluss oder mit Trinkventil ausgestattet. Der Schraubverschluss jeder normalen Wasserflasche (und somit auch eines Wasserfilters oder Nachfülladapter für das Trinksystem) passen auf dieses Gewinde. Meistens befand sich in den Flaschen von mir zubereiteter und abgekühlter Früchtetee, um etwas Abwechslung zum puren Wasser zu haben. Aber auch die ein oder andere Wein-Füllung von netten Gastwirten, fand Ihren Weg in die leichten Faltflaschen und sorgte für gemütliche Camp-Abende.

Position 67: Wasserfilter
Einen Wasserfilter vermutet man eher bei Outdoor-Aktivitäten außerhalb jeglicher Zivilisation. Aber der Sawyer Mini-Wasserfilter ist so klein und praktisch, dass er einfach mitmusste. Mit dem beiliegenden Strohhalm kann man auch mal direkt aus einem Bach trinken und der Anschluss des Filters passt an ein Normgewinde von Trinkflaschen. Oft habe ich ihn nicht verwendet, aber ohne ihn hätte ich auf zweimal Wassernachfüllen und somit wichtigen Kaffee verzichten müssen.

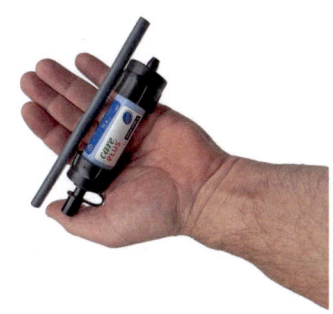

Position 74: Stirnlampe
Die LED-Stirnlampe „Petzl e+Lite" ist eine der kleinsten und leichtesten Stirnlampen auf dem Markt und reicht für die meisten Situationen voll und ganz aus. Sie ist mit einem Gelenk ausgestattet, sodass sie perfekt auf den zu beleuchtenden Bereich (z. B. Essen zubereiten) eingestellt werden kann. Zusätzlich kann man auf das sehr leichte Stirnband verzichten, wenn man, so wie ich, einen Hut oder ein Cap auf dem Kopf trägt. Mit der kleinen Klammer kann man die Lampe sicher an der Hutkrempe befestigen und spürt keinen engen Gummiring um den Kopf (Generation 1). Die neueren Generationen sind etwas heller und haben teilweise auch neue Befestigungslösungen. Ersatzknopfzellen hatte ich dabei, aber nicht benötigt.

Position 76: Campinglampe

Meine Haupt-LED-Lampe, die ich leider verloren hatte und mir dann nach Hinterriß wieder neu habe schicken lassen, war mir auch sehr wichtig und hilfreich. Camping Lampen gibt es wohl inzwischen Tausende, aber die „Mini Hozuki LED-Lampe" von „Snow Peak" war perfekt für meine Bedürfnisse geeignet. Zum einen macht sie ein sehr angenehmes, warmes und helles Licht, das sich auch stufenlos dimmen lässt. Zum anderen ist sie klein und leicht und lässt sich mit ihrer Gummi-Magnet-Schlaufe fast überall befestigen. Sie beleuchte am Abend das Lager sehr gemütlich und nachts das Zelt. Sie hat zusätzlich einen leichten Flackermodus, der sogar ein wenig Lagerfeuerstimmung aufkommen lässt. An einem Stock befestigt, waren wir tatsächlich mal zu viert um die Lampe wie an einem Lagerfeuer gesessen.

Auch bei Hüttenübernachtungen fungiert sie perfekt als Nachttischlampe, man darf sie nur nicht vergessen. Wichtig war mir auch, dass sie keinen Akku besitzt, sondern ca. 70 Stunden mit drei AAA-Batterien auskommen kann, die man unterwegs überall bekommt. Akkus halten meist nicht ganz so lange und das Laden ist auch nicht immer ohne Weiteres möglich.

Position 78: Giftsaugpumpe

Wer viel in der Natur unterwegs ist, muss damit rechnen Opfer von stechenden Insekten zu werden. Viele davon nerven nur und die Stiche jucken böse. Aber es kann auch passieren, dass man von Wespen, Bienen oder gar Hornissen gestochen wird. Um hier schnell reagieren zu können, um Schmerzen und Schwellungen zu vermeiden, kann man mit cortisonhaltigen Medikamenten arbeiten. Am schnellsten Erfolg hat man aber, wenn man dafür sorgt, dass das Gift gar nicht im Körper bleibt. Extrem wichtig ist das auch für Allergiker wie mich. Die Giftsaugpumpe kann mit einer Hand allein bedient werden und sorgt dafür, dass unmittelbar nach dem Stich ein Großteil des Giftes abgesaugt werden kann. Aufgrund meiner Wespenstichallergie ist dieses praktische Teil bei all meinen Outdooraktivitäten dabei. Durch verschiedene Aufsätze wäre es auch bei einem Schlangenbiss zu verwenden. Bei meiner Wanderung habe ich es zum Glück nur bei ein paar großen Bremsenstichen verwenden müssen.

Position 79: Fernglas

Ob man ein Instrument für die Fernsicht braucht, das sei jedem selbst überlassen. Ich fand es auf jeden Fall hilfreich, in den Bergen mal die Ferne heranzuholen. Ein „normales" Fernglas ist aber deutlich zu schwer für diese Reise. Ich habe mich dann mit Monokularen beschäftig und bin auf den Hersteller „Doc-

ter" gestoßen. Hier wird ein qualitativ sehr hochwertiges Monokular mit 8 x 21-Optik angeboten. Es gibt aber auch Alternativen von anderen Herstellern oder in anderen Bauformen (ohne Spiegel). Diese Monokular der deutschen Firma Docter ist aber aktuell wohl nicht mehr im Programm. Etwas Ähnliches bietet aber die Firma „Omegon" als „Mini Monostar" an.

Position 82: Taschenmesser

Dass ein Taschenmesser zur Ausrüstung gehören sollte ist fast selbstverständlich. Ich habe verschiedene Modelle zu Hause und mich am Schluss für das Modell „Trailmaster" vom Hersteller „Victorinox" entschieden. Ich wusste nicht, was mich erwartet und so war mir neben einer stabilen, festen Klinge auch eine scharfe Säge wichtig, die dann auch zum Einsatz kam. Neben den üblichen Dosen- und Flaschenöffner, Schraubendreher, Korkenzieher und der Aale sind auch eine Pinzette und ein Zahnstocher im Griff verstaut.

Position 88: Powerbank mit Solar

Wenn das Smartphone, so wie bei mir, für viele wichtige Aufgaben herhalten muss, dann ist es auch wichtig unabhängig von Steckdosen zu sein. Natürlich ist auch eine Powerbank bei mir im oder am Gepäck. Hier sinnvolle Empfehlungen auszusprechen ist ziemlich schwer, da sich die Technik rasend schnell weiterentwickelt. Ich kann nur sagen, dass ich mit meiner Powerbank mit 5.000 mAh und zwei Solarzellen (maximal 2 Watt Ladeleistung) gut zurechtgekommen bin (Siehe Position 98). Inzwischen gibt es Powerbank Modelle mit bis zu 6 ausklappbaren Solarmodulen. Nichtsdestotrotz funktioniert das komplette Aufladen über mehrere Stunden mit so kleinen Modulen nicht wirklich. Aber bei mir hat es tatsächlich für die Zeiten ohne Steckdose gereicht. Aktuelle würde ich wahrscheinlich eine kleine und leichte 10.000 mAh-Powerbank nehmen (z. B. Intenso XS10000 oder XC10000) und zusätzlich ein faltbares Solarladegerät mit ca. 8–10 Watt (wegen der Größe). Das Ganze kann dann tagsüber am Rucksack getragen werden und lädt bei Sonne die Powerbank, während das Smartphone frei zugänglich ist.

Position 89: Bargeld

Ich hatte, neben der Kreditkarte, 1.200 Euro Bargeld dabei, was mir bis Italien, also über 4 Wochen, gereicht hat. In meinem kleinen Geldbeutel waren immer um die 100 Euro und in meinem „Safe" der Rest. Der „Safe" (Position 18) war in dem Fall mein Hosengürtel aus Leder. Im Detail betrachtet ist der Gürtel ein sogenannter „Geldgürtel" und hat an der Innenseite einen dünnen Reißverschluss, in dem meine restlichen Scheine, schön klein gefaltet, ihren Weg gefunden haben. Bis auf die Tatsache, dass ich bei starkem Schwitzen auch leicht feuchte und einmal auch verfärbte Scheine hatte, war das Konzept ideal. Das innerliche Abfärben kommt aber sicherlich nicht bei allen Modellen vor und der Markt bietet eine große Auswahl.

Position 91: DAV-Ausweis

Tatsächlich wurde ich erst wenige Monate vor meiner Reise Mitglied beim Deutschen Alpen Verein in meiner Region. Nun ist der entsprechende Ausweis (DAV-Ausweis) nicht unbedingt ein Ausrüstungsgegenstand, aber bei einer Alpenüberquerung sehr zu empfehlen. Es gibt einfach viele DAV-Hütten auf dem Weg nach Süden und bei Vorlage des Ausweises in einer solchen Hütte hat man preisliche Vorteile und wird bei Überbelegung auch nicht ohne Weiteres weggeschickt. Da ich es gut finde, was der Deutsche Alpen Verein macht, insbesondere auch in der Jugendarbeit, bin ich immer noch Mitglied und werde es auch bleiben.

Position 92: Trekkingstöcke

Gute Trekkingstöcke sind auf so einer Wanderung unabdingbar. Auch hier habe ich länger recherchiert und mich dann für das „Photosystem FS-Carbon" der Firma „Leki" entschieden. Leider nicht ganz preisgünstig, sind die Stöcke aber einmalig in ihren Möglichkeiten. Sie sind leicht und zusammengeschoben, mit ihren 65 cm einfach am Rucksack zu befestigen. Das Besondere ist aber, dass der Deckel am Griff entfernt werden kann und sich eine Stativschraube darunter befindet. Man hat also immer ein Einbein-Kamera-Stativ (oder eben zwei) dabei.

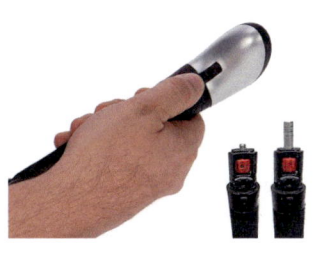

Mir hat das nicht ganz genügt, und so habe ich aus Kunstharz und Alurohren ein kleines Kreuz gebaut, durch das ich aus zwei Stöcken ein Dreibein-Stativ für meine Kamera zusammenstecken kann (Pos. 95). Ein weiterer wichtiger Aspekt ist, dass die Stöcke bis ca. 185 cm (offiziell 170 cm) ausgezogen werden können und somit als perfekte „immer dabei" Tarp-Stangen zu verwenden sind (Siehe Bilder Seite 44 und Seite 122).

Hier passt auch das Stativgewinde perfekt ins Konzept, um das Tarp durch eine Öse oder Lasche zu befestigen. Um das noch weiter aufzuwerten, habe ich kurze Alu-Röhrchen (ca. 2 cm) mit einem Innengewinde versehen. Auf die Stativgewinde geschraubt, wird die Befestigung des Tarps noch sicherer und besser. Die Röhrchen verschwinden nach Gebrauch im Inneren des Griffes.

Pos. 93: Die Kamera

Sicherlich machen Smartphones inzwischen hervorragende Bilder und möglicherweise genügt das auch den meisten Anforderungen. Wer aber etwas ambitionierter fotografieren und nicht auf die Möglichkeiten einer Spiegelreflexkamera verzichten möchte, muss entweder viel Gewicht mitnehmen oder sich z. B. für die Sony RX100-Reihe entscheiden. Kaum eine andere Kamera auf dem Markt hat mehr professionelle und fle-

xible Möglichkeiten, Leica Optik und einen großen 1-Zoll-Sensor in so einem kleinen und robusten Gehäuse. Inzwischen gibt es die Kamera in der siebten Generation. Ich habe die dritte Serie der RX100 verwendet und war damit extrem zufrieden.

Position 97: Müllbeutel

Auf den ersten Blick unwichtig, aber für mich unverzichtbar. Eine kleine Rolle (ca. 10 Stück) an Haushaltmüllbeuteln in der Größe 10 l wiegen nahezu nichts und nehmen kaum Platz weg. Unabhängig davon, dass man die Beutel für ihren ursprünglich bestimmten Zweck beim Campen verwenden kann, gibt es weitere Einsatzszenarien. Für mich das Wichtigste war die Verwendung der Beutel für die schmutzige oder verschwitzte Wäsche im Rucksack. Die Möglichkeit zum Waschen biete sich nicht jeden Tag und so muss man wohl oder übel seine „Dreckwäsche" im engen Rucksack transportieren. Dafür sind die Müllbeutel perfekt geeignet. Auch um wichtige Gegenstände mal wasserfest einzupacken, kann man die Beutel verwenden.

Pos. 98: Mini-Ventilator

Jetzt spinnt er komplett, mag sich der ein oder andere nun denken. Das Letzte, woran man bei so einer Reise denken würde, wäre ein Ventilator. Ja das stimmt, aber Not macht auch erfinderisch. Ich bin etwas temperaturempfindlich und so habe ich in der Vergangenheit die ein oder andere sommerliche, windstille Nacht in einem brütend heißen Zelt verbracht. Verbracht bedeutet in dem Fall schwitzend und wenig schlafend. So bin ich auf mein Ventilator-Konzept gekommen. Ein einfacher, kleiner und billiger USB-Ventilator aus dem Internet mit flexiblem Schwanenhals wird in die Powerbank gesteckt und sorgt für ein laues Lüftchen im Zelt. Diese Ventilatoren brauchen relativ wenig Energie und können auch die ganze Nacht durchlaufen ohne die Powerbank komplett zu leeren. Der Platzbedarf im Rucksack ist minimal.

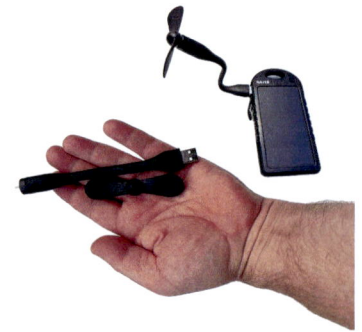

Bei den Erläuterungen zu meiner Ausrüstung habe ich bewusst Produkte und auch deren Hersteller angegeben, um den Lesern die Möglichkeit zu geben, sich ebenfalls mit diesen Gegenständen oder den Nachfolgern zu beschäftigen. Ich habe alle Produkte selbst gekauft und mir liegt es fern, hier Werbung für den ein oder anderen Hersteller betreiben zu wollen. Nichtsdestotrotz fällt es wohl auf, dass der australische Hersteller „Sea to Summit" doch etwas öfter genannt wurde. Das liegt wohl daran, dass dort anscheinend Produktentwickler tätig sind, die tatsächliche Outdoor-Freaks sind und wohl ähnlich verrückt sind wie ich. Gerade die kleinen Dinge, die einem das Outdoorleben erleichtern, findet man bei „Sea to Summit" und man fragt sich, warum ist da nicht schon früher mal jemand draufgekommen.

Aber auch viele andere Hersteller wie z. B. Nordisk, Yeti, Trangia, Therma-rest und viele andere haben Produkte, die einzigartig sind. Alles in allem sind viele meiner Ausrüstungsgegenstände relativ hochwertig und somit auch nicht gerade günstig. Meine Erfahrung aus den letzten 30 Jahren zeigt aber eindeutig, dass es sich auszahlt in hochwertige Materialien zu investieren. Gerade auf einer solchen Reise, bei der man oft abseits der Zivilisation unterwegs ist, kann man schnell in unangenehme Situationen kommen, wenn etwas kaputtgeht. Die alte Devise „Wer billig kauft, kauft zweimal" stimmt schon irgendwie.

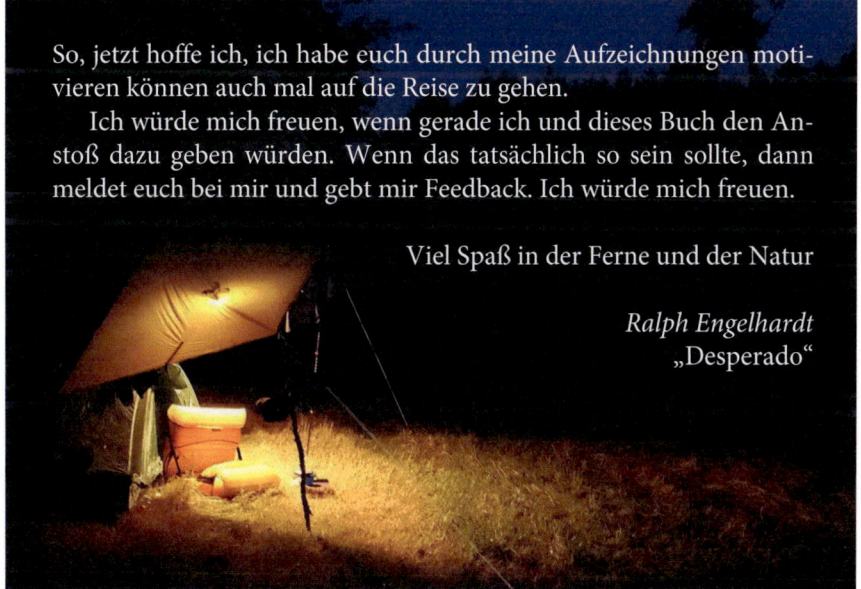

So, jetzt hoffe ich, ich habe euch durch meine Aufzeichnungen motivieren können auch mal auf die Reise zu gehen.

Ich würde mich freuen, wenn gerade ich und dieses Buch den Anstoß dazu geben würden. Wenn das tatsächlich so sein sollte, dann meldet euch bei mir und gebt mir Feedback. Ich würde mich freuen.

Viel Spaß in der Ferne und der Natur

Ralph Engelhardt
„Desperado"

Hier am Ende noch einmal die Downloadinformationen für die detaillierte Ausrüstungsliste mit allen Gewichtsangaben sowie meine aufgezeichneten Tracks im gpx-Format. Zu finden ist alles auf engelhardt-outdoor.de.